权威·前沿·原创

皮书系列为
"十二五""十三五""十四五"时期国家重点出版物出版专项规划项目

B

BLUE BOOK

智库成果出版与传播平台

人口高质量发展蓝皮书

BLUE BOOK OF HIGH QUALITY POPULATION DEVELOPMENT

人口高质量发展评价报告

（2024）

REPORT ON THE EVALUATION FOR HIGH QUALITY POPULATION DEVELOPMENT (2024)

主　编／沙　勇　周建芳

社会科学文献出版社
SOCIAL SCIENCES ACADEMIC PRESS（CHINA）

图书在版编目（CIP）数据

人口高质量发展评价报告 . 2024 ／沙勇，周建芳主编 . --北京：社会科学文献出版社，2024.9. --（人口高质量发展蓝皮书）. --ISBN 978-7-5228-3971-4

Ⅰ. C924. 24

中国国家版本馆 CIP 数据核字第 2024RZ0008 号

人口高质量发展蓝皮书

人口高质量发展评价报告（2024）

主　　编／沙　勇　周建芳

出 版 人／冀祥德
责任编辑／胡庆英
责任印制／王京美

出　　版／社会科学文献出版社·群学分社（010）59367002
　　　　　　地址：北京市北三环中路甲 29 号院华龙大厦　邮编：100029
　　　　　　网址：www. ssap. com. cn
发　　行／社会科学文献出版社（010）59367028
印　　装／三河市东方印刷有限公司

规　　格／开　本：787mm×1092mm　1/16
　　　　　　印　张：18.75　字　数：280 千字
版　　次／2024 年 9 月第 1 版　2024 年 9 月第 1 次印刷
书　　号／ISBN 978-7-5228-3971-4
定　　价／158.00 元

读者服务电话：4008918866

主编简介

沙　勇　博士，教授，博士生导师，南京邮电大学社会与人口学院院长、人口研究院院长、高质量发展评价研究院执行院长，农工党中央人口均衡发展工作委员会主任，江苏省政协人口资源环境委员会副主任；长期从事人口发展与高质量发展评价、区域经济等方面的研究；出版《人口发展与区域治理》等专著 5 部，主编"人口发展战略丛书""人口与信息社会丛书"等，多篇高质量学术论文被《新华文摘》等全文转载；主持国家社科基金项目、省部级及以上重大重点科研项目 60 多项；研究成果获江苏省第十四届哲学社会科学优秀成果一等奖等 20 多项学术奖励，多项人口发展领域相关研究成果获党和国家领导人肯定性批示，并被国家有关部门采用。

周建芳　博士，教授，南京邮电大学《人口与社会》期刊社主任；主要从事人口老龄化、社会政策等方面的研究；主持国家哲学社会科学基金重点项目和一般项目各 1 项、省部级课题 8 项、横向课题 40 余项；在《人口与发展》、《人口研究》、*BMC Public Health*、*Quality of Life Research* 等期刊上发表论文近百篇，出版专著 5 部。

前　言

近半个世纪以来，全球的生育率和预期寿命都发生了巨大变化，体现出低生育率低死亡率的现代化转型特征。20 世纪 70 年代初，一名妇女平均有 4.5 个孩子；到 2024 年，全球平均生育率已降至每名女性 2.4 个孩子。与此同时，全球平均预期寿命从 90 年代初的 64 岁上升到 2024 年的 71 岁。[①] 此外，世界正在经历高度城市化和移民加速。2007 年首次出现城市人口多于农村人口，到 2050 年，约 68% 的世界人口将生活在城市。与此同时，各国人口比例、人口结构的发展有着巨大差异。一些国家的人口正在迅速增长，青少年比以往任何时候都多。就全球最不发达的国家而言，它们的人口数量预计将在 2050 年翻一番。但是，在人口老龄化的国家，育龄妇女的人口规模可能正在缩小，还伴随生育率的下降，进而导致人口增长缓慢或减少。预计到 2050 年，全球有 60 多个国家和地区的人口将减少。[②] 在高收入国家，移民而不是生育率将是未来几十年人口动态变化的主要驱动力。这些人口变化大趋势将深刻影响经济发展、就业、收入分配、贫困和社会保护，还将继续影响到全球在医疗保健、教育、住房、卫生、水、食品和能源公平普及等方面的努力。

我国也正经历第二次人口转型过程，人口发展既有世界的一般性规律，

[①] United Nations Population Fund, World Population Dashboard, https：//www.unfpa.org/data/world-population-dashboard，最后访问日期：2024 年 8 月 11 日。

[②] United Nations, Department of Economic and Social Affairs, Population Division（2022），World Population Prospects 2022, https：//population.un.org/wpp/Publications/，最后访问日期：2023 年 7 月 10 日。

也有自身的显著特点和发展需求。根据国家统计局官网数据，2023年末，全国人口14.10亿人，比2021年末减少208万人；2023年出生人口902万人，年出生人口比上年年末减少58万人；而同年，人口（65岁及以上人口）老龄化水平已高达15.4%。① 人口发展面临新挑战：少子老龄化对就业、社会保障体系带来巨大冲击，人口对资源环境可持续发展的压力仍在持续，城乡、区域人口发展不平衡问题进一步凸显。为此，党中央将人口问题提升到国家战略的高度，并做出了一系列重大战略部署。党的二十大报告提出"优化人口发展战略"，二十届中央财经委员会第一次会议进一步强调，要着眼强国建设、民族复兴的战略安排，完善新时代人口发展战略，认识、适应、引领人口发展，着力提高人口整体素质，努力保持适度生育水平和人口规模，加快塑造素质优良、总量充裕、结构优化、分布合理的现代化人力资源，以人口高质量发展支撑中国式现代化。

毋庸置疑，运用科学而简明的指标体系来评价世界和中国的人口高质量发展，既是中国社会发展之需，也是构建人类命运共同体之需。为此，南京邮电大学人口研究院和高质量发展评价研究院团队，在充分梳理理论和借鉴相关指数构建经验的基础上，基于21位人口学、社会学和经济学等领域专家的专家咨询法和熵权法分析结果，构建人口高质量发展综合指数，并据此对世界各国和我国的人口高质量发展情况进行分析与描述。

在此感谢各位专家对本书指标体系提出的宝贵建议，感谢各章作者为本书成稿付出的努力，感谢张耀宇副教授为人口高质量发展评价提供的大量统计分析帮助，感谢社会科学文献出版社工作人员在本书出版过程中给予的支持与帮助。鉴于在人口高质量发展评价方面的著作较少，可供参考和借鉴的典型著作甚少，书中可能存在疏漏与不足之处，敬请读者批评指正。

---

① 国家统计局，年度数据，https://data.stats.gov.cn，最后访问日期：2024年8月11日。

摘　要

二十届中央财经委员会第一次会议强调"以人口高质量发展支撑中国式现代化"。在充分梳理相关理论和借鉴相关指数构建经验的基础上，基于21位人口学、社会学和经济学等领域专家的专家咨询法和熵权法分析结果，本书从人口素质、人口经济发展、人口生活质量、人口宜居环境和全民共享发展5个维度，运用12个二级指标构建人口高质量发展综合评价指数。利用联合国、世界银行等权威机构年度报告数据和我国的国家和地方统计年鉴数据，对全球100个国家、我国31个省份与250个设区的市进行了分层级实证评价。人口高质量发展综合评价指数结果显示，国际均值为35.313分，得分靠前的国家有爱尔兰、瑞士、卢森堡等；我国省际均值为44.525分，得分较高省份集中在东南沿海地区；我国设区市均值为30.400分，得分较高设区市集中在长三角、珠三角和中三角城市群。人口素质指数结果显示，全球人口素质指数呈现区域分化的特点，发达国家具有显著优势；国内人口素质指数则在大城市中呈现极化效应，与地方经济和人才聚集紧密相关。人口经济发展指数结果显示，欧洲和北美等地区经济高度发达，拥有相对完善的经济体制和产业结构，这为它们创造较高水平的国民收入提供了丰厚的物质条件；国内人口经济发展指数排名靠前的大多为东部沿海省份，主要分布在长三角和珠三角经济带。人口生活质量指数结果显示，欧洲国家居民整体生活质量较高；国内人口生活质量发展指数表现为个别非经济发达省份人口整体生活质量较高。人口宜居环境指数结果显示，全球发达国家人口宜居环境指数的排名总体较高；国内区域发展不均衡导致部分工业重地的人口宜居环境指数较低。全民共享发展指数结果显示，全球排名靠前的国家都是高收入国家，但也有中低等收入国家和中高等收入国家在单个指标上表现良好；国内经济社会发展水平与全民共享发展指数未呈现相关关系。

关键词： 人口高质量发展　人口素质　人口经济发展　人口生活质量　人口宜居环境　全民共享发展

目 录 ⟩⟩

Ⅰ 总报告

Ⅱ 分报告

Ⅲ 专题篇

皮书数据库阅读**使用指南**

总 报 告 ▷

B.1

人口高质量发展：理论内涵与指数构建

沙 勇　周建芳*

摘　要： 学界和实践界对人口高质量发展的阐释主要从我国目前面临的人口现实问题、人口与其他社会因素的相互作用和规律方面进行。基于人口高质量发展的提出背景、质量定义和人口相关理论，人口的"质量"内涵，既指人口特性满足现代化建设的需要程度，也指人口特性满足人类需求的程度，而高的衡量标准既可以是与历史水平的纵向比较，也可以是横向比较。与适度人口理论和长期均衡发展理论相区分，人口高质量发展更强调在更高层次上的"协同"和满足人类发展需求。本报告在回顾与借鉴人类发展指数、人力资本指数、社会发展指数、生活质量发展指数和高质量发展指数等相关指数的指标构成、计算方法和应用情况的基础上，基于科学性、可持续性、易获性、可比性、敏感性和系统性原则，运用熵权法和专家咨询法构建人口高质量发展指数。将人口高质量发展的操作性定义界定为：一个国家或

* 沙勇，博士，教授，南京邮电大学高质量发展评价研究院执行院长，高质量发展综合评估研究基地主任，主要从事高质量发展评价、区域经济等方面的研究；周建芳，博士，教授，南京邮电大学《人口与社会》期刊社主任，主要从事人口老龄化、社会政策等方面的研究。

地区的人口素质和人民生活水平相对较好的状态或不断提升的过程。从人口素质、人口经济发展、人口生活质量、人口宜居环境和全民共享发展 5 个维度，共选择 12 个二级指标构建人口高质量发展指数。

关键词： 人口高质量发展　人口素质　人口经济发展　人口生活质量　人口宜居环境　人口共享发展

　　人口高质量发展是一个本土化、新出现的概念。人口高质量发展的评价既需要基于中国本土化的理论和实践发展要求，又需要与国际人口发展理论进行融合与对话，为世界人口发展评价做出贡献。要构建人口高质量发展指数，首先要对人口高质量发展这一概念及其内涵进行界定。

一　人口高质量发展概念的提出

　　习近平总书记在二十届中央财经委员会第一次会议中指出："人口发展是关系中华民族伟大复兴的大事，必须着力提高人口整体素质，以人口高质量发展支撑中国式现代化。"[①] 这是人口高质量发展的概念首次被提出。

　　其后，在 2023 年 5 月召开的二十届中央财经委员会第一次会议上，习近平总书记强调"做好新一届中央财经委员会工作，研究加快建设现代化产业体系问题，研究以人口高质量发展支撑中国式现代化问题"。[②] 会议对我国人口高质量发展进一步提出了明确的要求，这是在我国人口发展呈现老龄化、区域人口增减分化等趋势性特征的形势下提出的新要求。之后，人口高质量发展被作为专有名词很快引起了广泛关注与讨论，并成为被高频使用的社会热词。

[①] 《习近平主持召开二十届中央财经委员会第一次会议》，https://www.gov.cn/yaowen/2023-05/05/content_5754275.htm，最后访问日期：2023 年 6 月 5 日。

[②] 《习近平主持召开二十届中央财经委员会第一次会议》，https://www.gov.cn/yaowen/2023-05/05/content_5754275.htm，最后访问日期：2023 年 6 月 5 日。

人口问题始终被视为关乎国家发展的全局性、基础性、长期性和战略性的重要问题。人口的长期、高质量发展，中国式现代化建设的稳步推进，离不开对人口变化趋势的精准认识，以及对伴随变化而来的机会与挑战的深刻理解。

二　人口高质量发展相关概念与理论回顾

（一）相关概念

尽管"人口高质量发展"是新出现的专有名词，但是"高质量发展"在更早前被提出，而"人口"一词则早已被学界和社会广为使用。

1. 高质量发展

高质量发展，由三个词复合而成，"高质量"修饰"发展"，而"高"修饰"质量"。"发展"在《现代汉语词典》（第7版）中的解释是："事物由小到大、由简单到复杂、由低级到高级的变化。"而《牛津英文词典》（*Oxford English Dictionary*）对"development"的解释，也与此相近。其被释义为将使某物/人达到更充分或更高级状态的动作或过程。而对于"质量"一词，最为权威的解释则是国际标准化组织颁布的质量管理体系中的界定，即质量是指一组固有特性满足要求的程度。"高"则是一个相对的概念，可以相对于特定参考物，也可以相对于一个标准值，或相对于平均值，比参照的质量更好才能称为"高"。

高质量发展作为一个专有合成词被使用，在我国则有其特有含义，与其被提出的背景有关。2017年10月，党的十九大报告指出："我国经济已由高速增长阶段转向高质量发展阶段，正处在转变发展方式、优化经济结构、转换增长动力的攻关期，建设现代化经济体系是跨越关口的迫切要求和我国发展的战略目标。"[①] 高质量发展首先被应用在经济领域，相较于经济的

---

① 《习近平：决胜全面建成小康社会 夺取新时代中国特色社会主义伟大胜利——在中国共产党第十九次全国代表大会上的报告》，https://www.gov.cn/zhuanti/2017-10/27/content_5234876.htm，最后访问日期：2023年6月27日。

"数量高速增长"阶段，高质量发展阶段更强调"整个供给体系都要有活力、有效益与有质量"和"在经济、社会、政治、文化与生态等方面的协同发展"。① 随后，"高质量发展"一词，无论是在领导人的讲话，还是在学者的研究中，从生态文明建设到强军建设，从单一领域发展到小康社会建设，"高质量发展"在更广泛的领域中被使用，但到目前为止，主要还是被中国学者和官员所使用，也更多是被应用于中国式现代化建设的特定领域或全局性的政策与研究中。

2. 人口

与"高质量"不同，"人口"一词更为众人所熟知，使用频率也极高。但是，人们在使用"人口"时，对其理解不尽相同。简单理解，如按照阿尔弗雷·索维的解释，人口就是指一定地理范围内的人数。② 马克思则偏向于复杂理解，认为人口"是一个具有许多规定和关系的丰富的总体"。③ 身为生物群体，人口的生存和发展离不开生命活动的有序实现，但与此同时，人口也是社会生活的主体，人口的本质，并不在于与生俱来的自然属性，而在于其所承载的社会属性。人口所具有的社会性，构成了其与其他生物种类的基本差异。而我国人口学家刘铮则认为"人口是指生活在一定社会、一定地区、具有一定数量和质量的人的总体"。④ 杨德清在总结前人研究的基础上，进一步指出"人口是生活在一定社会生产方式、一定时间、一定地域，实现其生命活动并构成社会生活主体，由具有一定数量和质量的人所组成的社会群体"。⑤ 这一概念后来也被更多国内学者在其人口学教材或专著中引用⑥。

总体而言，人口具有数量和质量两方面的规定性。影响人口数量和质量

① 赵剑波、史丹、邓洲：《高质量发展的内涵研究》，《经济与管理研究》2019 年第 40 卷第 11 期，第 15~31 页。
② 阿尔弗雷·索维：《人口通论》，商务印书馆，1983，第 52 页。
③ 《马克思恩格斯文集》（第 2 卷），人民出版社，2009，第 54 页。
④ 刘铮：《人口学辞典》，人民出版社，1986，第 86 页。
⑤ 杨德清：《人口学概论》，河北人民出版社，1982，第 13 页。
⑥ 王洪春、张占平、申越魁：《新人口学》，中国对外贸易出版社，2002，第 2 页；毛况生：《人口学原理》，中国科技经济出版社，1989，第 1~2 页。

变化的因素错综复杂、多种多样，同时人口的数量与质量及其各种结构直接或间接地影响和制约社会经济发展过程。另外，人口又具有生物属性和社会属性。人口作为生物体，每一个个体都有其出生、成长、衰老、死亡的生命过程；人口作为一个社会群体，也有其发展变化的客观规律。

（二）相关理论

在人口问题的研究中，已经形成的与人口高质量发展相关的理论主要有四个：一是适度人口理论，二是可持续发展理论，三是人口长期均衡发展理论，四是马克思主义人口发展理论。这些理论均探讨了人口与社会、经济、环境和谐发展的问题。

1. 适度人口理论

英国经济学家 E. 坎南于 19 世纪晚期提出了"适度人口"的概念，适度人口是指对一国或地区的经济发展最适宜的人口数量。[①] 瑞典经济学家 K. 维克塞尔在此基础上延伸出了"适度人口密度"的概念，并从农业资源的视角出发探讨了人口与经济社会之间的相互联系。[②] 在此之后，适度人口理论历经两次显著的发展。首先，着眼于"动态适度人口"分析，更多地关注技术及社会条件等发生变化时的最佳人口规模和密度。其次，法国人口学家索维将其界定为"一个以最令人满意的方式达到某项特定目标的人口"，并将其划分为两类：一是"经济适度人口"，即可以获取最大经济收益的人口；二是"实力适度人口"，即能实现最大实力的人口。[③] 20 世纪 20~30 年代，适度人口理论的相关研究达到顶峰。尽管如此，美国人口学家列宾斯坦等多位学者均未成功计算出精确的适度人口。由此，"适度人口理论"是否为伪命题的争议不断出现。[④]

---

① 钱恺：《试论坎南的适度人口理论及其对我国的借鉴意义》，《劳动保障世界》（理论版）2012 年第 4 期，第 66~67 页。
② 穆光宗：《"适度人口思想"的反思和评论》，《开放时代》2000 年第 3 期，第 78~85 页。
③ 阿尔弗雷·索维：《人口通论》，查瑞传、林富德、沈秋骅、侯文若译，商务印书馆，第 288~230 页。
④ 陈友华、孙永健：《非均衡发展：人口发展理论的批判与建构》，《学海》2021 年第 4 期。

2. 可持续发展理论

1972 年，斯德哥尔摩第一次人类环境会议上，"可持续发展"概念被正式提出，呼吁人们重新思考人与资源、环境的相互关系，营造健康且富有生机的环境。世界环境与发展委员会在《我们共同的未来》中指出，"可持续发展是既满足当代人需要，同时不会对后代人满足其需要的能力构成危害的发展"。① 显然，这一定义是笼统而抽象的，缺乏实际中可执行的具体内容。20 世纪 70 年代到 80 年代，对人口与可持续发展关系的讨论从未停止。以金（King）为首的麦多斯学派主张，当人口数量处于资源环境可承载的容量之内时，可持续发展的目标便可以达成。作为一种创新的发展观念，可持续发展备受国际社会认可。自 20 世纪 90 年代以来，它逐步成为全球各国的重要发展战略。各个国家或政府都在努力明确可持续发展的真正内涵，涵盖范围包括国际、区域、地方及特定的层面。②

3. 人口长期均衡发展理论

在经济学领域，均衡是指经济体系中各种因素在变动中达到相对平衡的状态。均衡状态中的系统各组成部分是相对稳定的，且系统的发展是协调、可持续的。20 世纪 90 年代，胡伟略③、李涌平④等用"均衡"这一概念，结合经济学的理论框架和分析方法，对中国所面临的人口问题进行了深入探讨。"人口长期均衡发展"被提出后，得到了中央政府的肯定。2009 年，全国人口和计划生育形势分析会召开，制定了"科学制定人口规划、引导人口长期均衡发展"的方针。⑤ 从那时起，有关人口均衡的理论研究层出不穷，对人口长期均衡发展的内涵、测量指标体系等进行探讨。

综合学者们对人口长期均衡发展内涵的讨论，可以将之理解为三个方面

---

① 潘存德：《可持续发展研究概述》，《北京林业大学学报》1994 年第 16 卷第 S1 期，第 42~78 页。
② 陆杰华、黄匡时：《关于构建人口均衡型社会的几点理论思考》，《人口学刊》2010 年第 5 期。
③ 胡伟略：《市场经济与均衡人口》，《人口研究》1994 年第 3 期。
④ 李涌平：《决策的困惑和人口均衡政策——中国未来人口发展问题的探讨》，《北京大学学报》（哲学社会科学版）1996 年第 1 期。
⑤ 李建民：《论人口均衡发展及其政策涵义》，《人口与计划生育》2010 年第 5 期。

的均衡发展。① 一是人口内部长期均衡发展，即人口规模、质量、结构和分布四个要素处于协调状态，且不会因为其中某一个（或多个）要素的发展而导致其他要素偏离理想状态，从而能够支持人类自身的繁衍和人口系统自我演进到更高层次。二是人口外部长期均衡发展，即人口与经济社会协调发展，与资源环境承载能力匹配。人口发展既与经济、社会、资源和环境的发展相适应，也不应超越这些因素所能承受的界限。三是人口总体长期均衡发展，即人口内部均衡与人口外部均衡之间可持续的协调状态。人口的内部均衡和外部均衡之间相互影响且相互制约，内部均衡失常时的溢出效应会对外部因素产生影响，而外部因素的失衡也会对内部均衡造成冲击。因此，人口内部均衡与外部均衡相互依赖，相互影响，二者的协调统一即为总体均衡。

对于人口长期均衡发展理论，学者们更多停留在理论探讨层面，并未厘清各项人口要素之间、人口与外部因素的复杂关系，更未能给出明确的均衡标准。陈友华和孙永健对这一本土学者提出的理论进行了反思与批判，认为人口长期均衡发展理论带有强烈的理想主义情结，人口非均衡发展才是现实常态。世界上与人口均衡发展最接近的可能只有北欧极少数几个国家，而大多数国家的人口都处在不同程度的非均衡状态。②

4. 马克思主义人口发展理论

人民立场是马克思主义的根本立场，马克思主义以实现人的自由全面发展为根本奋斗目标。③ 共产党始终代表人类社会进步的方向，是为广大人民谋幸福的政党。中国共产党的百年历程中，也在中国特色的社会主义建设实践中，遵循和发展了这一理论。党的十六届三中全会提出的以人为本的科学发展观，党的十八届五中全会提出的以人民为中心、把增进人民福祉和促进人的全面发展作为发展的出发点和落脚点的思想，不仅展现了马克思主义的

---

① 翟振武、杨凡：《中国人口均衡发展的状况与分析》，《人口与计划生育》2010 年第 8 期；李建民：《论人口均衡发展及其政策涵义》，《人口与计划生育》2010 年第 5 期；张俊良、郭显超：《人口长期均衡发展的理论与实证模型研究》，《人口研究》2013 年第 5 期。
② 陈友华、孙永健：《非均衡发展：人口发展理论的批判与建构》，《学海》2021 年第 4 期。
③ 丁任重、朱恒鹏、刘守英、平新乔、盛斌：《深入学习贯彻党的二十大精神笔谈》，《经济学动态》2022 年第 11 期。

思想内核，也贯彻了马克思主义人口观的根本精神。习近平新时代中国特色社会主义思想中的人口观坚持发展为了人、以人为本的理念，并将其上升到一切以人民为中心、以人民为本的高度。[①] 党的二十大报告提出："共同富裕是中国特色社会主义的本质要求，也是一个长期的历史过程。我们坚持把实现人民对美好生活的向往作为现代化建设的出发点和落脚点，着力维护和促进社会公平正义，着力促进全体人民共同富裕，坚决防止两极分化。"[②] 实现全体人民共同富裕是中国式现代化的重要特征，现代化是实现共同富裕的重要途径。正如习近平总书记所言："我们所推进的现代化，既有各国现代化的共同特征，更有基于国情的中国特色。"[③] 中国式现代化以中华优秀传统文化为核心，致力于使人民享有幸福、安全、有获得感的生活以及实现全体人民的共同富裕。

三　人口高质量发展的理论内涵

对于人口高质量发展的内涵，一些学者等给出了不同视角的解读，以下两种阐述比较有代表性。

（一）目标导向的内涵理解

以中国社会科学院蔡昉教授为代表，其在《学习时报》上发表文章《以人口高质量发展支撑中国式现代化》，对人口高质量发展的理论内涵进行了分析。[④] 认为人口高质量发展，要符合所处发展阶段的适度生育水平和稳定人口规模，符合国土空间优化要求的人口区域分布及动态均衡，适应科

---

① 谢秋慧：《习近平新时代人口观的基本内容与核心要义》，《传承》2018 年第 4 期，第 25~30 页。

② 《习近平：高举中国特色社会主义伟大旗帜 为全面建设社会主义现代化国家而团结奋斗——在中国共产党第二十次全国代表大会上的报告》，https：//www. gov. cn/xinwen/2022-10/25/content_ 5721685. htm，最后访问日期：2024 年 6 月 25 日。

③ 中共中央文献研究室：《十九大以来重要文献选编》，中央文献出版社，2021，第 824 页。

④ 蔡昉：《以人口高质量发展支撑中国式现代化》，《学习时报》，https：//www. xuexi. cn/lgpage/detail/index. html? id =1924491947297909919&amp；item_ id =1924491947297909919，最后访问日期：2023 年 6 月 29 日。

技革命新趋势的现代化人力资源，按照共同富裕的目标不断提高人民生活品质。这一解读具有动态性，适用于不同时期、不同情境下对人口高质量发展的理解。但是，从评价的视角看，这一理解给出了"高"的标尺内容，提出了需要实现的对"高"的动态性评价，但尚未给出特定时期"高"的具体尺度和标准，也还要进一步研究"高"的测量指标与方法。

（二）结果导向的内涵理解

以署名为"仲音"的作者为代表，其在《人民日报》连载文章《全面认识、正确看待我国人口发展新形势——以人口高质量发展支撑中国式现代化》《着力提高人口整体素质——以人口高质量发展支撑中国式现代化》《增强人口发展信心，促进人的全面发展和全体人民共同富裕——以人口高质量发展支撑中国式现代化》三篇文章进行阐释。[①] 这一系列文章从四个维度对人口高质量进行理解，即素质优良、总量充裕、结构优化、分布合理。这四个维度的地位和作用并不相同，后三者是中国式现代化的支撑，而"素质优良"既是中国式现代化发展的有力支撑，也是其最终目标，即促进人的全面发展和全体人民共同富裕，实现人的自由而全面的发展。这一解读更多是围绕当前的人口国情和社会经济发展阶段的突出问题与发展目标，在进行内涵分析的同时，也给出了人口高质量发展的重点任务和发展目标。但是，需要进一步研究与探讨的是：（1）人口素质与社会经济发展之间是相互制约和相互促进的关系，二者在什么样的状态下是较为理想的协同发展，如何才能实现协同发展；（2）何谓人口总量充裕；（3）什么样的人口结构是理想的；（4）怎么样才算是合理的人口分布。这四个方面的问题在提出人口高质量发展的概念之前，相关领域的学者已经在进行讨论与思考，但一

---

① 仲音：《全面认识、正确看待我国人口发展新形势——以人口高质量发展支撑中国式现代化》，《人民日报》2023 年 5 月 15 日，第 1 版；仲音：《着力提高人口整体素质——以人口高质量发展支撑中国式现代化》，《人民日报》2023 年 5 月 16 日，第 4 版；仲音：《增强人口发展信心，促进人的全面发展和全体人民共同富裕——以人口高质量发展支撑中国式现代化》，《人民日报》2023 年 5 月 17 日，第 4 版。

直没有权威的说法，更没有达成一致。人口高质量发展将四个问题放在一个概念框架之中进行再讨论，其进一步的深层次思考需要得到突破，方能为人口高质量发展的评价奠定理论基础与提供定量评价依据。

目前，已经发表的关于人口高质量的理论内涵理解的文章，更多是从人口高质量的基本含义、现实问题、人口与其他社会因素的相互作用和规律等方面来理解，这对人口高质量发展，尤其是我国人口高质量发展的路径和最终目标有重要的指引意义。但是，人口高质量发展作为新的概念，还要与已经被广泛使用的相关概念与理论相区分，从而实现理论跃迁。因此，对于人口高质量的理论内涵还需要进一步补充和厘清。

一是人口发展"质量"的特有之义。与人口均衡发展、可持续发展或适度发展不同，人口高质量发展的最终目标不仅仅是人口与社会协调发展、人口保障社会的可持续发展。一方面，人口的"质量"面向现代化建设，其特性需要成为现代化建设的有力支撑，此时的人口是客体，是影响现代化建设的因素。现代化建设需要依据人口规律，通过人口工作，实现人口要素的高质量；另一方面，人口的"质量"面向"人类"自身，人口特性满足"人"的要求的程度。依据人类共同价值，社会发展的最终目标是实现人的全面发展/整体发展和共享发展。因此，当我们还没有在适度人口、可持续人口或均衡人口方面形成可量化评估的依据时，除了考察人的全面发展和共享发展相关结果指标外，还需要考察现代化建设的社会、经济和环境发展，以之反向说明人口与现代化建设是否处于协同发展的状态。也就是说，只有有了高质量全面发展的人口，有了高质量的现代化建设，人口与现代化建设才有可能处于协同发展的状态。反之，如果人口的发展状态或现代化建设某一维度呈现负向发展，则一定是人口要素与现代化建设处于失衡状态，需要及时予以调整。

二是人口发展"高"的参照标准。正如前文的"高质量发展"的概念梳理，人口高质量发展，也需要明确"高"的衡量基准。本报告认为，基于概念提出的背景和人口自身的发展规律，"高"，一方面强调的是历史纵向比较的结果要求，另一方面与适度和可持续发展的基本人口要求相区分，提出了更高目标的发展要求。因此，其衡量标准，首先是与历史水平相比较，人口的状况更好、更有质量。其次是与社会经济环境等现代化发展要素的关系是在更高层次的"协同"，而不是在较低层次的"互不反向作用"。

四 国际、国内相关指数

构建人口高质量指数需要在充分借鉴既有相关指数的基础上，一方面借鉴既有指数的构建原则与方法、成功经验，另一方面要有别于既有指数的评测内容，突出拟构建指数的创新性和独特性。为此，本报告在明确人口高质量发展理论内涵的基础上，借鉴既有相关指数，明确人口高质量发展指数的评价原则与方法，进而构建出指标体系。

目前，国际国内还没有建立专门的人口发展指标体系，以衡量不同国家或地区的人口发展水平。但在已有的指标体系中，人类发展指数、人力资本指数、美好生活指数、生活质量指数和高质量发展指数等，可以为人口高质量发展指标体系的建立提供参考。

（一）人类发展指数

1990年，基于阿玛蒂亚·森（Amartya K. Sen）的可行能力理论，联合国开发计划署在哈格（Mahbubul Haq）的领导下提出人类发展指数（Human Development Index，HDI）。人类发展指数包括预期寿命指数、受教育指数［（期望受教育年限指数+平均受教育年限指数）/2］、人均GDP指数三个一级指标。2021~2022年的HDI计算使用的具体指标包括：出生预期寿命、期望受教育年限、平均受教育年限和人均国民收入，对应指数的计算公式为：

$$分维度指数 = \frac{实际值-最小值}{最大值-最小值}$$

$$HDI = (预期寿命指数+受教育指数+人均GDP指数)/3$$

HDI提出前，常采用GDP或人均GDP等单一指标以及实际生活质量指数等综合指标来评估经济发展情况。HDI在某种程度上打破了这种局限，它揭示了人类发展历程中的基本需求，强调经济增长并不是唯一重心，只有经济、社会等和谐发展，人类的发展水平才能得到提升。但是，由于指标选择范围、阈值设定以及各一级指标的权重分配等因素，HDI 一直受到批评与质疑。对此，哈格和森较一致地认为，HDI 的提出旨在唤起公众对人类发展议题的关注，考虑到数据的可获取性及其他测量因素，HDI 很难涵盖可能影响发展的全部指标，但它确实是一个动态开放的体系。事实上，在联合国开发计划署的年度 HDI 应用中，二级指标选择、阈值确定和指标权重及其计算方法都处在不断调整中。此外，除 HDI，联合国开发计划署还推出了不平等调整后的人类发展指数（IHDI）、性别发展指数（GDI）、性别不平等指数（GII）、多维贫困指数（MPI）和地球压力调整后的人类发展指数（PHDI）等系列指数。

在联合国开发计划署的支持下，过去的 30 多年中已有超过 140 个国家编制了 700 余份国别人类发展报告。大量学者将其运用到国家之间或内部，以便更好地对比地区差异、评估人类发展水平等。一些学者也通过对 HDI 及其改进进行思考与分析，给予肯定或提出一些批评及质疑，主要涉及指标选择、阈值确定和权重计算等方面。

（二）人力资本指数

人力资本指的是人在一生中积累的知识、技能和健康，使其能够作为有生产力的社会成员发挥潜力。通过开发人力资本来发展经济，构建更具包容性的社会，这就要求通过营养、医疗保健、优质教育、就业和技能培养投资于人。世界银行和国际货币基金组织在印度尼西亚巴厘岛举行的 2018 秋季年会上，首次发布了各国人力资本指数（Human Capital Index，HCI），这一指数将 157 个国家对婴儿至 18 岁青少年期间的投资作为评价标准进行排名，反映该国的保健、教育等领域的水平。

HCI 以受教育年限、考试成绩、5 岁以下幼儿发育障碍比例、5 岁儿童和成人存活率五个指标评估教育、健康和存活情况，评估 157 个国家对新一代人力资本的投资效率。结果取值为 0~1 分，0 分表示所有儿童在达到教育年龄前死亡，1 分表示所有儿童皆能接受完美的教育及拥有健康的生活，计算公式较为复杂，具体可参见指数说明书。[①] 世界银行前行长金墉（Jim Yong Kim）表示，人力资本指数旨在促使各国政府更有效地投资下一代劳动力，把健康与教育对下一代劳动者生产力的贡献进行量化。[②] 各国可以用这个指数来评估人力资本差距将会令他们损失多少收入，了解如果及时采取行动，能把损失变成收益的时间缩短多少。

人力资本指数在衡量人力资本方面，强调对未来人力资本的投入，但是也存在一定的局限性，特别是不能反映人力资本利用效率的问题，如可能存在的失业情况、没有充分发挥人力资本作用的情形等。为此，世界银行在2020年的报告中[③]，同时发布了两个调整后的指数：基本利用人力资本指数（Basic Utilization HCI）和完全利用人力资本指数（Full Utilization HCI），旨在反映当前和未来人力资本的情况。

（三）美好生活指数

2011年，经济合作与发展组织（OECD）推出"幸福生活"（Well-being）指标体系，用以测量人们的生活质量。通过对居民进行问卷调查，就成员国生活质量和物质条件领域10个方面的表现（详见表1）进行排名，并据此生成各国及地区的"美好生活指数"（Better Life Index），以评估人们对生活的满意程度。目前，各项指标已经纳入该组织的年度"社会与福利"统计数据。OECD对于"幸福生活"的测量与分析框架是基于其之前十年来对于社会进步衡量的研究和探索，包含了传统的社会指标GDP未能反映的影响民众生活的一些因素，如安全、休闲、收入分配、环境清洁等。[④]

---

① Aart Kraay, *The World Bank Human Capital Index：A Guide*（New York：Oxford University Press, 2019）.

② World Bank Group President Jim Yong Kim Opening Remarks at the 2018 Annual Meetings Press Conference.

③ World Bank Group, "The Human Capital Index 2020 UPDATE Human Capital in the Time of COVID-19", https：//documents. worldbank. org/en/publication/documents-reports/documentdetail/456901600111156873/the-human-capital-index-2020-update-human-capital-in-the-time-of-covid-19, 2023-8-25.

④ 王俊秀：《OECD 的幸福指数及对我国的借鉴意义》，《民主与科学》2011 年第 6 期。

表 1 OECD "美好生活指数" 指标体系

一级指标	二级指标	三级指标
生活质量	健康状况	期望寿命
		健康自评
	工作生活平衡	长时间工作的雇员占雇员总数的比例
		休闲与保健护理的时间
	教育与能力	最高学历
		学习能力
		受教育年数
	社会联结 公共参与及治理	支持性网络的质量
		政府与公众在政策制定过程中的参与程度
		大选投票率
	人口宜居环境	空气污染状况
		水质
	个人安全	侵入犯罪率
		杀人犯罪率
	主观幸福感	主观幸福感
物质条件	收入与财富	调整后的家庭可支配收入
		家庭财产性收入
	工作与报酬	就业率
		就业岗位安全性
		长期失业率
	住房	缺乏基本设施的住房占全部住房的比例
		住房花销占总花销的比例
		人均房间数

资料来源：根据 OECD 官方网站资料整理。

与强调"人类基本生存"和"追求幸福的条件"的人类发展指数相比，OECD 的"幸福生活"指标体系反映了富裕国家的价值观，即"美好生活"，这是现代社会对"幸福生活"的解读，即生活质量应基于人们的内在需求，最终实现身心健康、生活愉悦、社会物质文化生活全面发展的根本目的。该指标体系以客观指标为主，对于构建人口高质量发展指标体系有较强的借鉴意义。但是，该指标体系是基于居民的微观调查，评价成本过高，不太适合大范围的评价与比较。目前，OECD 国家的评测也仅限于特定维度和少数国家。

（四）生活质量指数

生活质量指数（Physical Quality of Life Index，PQLI）是一个综合性指标，从健康和文化教育两个维度反映人口质量。PQLI 最初由美国海外发展委员会于 1975 年提出，旨在量化和评估一个国家或地区的社会经济发展水平，由婴儿死亡率、1 岁时平均预期寿命和识字率三个基本指标组成。以 15 岁以上人口中识字者所占的百分比来表示识字率指数，无须进行换算。婴儿死亡率指一年内每一千个新生儿中的死亡人数。据联合国统计资料，1950 年至 PQLI 首次公布的数据显示，加蓬的婴儿死亡率最高，达到229‰，以此作为指数的起点 0；瑞典的婴儿死亡率最低，为 8‰，估计到2000 年将下降至 7‰，作为指数的 100。取最高值（229‰）与最低值（7‰）之差除以 100 得出换算系数为 2.22，意即每当婴儿死亡率发生2.22 个千分点的变化，其婴儿死亡率指数便变动 1。公式为：婴儿死亡率指数 =（229-每一千个新生儿的死亡数）/2.22；1 岁预期寿命指数换算方法与上同。第二次世界大战后，越南的 1 岁人口平均预期寿命最低，为 38岁，以此作为指数的起点 0；预期寿命上限预计为 77 岁，即作为指数的100。换算结果，1 岁预期寿命每变动 0.39 岁，在指数上变动 1。指数计算公式为：1 岁平均预期寿命指数 =（1 岁平均预期寿命-38）/0.39。3 个分指数的简单算术平均数就是生活质量指数的结果。[①] 由于 PQLI 的三个指标都与人口素质有着紧密的联系，因此使其经常被相关领域学者用作量化和评估人口素质的综合性指标，国内学者常将之译为"人口生命素质指数"或"人口质量指数"。

由于 PQLI 是以构建时的发展中国家为基础测量对象而进行的设计，指标对于当时的发达国家和当前大多数国家而言，其灵敏性均相对较低，同时

---

① 龚幼龙：《社会医学》（第三版），复旦大学出版社，2010，第 40~41 页。

其指标测量的内容也过于集中于健康和文化素质，权重系数被简单平均处理，受到的质疑比较多。21世纪以来，国际和国内较少使用。

（五）高质量发展指数

在当前全球局势异常复杂、国内经济下行压力及未来发展不确定性日益增加、社会主要矛盾发生转变的社会背景下，高质量发展作为未来长期的发展战略应运而生。该战略旨在推动"中国制造"向"中国创造"的转变，"中国速度"向"中国质量"的转变，"制造大国"向"制造强国"的转型。

高质量发展指数的构建是当前研究的热点，也是实践领域非常需要的内容。目前，学者的讨论以经济高质量发展指数为主，以创新、协调、绿色、开放、共享为主要内容，更多基于全国设置通用性指标体系。实践界的探讨，以省级和地市级的地方政府为主，在设置指标体系时更具地域特色，更多结合地方政府的重点工作进行有针对性的设计。本报告研究团队所属的高质量发展评价研究院，对高质量发展有专门性研究，设计了相关的评价指标体系。该指标体系一共有5个一级指标，有12个二级指标和37个三级指标，具体见表2。综合指数的计算采用该研究团队所构建的非期望产出的SE-SBM-GML模型（Super Efficiency-Slack Based Model-Global Malmauist-Luenberger）进行计算。

表2 高质量发展指数

一级指标	二级指标	三级指标
创新发展	创新能力	技术合同成交额占GDP比重
		R&D人员
		R&D支出占GDP比重
		科学技术支出占财政支出比重
		发明专利申请授权数
		专利授权量与R&D经费之比
		高新技术产业主营业务收入占GDP比重
	协同创新	全国技术交易总额

一级指标	二级指标	三级指标
协调发展	城乡协调	城乡居民人均可支配收入之比
		城乡居民人均消费支出之比
	区域协调	人均 GDP 的地区差距
	产业结构	第三产业从业人员占总从业人员的比重
		第三产业占 GDP 比重
		第三产业增加值
	投资消费	恩格尔系数
		第三产业固定资产投资占总投资比重
		最终消费支出占 GDP 比重
绿色发展	生态状况	用水总量
		能源消费总量
		农用地和建设用地之和
		城市建成区绿化覆盖率
		生活垃圾无害化处理率
		全年空气质量优良天数
	人口宜居环境	单位 GDP 废气排放量
		单位 GDP 废水排放量
		单位 GDP 工业固体废物产生量
开放发展	对外开放	进出口总额占 GDP 比重
		实际利用外资额占 GDP 比重
	区域开放	铁路货物发出总量
共享发展	发展投入	社会保障和就业支出占 GDP 比重
		教育支出占财政支出比重
	发展质量	居民消费水平
		人均城市道路面积
		人均医疗卫生机构床位数
		人均公共图书馆总藏量
		城乡居民社会养老保险参保人数
		人均互联网宽带接入端口数

资料来源：沙勇、金巍主编《中国高质量发展与评价蓝皮书 2022》，中国社会出版社，2022。

　　总体而言，因为高质量发展提出的时间并不长，且为本土化的概念，所以到目前为止，无论是学术研究，还是实践应用，虽然对高质量发展的研究和应用热度很高，但具体指标的数量和内容差异性较大，尚未达成共识，更没有形成有一定权威的指标体系。同时，随着高质量发展从最初的经济领域逐渐向多领域拓展应用，有关高质量发展的指数构建尝试，也被扩大到其他专业领域和社会整体性评价。人口高质量发展作为新近拓展应用的领域之一，尚没有直接相关的公开发布的研究和实践经验可供参考。

五　人口高质量发展指数构建原则与方法

借鉴既有人口发展相关指标体系的构建过程及其应用情况，结合当前国际国内人口形势和社会发展需求，本报告明确了人口高质量发展评价指标体系的选择原则和构建方法。

（一）评价指标选择原则

人口高质量发展指标体系的构建不仅局限于理论探讨，还要落实于实践，对世界和中国的人口发展进行深入对比与评估。因此，在构建人口高质量发展指标体系时，主要遵循以下核心原则。

1. 科学性

所有构成指标的数据来源须有明确、规范的标准，这些数据不仅应相对客观，而且应具有权威性。同时，须具有科学的指标计算方法，使其能够准确地反映人口高质量发展的概念和维度，确保其具有很高的信度和效度。此外，须确保同一指标的数据来源及计算方式具有统一性。

2. 可持续性

为了指标体系的可持续利用，以及为持续定期发布和纵向比较人口高质量发展情况打下基础，要求使用定期更新的数据，如季度、年度、追踪调查数据等，避免使用一次性的抽样调查数据。

3. 易获性

在联合国、国际组织和我国各级政府及相关部门对数据共享思想的深入实践下，将有更多公开数据或可申请获得数据用于人口高质量发展指标体系的构建。因此，指标选择优先考虑可公开查找并获取数据，仅供特定组织或机构内部使用的数据只作为备选。

4. 可比性

所收集的指标要有对应的国家和国内各省、设区市的数据，该数据既可以是能直接用于指标值的，也可以是通过计算方能使用的，如我国的一些人口普查/抽样调查或专题调查数据中设有地区变量，可先算出各省份、设区市的相关指标结果再进行分析。

5. 敏感性

指标构建的核心目标是评估人口的高质量发展水平，评价结果是为了描述差异性，反映国际国内高度关注的人口问题，并将之应用于人口发展相关工作的现状与问题分析。因此，指标的敏感性尤为关键，须及时准确地反映重点工作任务及关键成效，并为实际工作的开展提供有力指导。为此，采用标准差评估可选指标的敏感性，在其他条件保持不变的前提下，优先选取标准差较大的指标。

6. 系统性

根据人口高质量发展的定义和相关理论，人口高质量发展的指标由一个全面和系统的评估体系所构成，不是仅反映人口高质量发展的某一个方面，而是全面反映人口高质量发展，且需要有效（或正确）地反映每一个维度所需要评价的信息，指标体系中的各项指标既相互独立又彼此关联。

（二）指标体系构建方法

采用专家咨询法和熵权法构建人口高质量综合指数，指标体系中各指标的最终权重为两种方法计算而得的权重系数的均值。

1. 专家咨询法

研究小组于 2023 年 5~6 月进行专家咨询。咨询的都是人口学、社会学或经济学等领域的知名专家（职称均为教授），他们长期关注人口问题并仍然在积极开展人口领域的研究。本报告采用两种方式进行专家咨询。一是访谈法。先后访谈 8 位有过指标体系构建实践经验的教授，咨询其对人口高质量发展理论内涵、操作性定义和指标选择的评价与修改完善的看法。二是问卷填答法。邀请 21 位专家对一级指标和二级指标的权重系数进行打分，并进一步听取其对所选择的指标的意见与建议。专家的最终打分结果见分报告。

2. 熵权法

熵权法是一种客观赋权方法，主要依据指标的变异性程度来设定客观权重，指标的变异性越小，所体现的信息量便越少，因而其相应权重越低。熵权法的计算步骤分为无量纲化处理、各指标同度量化、计算各个指标的熵值、计算各个指标的差异系数、对差异系数归一化处理和得分计算六个步骤。

（1）无量纲化处理

为解决不同单位造成的量纲问题，需要先对指标进行无量纲化处理。处理方法要根据指标属于正向指标还是负向指标来选择，如式（1）和式（2）所示。式（1）是针对正向指标的无量纲化，式（2）则是针对负向指标的无量纲化。x_{ij} 表示指标 j 的第 i 个取值，$x_{ij}^{'}$ 为标准化、无量纲化之后的 x_{ij}。

$$x_{ij}^{'} = \frac{x_{ij} - \min\{x_{ij}\}}{\max\{x_{ij}\} - \min\{x_{ij}\}} \qquad \text{式（1）}$$

$$x_{ij}^{'} = \frac{\max\{x_{ij}\} - x_{ij}}{\max\{x_{ij}\} - \min\{x_{ij}\}} \qquad \text{式（2）}$$

（2）各指标同度量化

计算在第 j 个指标中，各个样本 i 的取值占该指标的比重（P_{ij}），计算公式如下：

$$P_{ij} = Z_{ij} \Big/ \sum_{i=1}^{n} Z_{ij} \qquad \text{式（3）}$$

（3）计算各个指标的熵值

计算公式如下所示。

$$e_{ij} = \left(-\frac{1}{\ln(n)}\right) \sum_{i=1}^{n} p_{ij}\ln(p_{ij}) \qquad \text{式（4）}$$

其中，n 为样本量。

（4）计算各个指标的差异系数

差异系数的计算公式如下所示：

$$g_j = 1 - e_j \qquad\qquad 式（5）$$

（5）对差异系数归一化处理

计算第 j 项指标的权重 w，计算公式如下所示。

$$w_j = g_j / \sum_{j=1}^{m} g_j \qquad\qquad 式（6）$$

其中，m 为指标的个数。

（6）得分计算

最后，根据式（7），计算最终的得分。而且，为了防止指标过小，在这里统一乘以100。

$$F_j = 100 \times \sum_{j=1}^{m} w_j p_{ij} \qquad\qquad 式（7）$$

六　人口高质量发展指数构建

本报告将在前文理论回顾的基础上，按照指标体系构建的一般性流程，即（1）给出操作性定义；（2）选择指标；（3）构建指数；（4）基于团队所确定的评价原则，构建人口高质量发展评价指标体系。

（一）人口高质量发展操作性定义

"人口高质量发展"源于"经济高质量发展"概念的拓展应用，二者都强调"质量"的提高，而非"数量"的增长。人口高质量发展以创新为第一动力、协调为内生特点、绿色为普遍形态、开放为必由之路、共享为根本目的，充分体现新发展理念之要义。

如前文的内涵分析，人口"质量"的一方面是面向现代化建设，其特性需要成为现代化建设的有力支撑。此时的人口高质量发展的核心要义是促进人口与社会、经济的良性互动，人口总量、人口素质、人口结构和人口分布，都要在遵循人口自身发展规律的情况下，引导朝向有利于经济社会发展的方向发展。人口"质量"的另一方面是实现现代化建设的根本目标，实现人的全面发展。人口质量面向"人类"自身，即人口特性满足"人"的全面发展的程度。围绕人的全面发展，聚焦提高人口整体素质。依托教育、卫生健康、文化发展，全面提高人口的科学文化素质、健康素质、思想道德素质。顺应人民群众对高品质生活的期待，自觉主动解决发展差距，促进社会公平正义，让全体人民共享发展成果，凝聚起亿万人民群众的伟大力量。为此，研究将人口高质量发展定义为：人口特性朝着能够更好地满足现代化建设和人类自身发展需求的变化趋势。

对于人口特性能够更好地满足现代化建设而言，人口总量、人口结构、人口分布和人口素质与社会经济的关系，在适度人口理论和人口长期均衡发展理论的检验中，就已经被高度关注。但遗憾的是，到目前为止，学界和实践界都没有能够给出标准答案，从高密度人口居住地区（如香港、纽约、北京等），到地广人稀的居住地区（如美国西部地区、中国西北地区）都有社会经济现代化发展较好的示例，如何才能算是"高质量"，并没有明确的、被一致认可的定性或定量衡量标准。与此同时，人口总量减少、人口老龄化已经成为包括我国多数地区在内的人口常态，也成为全球诸多国家的基本人口国情，具有长时间的不可逆转性，更需要从过去的"人口数量红利"视角切换到"人才红利"视角，高效开发利用人力资源，聚焦提升人力资源效能，为经济发展方式转变、产业结构升级、全要素生产率提高提供人才支撑。为此，在人口高质量发展评价的操作性定义中，对人口总量、人口结构、人口分布这一部分的评价，是从其结果指标，即通过经济、环境和人民生活的发展状况进行评价，反向评价人口高质量。

对于人口特性能够更好地满足人类自身发展而言，既与国际社会对社会发展的最终目标是人的全面发展这一共同价值相吻合，也与我国现代化建设的最终目标为实现全体人民的整体性素质的提升相一致。习近平总书记在参加十四届全国人大一次会议江苏代表团审议时强调："必须以满足人民日益增长的美好生活需要为出发点和落脚点，把发展成果不断转化为生活品质，不断增强人民群众的获得感、幸福感、安全感。"[1] 二十届中央财经委员会第一次会议明确指出，要以系统观念统筹谋划人口问题，以改革创新推动人口高质量发展，把人口高质量发展同人民高品质生活紧密结合起来，促进人的全面发展和全体人民共同富裕。现代化的最终目标是实现人自由而全面的发展。[2] 现代化道路能否行稳致远，主要取决于是否始终将人民利益放在首要位置。我国超过 14 亿的人口即将整体步入现代化社会，这在人类历史进程中是前所未有的，必须坚持以人民为中心的发展思想，坚持发展为了人民、发展依靠人民、发展成果由人民共享。人民幸福安康是推动高质量发展的最终目的。为了促进人的全面发展和全体人民共同富裕，我们必须将人口高质量发展与人民群众的优质生活紧密融合。为了满足人民群众对优质生活的需要，我们应该更多地考虑民众利益，解决民生问题，补齐民生短板，以促进社会的公平正义，在幼有所育、学有所教、劳有所得、病有所医、老有所养、住有所居、弱有所扶上不断取得新进展，才能确保人民群众在共建共享中感受到更多的成就感、获得感，持续推动人的全方位发展以及全体人民的共同富裕。

为此，从评价测量的角度，本研究将人口高质量发展的操作性定义界定为：一个国家或一个地区的人口素质的相对较好的状态及人民生活水平不断提升的过程，涵盖人口素质、人口经济发展、人口生活质量、人口宜居环境和全民共享五个维度。

（二）人口高质量发展评价指标选择

根据操作性定义，参考既有国际国内相关指数的指标选择和指标在国际、国内省级和地市级的可及性分析结果，并听取专家意见后，本报告最终选择了表 3 所示的指标体系评估主要国家、国内各省和各设区市的人口高质量发展情况。

---

[1] 《必须以满足人民日益增长的美好生活需要为出发点和落脚点》，https：//www.gov.cn/xinwen/2023-03/10/content_ 5745690. htm，最后访问日期：2023 年 8 月 30 日。

[2] 《习近平主持召开二十届中央财经委员会第一次会议》，https：//www.gov.cn/yaowen/2023-05/05/content_ 5754275. htm，最后访问日期：2023 年 8 月 30 日。

表 3 人口高质量指数的指标体系

一级指标	二级指标(国际)	二级指标(国内)
人口素质	人均受教育年限	人均受教育年限
	人口健康预期寿命	老年人口失能率
	人均高新技术产品出口额	每万人专利授权数
人口 经济发展	人均 GDP	全要素生产率(省级层面) 人均 GDP(地市层面)
	调整后的人均国民净收入	居民人均可支配收入
人口 生活质量	人均带薪休假天数	教育、文化、娱乐消费占比
	人均日蛋白质摄入量	家庭人均日蛋、奶制品消费量(省级层面) 恩格尔系数(地市层面)
人口 宜居环境	空气质量	空气质量
	碳排放量	碳排放量
	固体废弃物可控率	生活垃圾无害化处理率
全民 共享发展	基尼系数	城乡居民人均可支配收入比
	劳动者报酬占 GDP 的份额	民生支出占 GDP 的比重

1. 人口素质指标选择

人口素质是指人本身具有的认识、改造世界的条件和能力。在既往指标体系的研究中，人口素质通常被具象化为两个方面进行测量，一是人口的健康素质，二是人口的科学文化素质。也有学者从理论研究的角度，强调更高层次的人口的道德素质，但因该维度的可测性和指标可及性限制，实际应用中大多并不包含该维度的理解。[①] 本研究中，对于人口素质的指标选择也是仅选择健康素质和科学文化素质。

对于健康素质，选择了人口健康预期寿命进行国际测量，与更为常用的人口预期寿命相比，这一指标更能反映现代化社会对健康质量的追求。但因国内各省和各地市目前还缺少健康预期寿命指标的监测数据或全国性追踪调查数据，故退而求其次，选择了老年人口失能率，虽然这一指标不如健康预

---

① 杨菊华：《人口高质量发展：科学内涵、动力势能与进路策略》，《中共中央党校（国家行政学院）学报》2024 年第 28 卷第 1 期，第 83~96 页。

期寿命指标那样可以直接反映人群整体的健康素质，但从全生命周期理论视角看，老年人群的健康也是其幼年、成年时期健康发展的结果，因此也可以说从一定程度上反映了全人群的健康素质，指标值来源于全国人口普查数据。

而对于科学文化素质，研究一方面沿用了国际社会指标体系中较为常用的人均受教育年限，但是人均受教育年限属于人口素质的过程性评价指标，研究基于高质量发展的视角，还创新使用了"人均高新技术产品出口额"（国际）和"每万人专利授权数"（国内）对人口的科学文化素质进行评价，反映不同国家和地区的科技创新能力。

2. 人口经济发展指标选择

经济发展维度一方面衡量了一个国家或地区的总体经济产出情况，反映本地区所有常驻单位在一定时期内生产活动的最终成果，反映人们的经济能力，另一方面衡量了居民的收入情况，直接反映人们的经济能力。总体经济产出方面，国际和地市级层面都使用了"人均GDP"这一传统评价指标，国际数据来源于世界银行，国内数据来源于统计年鉴。但在省级层面，进行了创新，使用了综合指标"全要素生产率"，该指标的优势在于能够更好地反映经济发展的质量，而不仅仅是经济发展的规模，体现研究期望凸显的"质量"评价，指标值是由统计年鉴数据计算而得。但遗憾的是，受限于指标的可获得性，这一方面的尝试只用在了省级层面的评价之中。居民收入情况采用"居民人均可支配收入"进行测量，国内数据来源于国家统计局开展的全国住户收支与生活状况调查，而国际数据来源于世界银行公开数据中调整后的人均国民净收入，是国民人均收入中扣除掉财产损耗、环境破坏和资源消耗等支出后的收入，与国内使用的居民人均可支配收入含义更为接近。

3. 人口生活质量指标选择

"必须坚持在发展中保障和改善民生，鼓励共同奋斗创造美好生活，不断实现人民对美好生活的向往。"[①] 习近平总书记在党的二十大报告中着眼

---

① 《不断实现人民对美好生活的向往——六论学习贯彻党的二十大精神》，https：//www. gov. cn/xinwen/2022-11/01/content_ 5723286. htm，最后访问日期：2023 年 9 月 1 日。

全面建设社会主义现代化国家的目标任务，对增进民生福祉、提高人民生活品质做出了重要部署。坚持以人民为中心的发展思想，不断实现发展为了人民、发展依靠人民、发展成果由人民共享，让现代化建设成果更多更公平惠及全体人民，是中国特色社会主义建设的重点任务之一。

高质量的生活既包括物质层面的生活，即衣食住行等方面的情况，也包括精神层面的生活，即人们在心理、情感等层面的生活体验情况。区别于传统的生活质量评估指标，如恩格尔系数[①]侧重衡量温饱需求的满足情况，生活质量指数[②]综合评估人们的健康和教育情况，人口高质量发展评价中，对于生活质量的评价突出了"高质量"的意涵，并区别于人口素质维度的指标。同时，考虑到指标的可得性问题，国际、国内采用了不同的指标。国际评价选用了人均日蛋白质摄入量和人均带薪休假天数两个指标，前者来源于联合国粮食及农业组织官网的数据，后者从各国官网获取。国内评价选用了家庭人均日蛋、奶制品消费量和教育、文化、娱乐消费占比两个指标，根据各地统计年鉴数据计算而得。

4. 人口宜居环境指标选择

人口宜居环境是指在特定环境中，环境总体或某些要素对于人群的生存、繁衍和社会经济发展的适宜程度。广义的人口宜居环境包括社会环境和自然环境，而狭义的人口宜居环境仅指自然环境。在人口高质量发展指数的构建中，本报告主要关注自然环境，同时考虑了与人口宜居属性紧密相关的人工环境，而将民俗、信仰、语言、技术等非物质文化构成的社会人文环境排除在外。据此，采用空气质量、碳排放量和固体废弃物可控率（国际）／生活垃圾无害化处理率（国内）等三个指标进行环境评估。人口宜居环境维度的评价，将社会中有着较长的人口质量影响潜伏期的因素，即影响人口可持续发展的因素纳入分析，体现了人口高质量指数既立足当前，也体现未来的特征。

[①] 恩格尔系数是指一个国家或地区的居民的食品的支出占个人消费支出总额的比重。
[②] 生活质量指数是衡量一个国家或地区人民的卫生保健和国民教育水平的综合指标，计算公式为识字率指数、婴儿死亡率指数和1岁平均寿命指数之和除以3。

5. 全民共享发展指标选择

党的十八届五中全会提出的共享发展理念，其内涵主要包括全民共享、全面共享、共建共享、渐进共享四个方面。[①] 共享既是社会公平理念的实现路径，也是其实现程度的具体体现。基于数据可获得性等原则，选择"基尼系数"和"劳动者报酬占 GDP 的份额"这两个指标作为共享发展国际比较的指标，选择"城乡居民人均可支配收入比"和"民生支出占 GDP 的比重"这两个指标作为共享发展国内比较的指标。比较而言，由于数据可获得性的限制，国际评价所选择的指标更聚焦于经济这一基础性因素，而国内指标则更有现实问题的针对性和内容的全面性。

[①]　中央文献研究室：《习近平谈治国理政》（第 2 卷），外文出版社，2017，第 215~216 页。

B.2
人口高质量发展综合报告

沙勇　周建芳[*]

摘　要： 本报告利用联合国、世界银行等权威机构年度报告数据和我国的国家和地方统计年鉴数据，对全球 100 个国家，及中国 31 个省份和 250 个设区的市进行了分层级实证研究。国际人口高质量发展指数均值为 35.313 分。我国省际人口高质量发展指数均值为 44.525 分，均值以上省份共 11 个，占比为 35.5%，得分较高的省份集中在东南沿海片区。设区市人口高质量发展指数均值为 30.400 分，均值以上地级市 59 个，占比为 23.6%，以华东地区为主，得分较高的设区市集中在长三角、珠三角和中三角城市群。

关键词： 人口素质　人口经济发展　人口生活质量　人口宜居环境　全民共享发展

　　本报告是第一次利用人口高质量发展课题组所构建的人口高质量发展指数进行综合评估，为此，我们先根据所设计的人口高质量发展指数权重系数确定的方法，计算出综合权重系数。在此基础上，对全球 100 个国家、中国 31 个省份和 250 个设区市进行分层级实证评价。用于评价的人口高质量指数的 12 个指标的国际数据主要来源于联合国、世界银行等权威机构的网站，国内数据主要来源于国家和地方统计年鉴，具体在分报告中予以说明。

---

* 沙勇，博士，教授，南京邮电大学高质量发展评价研究院执行院长，高质量发展综合评估研究基地主任，主要从事高质量发展评价、区域经济等方面的研究；周建芳，博士，教授，南京邮电大学《人口与社会》期刊社主任，主要从事人口老龄化、社会政策等方面的研究。

一 人口高质量发展综合评价指数计算

（一）专家咨询法结果

表1给出了21位专家所给出的人口高质量发展指标的权重系数结果。一级指标中，人口素质的权重系数均值最高，人口经济发展和人口生活质量权重系数居中且较为接近，人口宜居环境和全民共享发展的权重系数也较为接近但相对较低。最终，四舍五入之后，一级指标人口素质、人口经济发展、人口生活质量、人口宜居环境、全民共享发展的权重分别为30、21、19、15和15。

表1 人口高质量发展指标权重系数（专家咨询法）

指标	最小值	最大值	平均值	标准差	取整值
一级指标					
人口素质	19	45	29.52	6.87	30
人口经济发展	15	30	21.19	4.42	21
人口生活质量	13.5	25	18.98	2.80	19
人口宜居环境	10	20	15.06	3.77	15
全民共享发展	5	23	15.24	4.99	15
二级指标					
人口素质					
人均受教育年限	5	25	12.14	4.71	12
国际：人口健康预期寿命 国内：老年人口失能率	5	20	11.52	3.72	12
国际：人均高新技术产品出口额 国内：每万人专利授权数	0	10	5.86	2.39	6
人口经济发展					
国际：人均GDP 国内：全要素生产率（省级层面） 人均GDP（地市层面）	5	18	9.55	3.09	10

续表

指标	最小值	最大值	平均值	标准差	取整值
国际:调整后的人均国民净收入 国内:居民人均可支配收入	7	20	11.64	3.36	12
人口生活质量					
国际:人均日蛋白质摄入量 国内:家庭人均日蛋、奶制品消费量 (省级层面),恩格尔系数(地市层面)	5	15	10.43	2.87	10
国际:人均带薪休假天数 国内:教育、文化、娱乐消费占比	4.5	14	8.55	2.58	9
人口宜居环境					
空气质量	3	10	5.57	1.78	6
碳排放量	2	10	4.68	2.04	5
国际:固体废弃物可控率 国内:生活垃圾无害化处理率	2	9	4.81	1.40	5
全民共享发展					
国际:基尼系数 国内:城乡居民人均可支配收入比	4	15	8.02	2.72	8
国际:劳动者报酬占 GDP 的份额 国内:民生支出占 GDP 的比重	0	13	7.21	3.16	7

资料来源：人口高质量发展蓝皮书课题组。

（二）熵权法计算结果

考虑到不同层级的评价有指标变化的情况，人口高质量发展蓝皮书课题组采用分层评价体系的模式，即根据不同层级区域的评价分别计算权重系数，以使评价结果更具区分度。熵权法分层评价的权重系数结果见表2。在国际层面，不同国家的人口高质量指标中，差异性很大的是人均高新技术产品出口额、人均 GDP 和调整后的人均国民净收入，三者的权重系数分别为34.13、19.76 和 19.04；在省级层面，权重系数居前三位的分别是每万人专利授权数（24.33）、居民人均可支配收入（19.46）和民生支出占 GDP 的比重（14.68），说明这些方面的发展在不同省份之间的差异性较大；在设区市层级，每万人专利授权数的差别远超过其他指标，权重系数高达45.17，而民生支出占 GDP 的比重、居民人均可支配收入、人均 GDP 的权重系数也相对较高，分别为12.62、10.30 和10.29。

表2 人口高质量发展指标权重系数（熵权法）

一级指标	二级指标	二级指标权重		
		国际	省级	设区市
人口素质	人均受教育年限	2.84	3.02	4.09
	国际：人口健康预期寿命 国内：老年人口失能率	1.68	2.89	2.83
	国际：人均高新技术产品出口额 国内：每万人专利授权数	34.13	24.33	45.17
人口经济发展	国际：人均 GDP 国内：人均 GDP	19.76	5.12	10.29
	国际：调整后的人均国民净收入 国内：居民人均可支配收入	19.04	19.46	10.30
人口生活质量	国际：人均日蛋白质摄入量； 国内：家庭人均日蛋、奶制品消费量/恩格尔系数	2.24	10.36	4.12
	国际：人均带薪休假天数 国内：教育、文化、娱乐消费占比	1.82	3.03	1.71
人口宜居环境	空气质量	5.44	6.81	3.36
	碳排放	0.45	2.78	0.57
	国际：固体废弃物可控率 国内：生活垃圾无害化处理率	9.26	1.72	1.65
全民共享发展	国际：基尼系数 国内：城乡居民可支配收入比	1.83	5.80	3.29
	国际：劳动者报酬占 GDP 的份额 国内：民生支出占 GDP 的比重	1.52	14.68	12.62

资料来源：人口高质量发展蓝皮书课题组。

（三）人口高质量发展指数权重系数最终取值

考虑到专家咨询法所确定的指标体系的权重系数偏向于反映人口高质量

的基本内涵和不同维度之间的内在关系，却不能保证很好地区分拟评价对象在人口高质量发展上的程度或等级。而熵权法的优缺点正好与之相反，能够很好地区分被评价对象，但权重系数的大小并不反映各个维度在人口高质量发展中的重要性的差异。比如人口素质维度，从专家咨询的打分来看，虽然也倾向于认为这一维度在人口高质量发展的各个维度上更为重要，但是相对于熵权法的结果，其重要程度还是相对低很多，特别是在设区市的层面。为此，人口高质量发展蓝皮书课题组在听取专家意见和对试评估结果进行考察的基础上，取两种方法计算而得到的权重系数平均值作为人口高质量发展指数中各个指标的最终权重系数，结果如表3所示。

表3　人口高质量发展指数权重系数取值

一级指标	二级指标	二级指标权重		
		国际	省级	设区市
人口素质	人均受教育年限	9.65	9.74	10.27
	国际：人口健康预期寿命 国内：老年人口失能率	9.06	9.67	9.64
	国际：人均高新技术产品出口额 国内：每万人专利授权数	21.18	16.28	26.70
人口经济发展	国际：人均GDP 国内：人均GDP	14.68	7.36	9.94
	国际：调整后的人均国民净收入 国内：居民人均可支配收入	15.28	15.49	10.91
人口生活质量	国际：人均日蛋白质摄入量 国内：家庭人均日蛋、奶制品消费量	5.46	9.52	6.40
	国际：人均带薪休假天数 国内：教育、文化、娱乐消费占比	4.82	5.42	4.76
人口宜居环境	空气质量	4.77	5.46	3.73
	碳排放量	1.94	3.10	2.00
	生活垃圾无害化处理率	6.34	2.57	2.54

一级指标	二级指标	二级指标权重		
		国际	省级	设区市
全民 共享发展	国际:基尼系数 国内:城乡居民可支配收入比	3.66	5.64	4.39
	国际:劳动者报酬占 GDP 的份额 国内:民生支出占 GDP 的比重	3.16	9.74	8.71

资料来源：人口高质量发展蓝皮书课题组。

二 国际人口高质量发展综合评价

国际人口高质量发展评价结果显示，人口高质量发展指数得分均值为 35.313 分，得分最高的国家为 84.397 分。我国得分 32.641 分。我国人口素质、人口经济发展、人口生活质量、人口宜居环境和全民共享发展指数得分分别为 14.387 分、3.121 分、5.194 分、5.592 分和 4.347 分。

超过均值的国家共 40 个，其中发达国家 30 个，发展中国家 10 个；各大洲超过均值的国家数量由高到低排序依次为欧洲、亚洲、北美洲、南美洲、大洋洲和非洲。低于均值的国家共 60 个，其中发展中国家 42 个，最不发达国家 18 个，各大洲（低于均值的国家）数量由高到低排序依次为非洲、亚洲、北美洲、南美洲、欧洲和大洋洲。

分维度来看，人口高质量发展指数各维度得分均值由高到低依次为：人口素质（13.306 分）>人口宜居环境（6.968 分）>人口生活质量（5.908 分）>人口经济发展（4.874 分）>全民共享发展（4.257 分）。人口素质得分均值以上国家 53 个，其中发达国家 30 个，发展中国家 23 个，各大洲超过均值的国家数量由高到低排序依次为欧洲、亚洲、北美洲、南美洲和大洋洲；均值以下国家 47 个，其中发展中国家 27 个，最不发达国家 18 个，发达国家 2 个，各大洲（低于均值的国家）数量由高到低依次为非洲、亚洲、南美洲、北美洲、大洋洲。人口经济发展得分均值以上国家 29 个，均为发达国家，欧洲国家占比达 79.3%；均值以下国家 71 个，以发展中国家和最不发达国家为主，其中非洲国家占比为 42.3%，亚洲占比为 26.8%。人口生活质量得分均值以上国家 48 个，以欧洲国家为主，其中发达国家占比为54.2%，发展中国家占比为 41.7%，最不发达国家占比为 4.2%；均值以下国家 52 个，以非洲和亚洲国家为主。人口宜居环境得分均值以上国家依旧以欧洲国家为主，均值以下国家以非洲和亚洲国家为主。

（一）分大洲人口高质量发展得分情况

分大洲来看，人口高质量发展指数均值由高到低依次为欧洲、大洋洲、北美洲、南美洲、亚洲和非洲（见图 1）。其中欧洲的人口素质、人口经济发展、人口生活质量、人口宜居环境和全民共享发展得分均位列第一，南美洲和非洲的人口素质和人口经济发展相对落后，北美洲和非洲的人口生活质量和全民共享发展得分较低。

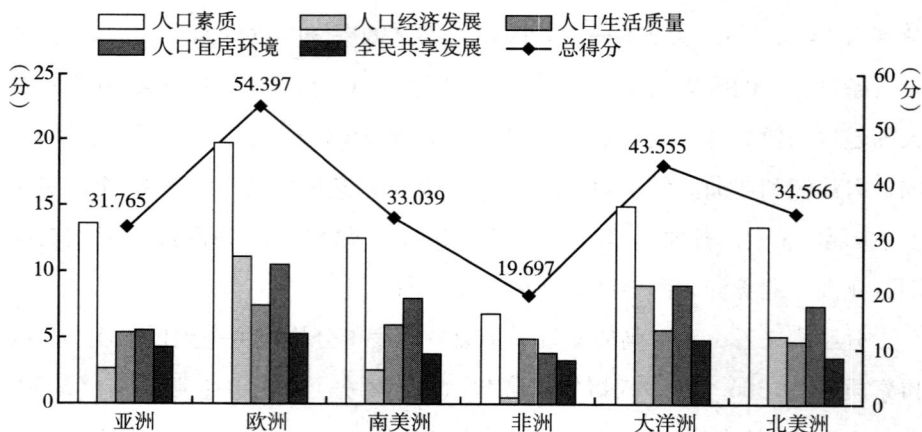

图 1　分大洲人口高质量发展水平

资料来源：人口高质量发展蓝皮书课题组。

亚洲人口高质量发展指数得分均值为 31.765 分，均值以上国家占比为 45.5%，包括 3 个发达国家及部分发展中国家；均值以下国家均为发展中国家，占亚洲国家总数的 54.5%。人口高质量发展各维度得分由高到低依次为：人口素质>人口宜居环境>人口生活质量>全民共享发展>人口经济发展。

欧洲人口高质量发展指数得分均值为 54.397 分，均值以上国家占欧洲国家总数的 44.8%，均为发达国家；均值以下国家占比为 55.2%，包括 5 个发展中国家和一些发达国家。人口高质量发展指数各维度得分显示：人口素质>人口经济发展>人口宜居环境>人口生活质量>全民共享发展。

南美洲人口高质量发展指数得分均值为 33.039 分，人口高质量发展指数各维度得分由高到低依次为：人口素质>人口宜居环境>人口生活质量>全民共享发展>人口经济发展。

大洋洲人口高质量发展指数得分均值为 43.555 分。人口高质量发展指数各维度得分由高到低依次为：人口素质>人口宜居环境>人口经济发展>人口生活质量>全民共享发展。

非洲人口高质量发展指数得分均值为 19.697 分，均值以上国家占比为 40.0%，绝大多数为发展中国家；均值以下国家占比为 60.0%，包括 1 个发展中国家和 17 个最不发达国家。人口高质量发展指数各维度得分显示：人口素质>人口生活质量>人口宜居环境>全民共享发展>人口经济发展。

北美洲人口高质量发展指数得分均值为 34.566 分，人口高质量发展指数各维度得分由高到低依次为：人口素质>人口宜居环境>人口经济发展>人口生活质量>全民共享发展。

（二）分经济发展类型国家的人口高质量发展得分情况

分经济发展类型国家来看，发达国家的人口高质量发展水平普遍高于发展中国家和最不发达国家（见图 2）。人口素质、人口经济发展、人口生活质量、人口宜居环境和全民共享发展均值得分由高到低均为发达国家、发展中国家、最不发达国家。

发达国家人口高质量发展指数得分均值为 58.018 分，包括 24 个欧洲国

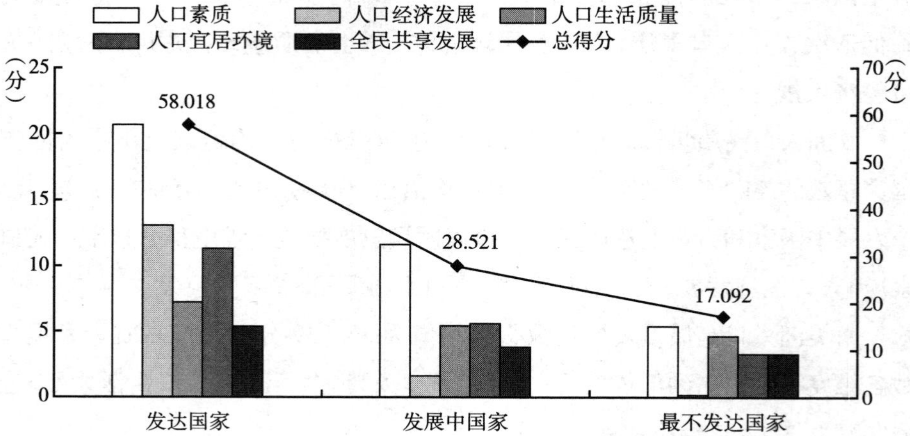

图 2　分经济发展类型国家人口高质量发展水平

资料来源：人口高质量发展蓝皮书课题组。

家、3 个亚洲国家、2 个北美洲国家和 1 个大洋洲国家，得分靠前的国家为爱尔兰、瑞士、卢森堡、荷兰和挪威。人口高质量发展指数各维度得分由高到低依次为：人口素质>人口经济发展>人口宜居环境>人口生活质量>全民共享发展。

发展中国家人口高质量发展指数得分均值为 28.521 分，得分靠前的国家为俄罗斯、马来西亚、罗马尼亚、智利和阿根廷。均值以上国家占比为 46.2%，其中亚洲和南美洲国家数量最多。均值以下国家以亚洲和非洲国家为主。人口高质量发展指数各维度得分由高到低依次为：人口素质>人口宜居环境>人口生活质量>全民共享发展>人口经济发展，可见发展中国家要想提高人口高质量发展水平，需要提高人口经济发展水平和全民共享发展水平。

在最不发达国家中，人口高质量发展指数得分均值为 17.092 分，均为非洲国家，得分靠前的国家有毛里塔尼亚、津巴布韦、坦桑尼亚、塞内加尔和喀麦隆。人口高质量发展指数各维度得分由高到低依次为：人口素质>人口生活质量>全民共享发展>人口宜居环境>人口经济发展。人口经济发展和人口宜居环境成为当前制约最不发达国家人口高质量发展的关键要素。

三　中国省际人口高质量发展综合评价

省际人口高质量发展水平评价结果显示，人口高质量发展指数得分均值为44.500分，得分较高的省份集中在东南沿海地区，其中北京市人口高质量发展水平最高。均值以上省份共11个，占比为35.5%，包括北京、上海、浙江、天津、江苏、广东、福建、辽宁、山东、黑龙江和江西，以东部地区为主。均值以下省份20个，占比为64.5%，以中西部省份为主。

在省级人口高质量发展各维度上，人口素质、人口经济发展、人口生活质量、人口宜居环境和全民共享发展的得分分别为16.327分、8.162分、7.958分、7.470分、5.584分。

分维度来看，省际人口高质量发展指数各维度得分均值由高到低依次为：人口素质（16.288分）＞人口经济发展（8.131分）＞人口生活质量（7.926分）＞人口宜居环境（7.438分）＞全民共享发展（4.742分）。现阶段人口宜居环境和全民共享发展是制约省际人口高质量发展水平提升的短板，可以通过减少碳排放、提高生活垃圾无害化处理率和空气质量等方式来提升人口高质量发展水平。

（一）人口素质

人口素质得分较高的省份有北京、江苏、天津、广东、浙江等。人口素质得分较高的省份依旧集中在东部沿海和长江及黄河流域。这些地区经济发展水平、人均受教育程度较高，人才集聚，健康水平良好，总体人口素质高于其他省份。与此同时，这些地区均为经济较发达的城市群地带，人均地区生产总值和居民人均可支配收入较高，具备人口素质提升的物质基础。

（二）人口经济发展

人口经济发展得分靠前的省份为上海、北京、浙江、江苏、广东等，以京津冀、长三角、珠三角经济发达地区为主。均值以上省份占比为35.5%，主要分布在东部及中部的京津冀、长三角、珠三角、川渝城市群地带，这些地区多为全国大中城市集聚地，以高新技术产业为主，整体经济发展水平高，居民人均可支配收入处于全国前列，人均地区生产总值也高于全国其他省份，有着非常好的经济发展基础。

（三）人口生活质量

从人口生活质量得分看，排名靠前的省份主要集中在中部和东北部，为山东、辽宁、山西、河南、北京等。人口生活质量主要受到教育、文化、娱乐消费占比和家庭人均日蛋、奶制品消费量的影响。

（四）人口宜居环境

人口宜居环境得分总体呈现南高北低的分布格局，排名靠前的省份为海南、西藏、福建、云南、广西等。影响人口宜居环境的关键要素包括空气质量、碳排放量和生活垃圾无害化处理率。北宁有些省份以重工业为主，污染更为严重，空气质量差，有些省份相对落后的经济一定程度上限制了生活垃圾处理设施的建设，在人口宜居环境水平上表现出较低的得分。南方一些省份工业总体上以轻工业居多，空气污染排放物较少；能源开发型企业较少，人均碳排放水平较低；经济发达推动了垃圾处理等基础设施的建设，使其在人居环境水平上表现较好。同时，南方植被覆盖率高、降水多、空气湿润，粉尘吸附能力强，空气质量较好。此外，在海南等地由于工业发展体量远低于其他地区，且具有独特的山地或海洋地貌，因此在环境质量的表现上居于领先地位。

（五）全民共享发展

全民共享发展得分较高的省份主要集中在东北和西北部地区。影响地区全民共享发展的要素包括民生支出占 GDP 比重和城乡居民可支配收入比。东北、西北等地区的省份为了拉动经济增长，通过增加民生投入来提高人民生活质量。例如，在教育方面，通过完善城乡义务教育的资金保障体系、合理分配义务教育资源、加速民族和乡村地区教育的发展，以及完善对经济困难学生的援助机制，以持续提升教育的公平性。通过民生投入改善教育，同时，全民素质的提高又为经济发展提供了更多优质的人力资源、智力资源和技术资源。

四 设区市人口高质量发展综合评价

设区市人口高质量发展综合评价结果显示，人口高质量发展指数得分均值为30.400分，得分最高的是城市为3.724分。均值以上地级市59个，占比为23.6%，以华东地区城市为主。人口高质量发展指数得分较高地区集中在长三角、珠三角和中三角城市群，排名靠前的地级市有深圳、东莞、珠海、广州、南京、苏州、杭州、无锡、中山、厦门、佛山、长沙、宁波、克拉玛依、常州、鄂尔多斯、武汉、嘉兴、青岛和绍兴。

人口素质、人口经济发展、人口生活质量、人口宜居环境和全民共享发展得分分别为11.364分、5.895分、5.099分、6.363分和3.743分。人口素质指数得分均值以上地级市占比为42.0%，集中分布于华东地区（12.0%）、中南地区（10.0%）和华北地区（9.6%），排名靠前的地级市有深圳、东莞、中山、珠海和广州等。人口经济发展指数得分排名有的地级市有深圳、苏州、无锡、南京和克拉玛依等。均值以上地级市占比为36.0%，其中占比较高的行政地区为华东地区（18.4%）、中南地区（8.0%）。人口生活质量指数得分排名靠前的地级市有临汾、郑州、长沙、鄂尔多斯和呼和浩特等。均值以上地级市占比为50.4%，其中占比较高的行政地区包括华东地区（16.4%）、中南地区（11.2%）和华北地区（10.4%）。人口宜居环境指数得分排名靠前的地级市有儋州、河源、梅州、贵阳和梧州等。均值以上地级市占比为54.4%，以华东地区（17.6%）和中南地区（17.6%）地级市为主。全民共享发展指数得分排名靠前的地级市有伊春、齐齐哈尔、定西、梅州和鹤岗等。均值以上地级市占比为41.2%，以中南地区（15.2%）地级市为主。

（一）分地理分区的人口高质量发展得分情况

分地理分区对设区市的人口高质量发展指数进行统计发现，均值由高到低依次为华东地区（34.647分）、华北地区（34.109分）、东北地区（33.465分）、中南地区（31.623分）、西北地区（29.871分）和西南地区（27.585分）。其中华北地区的人口素质较好，华东地区的人口经济发展水平较高，西南地区的人口宜居环境水平更好，而东北地区的全民共享发展得分更高（见图3）。

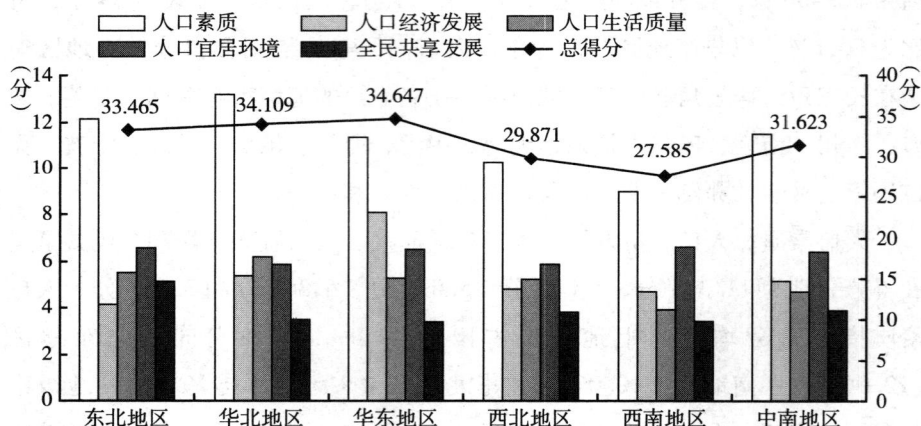

图3　分地理分区的人口高质量发展水平

资料来源：人口高质量发展蓝皮书课题组。

东北地区人口高质量发展指数得分均值为33.465分，均值以上地级市占比为45.8%，得分靠前的地级市有大连、伊春、沈阳、长春和吉林等。不同维度指数得分排名依次为：人口素质>人口宜居环境>人口生活质量>全民共享发展>人口经济发展。东北地区依靠较高的植被覆盖率、良好的空气质量有着较高水平的人口素质和人口宜居环境，但受到产业转型、人口流失等因素的影响，经济发展水平也成为制约东北地区人口高质量发展的瓶颈，经济发展水平有待提升。

华北地区人口高质量发展指数得分均值为 34.109 分，均值以上地级市占比为 41.4%，得分靠前的地级市有鄂尔多斯、太原、乌海、包头与呼和浩特等。不同维度指数得分排名依次为：人口素质>人口生活质量>人口宜居环境>人口经济发展>全民共享发展。华北地区的人口素质和生活质量处于相对良好的状态，但是受到产业升级转型、城乡居民收入差异大、民生支出占比低等因素的影响，人口经济发展和全民共享发展得分偏低。

华东地区人口高质量发展指数得分均值为 34.647 分，均值以上地级市占比为 42.1%，得分靠前的地级市有南京、苏州、杭州、无锡和厦门。不同维度指数得分排名依次为：人口素质>人口经济发展>人口宜居环境>人口生活质量>全民共享发展。华东地区属于沿海经济发达地区，资源禀赋好，人口密集，对外开放度高，因此有着良好的人口素质和经济发展水平。未来在民生支出和教育文化方面的投入增加将有助于进一步提高该地区的人口高质量发展水平。

西北地区人口高质量发展指数得分均值为 29.871 分，均值以上地级市占比为 38.5%，得分靠前的地级市有克拉玛依、嘉峪关、乌鲁木齐、西安和兰州。不同维度指数得分排名由高到低依次为：人口素质>人口宜居环境>人口生活质量>人口经济发展>全民共享发展。西北地区地处西部内陆地区，交通基础设施落后，人均收入水平低，因此人口经济发展水平得分和全民共享发展水平偏低，然而优良的自然生态环境使该地区有着较好的人口宜居环境。

西南地区人口高质量发展指数得分均值为 27.585 分，均值以上地级市占比为 38.1%，得分靠前的地级市有昆明、成都、攀枝花、贵阳和绵阳。不同维度指数得分排名依次为：人口素质>人口宜居环境>人口经济发展>人口生活质量>全民共享发展。现阶段西南地区的人口生活质量和全民共享发展得分偏低，成为制约该地区人口高质量发展的主要因素。

中南地区人口高质量发展指数得分均值为 31.623 分，均值以上地级市占比为 27.3%，得分靠前的地级市有深圳、东莞、珠海、广州和中山。不同维度指数得分排名由高到低依次为：人口素质>人口宜居环境>人口经济发展>人口生活质量>全民共享发展。中南地区同西南地区类似，面临的困难依旧是人口生活质量和全民共享发展水平的提升。

（二）分经济区域的设区市人口高质量发展得分情况

对分经济区域的设区市的人口高质量发展指数进行统计，均值由高到低依次为：东部地区（36.463分）>东北地区（33.465分）>中部地区（30.254分）>西部地区（29.996分）。其中东部地区在人口素质、经济发展和人口宜居环境方面表现良好，东北地区在生活质量和全民共享两个方面优势明显（见图4）。

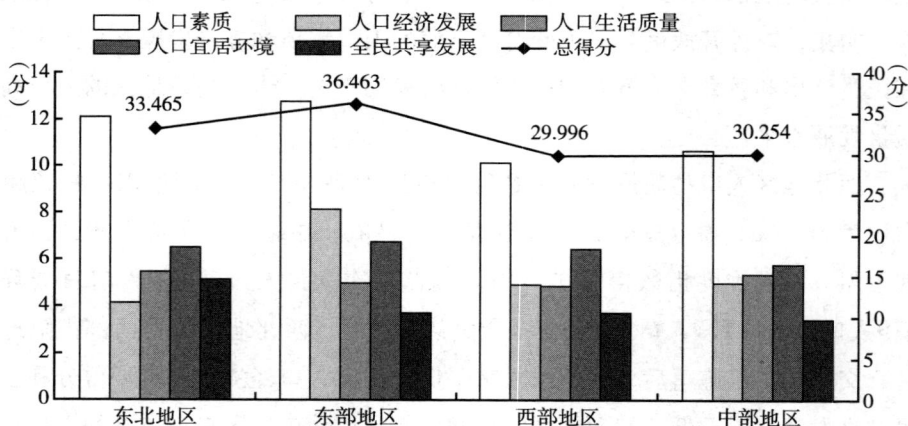

图4 分经济区域的地区人口高质量发展水平

资料来源：人口高质量发展蓝皮书课题组。

东北地区人口高质量发展指数得分均值为33.465分，均值以上地级市占比为52.4%，超半数以上地级市人口高质量发展的水平较高，其中排名靠前的有大连、伊春、沈阳、长春和吉林。不同维度指数得分排名为：人口素质>人口宜居环境>人口生活质量>全民共享发展>人口经济发展。东北地区受经济结构单一、资源枯竭和人口流失等因素的影响，人口经济发展和民生保障表现出滞后的趋势，一定程度上制约了该地区人口高质量发展水平的提升。

东部地区人口高质量发展指数得分均值为 36.463 分，均值以上地级市占比为 42.0%，其中排名靠前的地级市包括深圳、东莞、珠海、广州和南京。东部地区是中国四大区域中人口高质量发展水平最高的，得益于该地区发达的经济发展水平、较高的人均受教育程度以及优良的人口宜居环境。该地区不同维度指数得分排名为：人口素质>人口经济发展>人口宜居环境>人口生活质量>全民共享发展。全民共享发展主要受到城乡居民人均可支配收入比和民生支出占 GDP 比重因素的影响，未来东部地区可以采取相应的措施，如提高农村居民人均可支配收入和增加民生支出来进一步提高该地区人口高质量发展水平。

西部地区人口高质量发展指数得分均值为 29.996 分，均值以上地级市占比为 40.6%，得分靠前的地级市有克拉玛依、鄂尔多斯、嘉峪关、乌海和乌鲁木齐。西部地区是四大区域中人口高质量发展指数偏低的地区，主要与人口素质和生活质量水平偏低有关，西部地区相比全国其他地区整体受教育水平偏低、受气温气候条件及医疗技术水平等的制约，老年人口失能率较高，教育、文化、娱乐消费占比低，抑制了该地区人口高质量发展水平的提升。该地区不同维度指数得分排名为：人口素质>人口宜居环境>人口经济发展>人口生活质量>全民共享发展。

中部地区人口高质量发展指数得分均值为 30.254 分，均值以上地级市占比为 41.8%，得分靠前的地级市有长沙、武汉、郑州、合肥和太原。该地区不同维度指数得分排名为：人口素质>人口宜居环境>人口生活质量>人口经济发展>全民共享发展。中部地区的全民共享发展和人口经济发展稍稍落后于其他指标，尤其是全民共享发展，即城乡居民人均可支配收入比和民生支出占 GDP 的比重，城乡收入差距较大以及民生支出少可能在一定程度上影响了该地区人口高质量发展指数的提高，未来有必要在这两方面采取相应政策措施来促进人口高质量发展。

五　结论与建议

（一）人口素质维度权重系数最高，建议高度重视人口素质发展

人口高质量的五个维度中，专家们最为看重人口素质维度，其权重系数（29.52±6.87）远高于其他维度。与此一致的是，利用熵权法所得到的维度权重也是人口素质维度权重系数最大，且世界各国、我国各省份和设区市均如此。这说明，无论是从人口发展需求的主观角度，还是从人口发展差距的客观角度，人口高质量发展都应更为重视人类自身的发展，这一结论与党中央强调我国现代化建设的最终目标"实现人自由而全面的发展"相一致，满足人类自身发展的结果导向是更为直接和有效的衡量指标。建议各地的发展中，高度关注人口自身的文化素质、健康素质、创新素质等方面的发展。

（二）中国人口高质量发展水平居前，各国人口高质量发展水平与经济发展水平总体一致

中国人口高质量发展指数得分为 32.641 分，在 100 个国家中居于前列。总体而言，我国在人口高质量发展的五个维度上发展较为均衡，排名均在中位数上下 10 名左右。而从各大洲、不同经济发展类型国家的比较来看，人口高质量发展水平与经济发展水平高度一致，且在各个维度上都呈现这一特点，提示经济发展仍为当今世界各国发展的第一要务，也是实现人口高质量发展的基础性前提条件。而从分维度的排名情况来看，我国相对落后的是人口生活质量维度和人口宜居环境维度，提示我国现代化建设的征程中，仍需坚持和高度强调对人民美好生活向往追求的发展目标和坚持以生态环境保护为可持续发展的基本前提。

（三）我国人口高质量发展呈现显著的区域聚集性，地区发展不均衡

从省级人口高质量发展指数来看，均值为 44.525 分。现阶段人口宜居

环境和全民共享发展是人口高质量发展的短板,建议从国家一级更好地进行顶层设计,加强对各省份生态环境治理工作的监督与指导,敦促地方减少碳排放、提高生活垃圾无害化处理率和空气质量,以进一步提升人口高质量发展水平。

分区域看,人口素质得分较高地区集中在东部沿海和长江及黄河流域,人口经济发展水平靠前的地区以京津冀、长三角、珠三角为主,人口生活质量排名靠前的地区主要集中在中部和东北部地区,人口宜居环境指数得分分布则呈现南高北低的格局,全民共享发展得分较高地区主要集中在东北和西北部省份。总体而言,各地的人口高质量发展在不同维度的发展和不同区域的发展方面,均呈现不均衡性,长板、短项都较为显著,说明所创建的人口高质量发展指数具有较好的区分度和问题发现能力,可以为今后各地的人口高质量发展提供较好的决策参考。

分 报 告

B.3
人口素质指数发展报告

彭大松[*]

摘 要： 本报告聚焦人口素质指数，深入探讨了其理论内涵、指标构成及在国家或地区人口高质量发展中的核心作用。本报告借助世界卫生组织、世界银行和联合国等权威机构发布的数据，对全球主要国家的人口素质发展进行了对比分析，并评估了我国人口素质的发展状况。同时，利用中国统计年鉴、人口普查年鉴和政府公报等数据资源，揭示了国内各省份、地级市人口素质发展的区域差异。本报告发现，全球人口素质发展呈现区域分化的特点，发达国家具备显著优势；而国内人口素质发展则在大城市中呈现明显差异，与地方经济和人才聚集紧密相联。因此，提出如下建议：首先，应正确认识人口素质的分化特征，并针对不同地区实施差异化发展策略；其次，完善教育均衡发展政策，优化教育资源配置，提升人口健康服务质量，并激发科技创新活力，提高科研成果转化率；最后，借鉴国际先进经验，持续推动人口素质的整体提升，以应对人口挑战，并为

* 彭大松，博士，南京邮电大学社会与人口学院教授，主要从事人口社会学、发展社会学等方面的研究。

我国人口高质量发展注入强劲动力。

关键词： 人口素质　健康素质　科学文化素质

一　概念界定

人口素质，也称人口质量，是反映人口总体内在的质的规定性范畴。它与人口数量相对，反映了人口的另一种属性。学界对人口素质的界定经历了从宽泛、抽象的定义向具体、易于理解的方向转变的过程。例如，早期人口学理论文献中，将人口素质定义为"表现人口本质、人口特殊性和人口规定性的那些本质特征的总和"。[①] 这一定义内容宽泛、涵盖面广，却抽象复杂，难以把握。对此，有学者进一步缩小了概念范围，将人口素质定义为"人本身具有的认识、改造世界的条件和能力"。[②] 该定义有所收窄，但仍不够具体。为了更好地实现概念操作化，一些学者又对概念所包含的内容做了进一步限定，形成了当前广为接受的定义。具体来说，人口素质主要包括人口健康素质、科学文化素质和思想道德素质三个方面。人口健康素质、科学文化素质属于指标基础层，而思想道德素质属于指标建构层。还有研究从狭义和广义两个方面对概念做了区分：狭义的人口素质主要体现在基础层，即人口健康素质和科学文化素质两方面，而广义的人口素质则还包括思想道德素质。[③] 在指标评价实践中，由于思想道德素质难以量化，故一般只从狭义的人口素质来理解和建构指标体系。本报告也借鉴了该思路，将人口素质分解为人口健康素质和科学文化素质两个维度来测量。这样做，一方面可以更好地凸显人口素质的主要内涵，另一方面排除了主观评价误差过大带来的干扰问题，使综合评价体系更客观、更科学。

---

① 瓦连捷伊主编《人口学体系》，侯文若译，中国人民大学出版社，1981，第61页。
② 杨菊华、靳永爱编著《人口社会学》，中国人民大学出版社，2015，第325页。
③ 李竞能编著《人口理论新编》，中国人口出版社，2001，第99页。

（一）人口健康素质

健康是一个难以确切定义的概念。早期，人们对健康的理解是机体正常运转，没有疾病。《辞海》将健康定义为"人体各器官系统发育良好、功能正常、体质健壮、精力充沛并具有良好劳动效能的状态"，[①] 通常用人体测量、体格检查和各种生理指标来衡量。这比"健康就是没有疾病"的定义更加完善，但仍属于从生物医学模式来理解健康，未将个体置于外在的社会环境中来理解。1946年世界卫生组织（WHO）首次将健康的概念扩展到了社会适应和心理范畴，认为健康的含义应该是一种在身体上、心理上和社会上的完满状态，而不仅仅是没有疾病和虚弱。1987年《简明不列颠百科全书》对健康词条的定义进行了修订，将健康定义为："使个体能长时期地适应环境的身体、情绪、精神及社交方面的能力。"[②] 这一界定比较完整，基本兼顾了个体、社会、外部环境及三者的互动关系。目前大多数学者对健康的理解，基本借鉴了世界卫生组织的定义，并重新做了进一步的阐释。简言之，健康是一种复杂的、多维度的，涉及生理、心理与社会适应等方面影响的综合性概念。健康的概念可以分解为身体健康、心理健康和社会适应三个下位概念，每个下位概念都从不同的面向描述了个体的健康状况。其中社会适应性取决于生理和心理的素质状况。心理健康是身体健康的精神支柱，身体健康又是心理健康的物质基础。虽然健康的概念已在学界达成共识，但如何准确地测量出个体或群体的健康水平仍是有待深入探讨的话题。

（二）科学文化素质

科学文化素质包括科学素质与文化素质两个方面。科学进步对人类社会的发展起着决定性作用。科学技术是第一生产力，是人类劳动经验和智力长期发展的结晶，是人口素质得以不断提高的强大动力，它直接推动了人口文

[①] 夏征农主编《辞海》，上海辞书出版社，1999，第321页。
[②] 中国大百科全书出版社译编《简明不列颠百科全书》，中国大百科全书出版社，1985，第503页。

化科技素质的提高。在人类历史上，任何一次社会大发展都是伴随科学技术的创新突破而来。第一次科技革命是以工具机器的发明创造为标志。它推动人们的劳动方式发生根本性转变，从手工劳动模式转向机械化生产模式。第二次科技革命是以蒸汽机的发明和使用为主要标志，极大地提升了劳动生产率。第三次科技革命是以电机和内燃机的发明使用为标志，推动了电力、化学和汽车工业的产生和发展，使人类进入了电器化时代，劳动者认识和改造自然界的能力进一步提升。第四次科技革命是以电脑发明和使用为标志，使人类进入了电子时代，微电子技术、生物工程、航天技术、海洋工程、新材料、新能源，以及自动化等重大技术革新使生产力发生了质的飞跃，同时使社会生活也发生了巨大的变化，人口文化科学素养也进入了新的阶段。目前，我们正处于信息科技、大数据技术以及人工智能大发展的时代，也有学者将其概括为人类的第五次科技革命。

人口文化素质主要是指人口总体受教育水平。教育是开发人力资源、提高人口质量、振兴科技产业的重要基础。从某种意义上说，教育是科学技术进步和生产力发展的人才条件和基础，是提高人口素质的关键途径。通常来说，一个社会的教育事业不发达，人口素质就很难有提高。教育可分为家庭教育、学校教育、社会教育、成人教育、业余教育、继续教育等。在诸多教育类型中，学校教育是提升人口文化素质的最重要的类型。本研究也主要从接受各级各类学校教育的人口数量及其比重变化来衡量人口文化素质。

总之，人口健康素质、科学文化素质构成了人口素质的主要内容，评价人口素质的优劣，应围绕上述两个方面筛选和建构合适的测度指标，以便准确、科学地测度人口质量水平，为推动高质量人口发展提供新的指引。

二　理论基础

（一）孩子数量质量替代理论

孩子数量质量替代理论由贝克尔（Becker G.）和刘易斯（Lewis G.）

率先提出，旨在从经济学的消费行为和消费需求来解释个体生育行为。[①] 该理论的基本观点是：假如生育孩子是一种投资回报，那么高质量的孩子比低质量的孩子有更高的投资回报率，因而提高孩子的质量可以在一定程度上替代甚至超过增加孩子数量带来的回报。尽管该理论的出发点是用来解释生育率转变行为，但孩子数量质量替代理论本身蕴含着更为深刻的社会学和经济学意涵。

一是孩子数量质量替代是人类理性化的必然结果。从微观家庭生育决策来看，提高子女的质量是一项很划算的决定。它一定程度上降低了养育孩子的时间成本和经济成本，符合家庭效应最大化原则，是人类生育理性的重要体现。从宏观国家层面来看，提高总体人口质量同样也能带来更高的回报率。毋庸置疑，在人口数量相同的情况下，高质量人口对经济发展的促进作用更大。

二是促使人们重新认识人口与社会发展的关系，改变了过去只追求人口数量而忽视人口质量的传统人口观念。传统的经济学理论中，总是假设人是无差别的个体，而由此形成的理论，大都将劳动者数量看成经济社会发展的核心要素。实际上，作为生产者的个体差异极大（在知识、文化、技能水平、创新能力等方面均存在较大差异），这就使得每个个体所创造的社会价值千差万别。因此，从一国或一地来看，提高人口质量对经济社会发展的贡献要比单纯追求人口数量的贡献更大。

三是孩子数量质量替代理论为后续经济社会发展相关理论奠定了重要基础。一方面，在孩子数量质量替代理论的启示下，许多学者对经济学理论的假设做了相应的修订，拓展了理论的解释范围，推动了相关理论发展；另一方面，该理论为人口转变和低生育时代的经济发展提供了新思路，为"少子老龄化"时代如何促进社会的经济发展带来了新启示。

（二）人口红利理论

1998 年大卫·布鲁姆（David Bloom）和杰弗瑞·威廉森（Jeffrey

[①] Becker G., & Lewis G., "On the Interaction Between Quantity and Quality of Children," *Journal of Political Economic* (81), 1973.

Williamson）两位经济学家在研究亚洲经济增长奇迹时提出了"人口红利"（Demographic Gift）的概念，用以描述亚洲国家的人口年龄结构优势对经济发展的独特贡献，这也被认为是人口红利概念被首次提出。同年，联合国人口基金会在《世界人口现状》报告中正式使用了"人口红利"（demographic bonus）一词，用以指代人口年龄结构中劳动力年龄人口比例高、社会抚养人口比例低的阶段。[①] 人口红利代表着人口促进经济社会发展的有利阶段，也称经济发展的机会窗口期。此后很长一段时间，人口红利概念及其相关研究在经济学、人口学中得到了广泛应用，产出了大量的研究成果。值得注意的是，人口红利相关理论的潜在假设仍是无差别的个体和人口年龄结构优势。

随着研究的深入和人口转变时期的到来，学者们也注意到以人口年龄结构来测度人口红利不够准确。一方面，这是因为人口年龄结构仅仅是人口红利产生的前提条件，或者说人口条件，并不代表产生实质性经济红利本身；另一方面，如何将人口条件转变为人口红利，不仅要依赖劳动力年龄人口的数量优势，而且要依赖于人口结构背后因素的作用。为此，学界提出了"二次人口红利"的概念，用以区别过去只强调劳动力数量对经济发展产生影响的"人口红利"（也称为"一次人口红利"）一词。"二次人口红利"不仅重视了劳动力之外的资本要素对经济发展的影响，也考虑到了人口质量对社会发展的贡献。二次人口红利产生的基础在于以下两个方面。一是以资本形式进入市场的预防性储蓄是二次人口红利的重要机会。[②] 2023 年召开的二十届中央财经委员会第一次会议提出，要大力发展银发经济，加快多层次、多支柱养老保险体系建设。伴随人口转变而来的资本投入、消费转向，二次人口红利窗口期悄然而至。[③] 二是重视劳动力人口质量对经济发展的贡献。教育和健康都被作为劳动力年龄人口质量提升的核心要素。特别是在当

---

① UNFPA, *The State of World Population* 1998：The New Generations, New York：UNFPA, 1998, p. 14.
② 陆杰华、谷俞辰：《中国人口红利本土化研究的反思与展望——兼论人口红利研究的核心议题》，《北京行政学院学报》2023 年第 4 期。
③ 陆杰华、谷俞辰：《中国人口红利本土化研究的反思与展望——兼论人口红利研究的核心议题》，《北京行政学院学报》2023 年第 4 期。

前全球人口老龄化的大背景下，如何挖掘老年人口的经济贡献成为积极应对人口老龄化的方案之一。以中国为例，根据第七次全国人口普查数据，2020年我国 60~69 岁低龄老年人占老年人口的 55.83%。[①] 相关研究测算，我国 60 岁及以上老年人口的平均受教育年限为 7.06 年，其中 60~69 岁低龄老年人口的平均受教育年限达到 7.75 年，[②] 我国低龄老年人口规模庞大，且有相对人力资本优势，为二次人口红利开发奠定了现实基础。

（三）人力资本理论

如前所述，无论是提高人口质量还是促进人口高质量发展，提升人力资本是其必然路径之一。因此，人力资本理论是构建人口高质量发展评价指标的基础理论之一。人力资本理论最早发端于经济学领域，随后在教育学、社会学等领域也得到了广泛应用。1766 年，亚当·斯密在《国富论》中指出，在社会固定资本中，除了物质资本可提供收入或利润的项目，社会上一切人习得的有用才能也可提供收入或产生利润。他在研究中对人力资本概念做了一个相对完整的界定，即把一个国家全体居民所有后天获得的有用能力作为资本的重要组成部分。由于受传统观念的束缚，人力资本概念提出后相当长的一段时间，并未得到预期的发展。

直到美国经济学家贝克尔（Becker）对人力资本进行了拓展研究，并形成了经济学领域最重要的理论之后，人力资本理论才真正引起了广泛的关注。贝克尔对人力资本的研究至少有两点贡献。一是用传统微观均衡方法建立了人力资本投资的均衡模型。人力资本与物质资本投资一样，与个人未来的收入紧密相关，都是追求利润最大化。二是拓展了人力资本的研究范畴，并提出了许多颇具启发性的观点，如人力资本投资量随着年龄增长而下降。一般而言，人力资本投资在年轻时回报率高，收入增长快，但随着年龄增

---

① 国务院第七次全国人口普查领导小组办公室编《中国人口普查年鉴-2020》，中国统计出版社，2022，第 295 页。
② 原新、王丽晶：《中国长寿红利：人口机会、政策环境与开发方向》，《中国特色社会主义研究》2022 年第 1 期。

长，人力资本可能不足以抵销人力资本折旧，导致收入下降。此外，贝克尔还重点考察了职业培训的人力资本回报问题，不同的职业培训所获得的资本回报率是不同的。当人力资本投资回报率小于利率和有形资本回报率时，人力资本投资将减少或停止。

由此可见，人力资本理论与当前提倡的人口高质量发展密切相关。人力资本理论是人口高质量发展和相关评价的重要理论支撑。

（四）健康资本理论

将个人健康与资本联系起来的思想可以追溯到政治经济学辩论时期。从穆什金（Mushkin S. J.）将健康视为投资和贝克尔将健康视为人力资本一部分的观点开始，健康与资本的联系就日益紧密。率先将健康作为资本的概念提出来的学者是格罗斯曼（M. Grossman）。1972 年，Grossman 提出健康需求的人力资本模型，健康作为"耐用"资本品首次被视为不同于其他人力资本的"健康资本"。[1] 该模型认为，对于"良好健康"的需求可以用供给和需求曲线来解释，并且对于健康需求的最优决策受到生命周期中财富和生存时间的约束。格罗斯曼进一步提出健康资本具有双重属性：一方面，它可以是生产中的"投入"因素；另一方面，它也可以是各种投入所产生的结果。当健康资本被视为一种投入时，个人对其健康资本的任何投资都将用作某种资产，并通过创造更长的健康时间来获得物质回报。[2] 健康资本也可以是"投入"所产生的"结果"。这是由"良好健康"需求所驱动的。健康资本二元属性具有十分重要的意义，它不仅揭示了健康资本的本质特征，也进一步揭示了健康资本在市场上的流动属性，即健康资本可以与其他类型的资本（文化资本、经济资本）之间实现相互兑换。正因如此，健康无论是作为个体意义上人的健康，还是作为集体意义上人口的健康都具有十分重要的意义。

---

[1] M. Grossman, *"The Human Capital Model,"* *Handbook of Health Economics* 1, 2000: 347-408.

[2] 朱贤晶：《健康资本理论模型及其研究》，《经济外贸》2013 年第 8 期。

从微观个体层面来说，健康如果是一种存量资本，那么借由健康资本"兑换"所产生的社会资本、经济资本、文化资本的再生产，其内在价值自不待言。[①] 一个健康资本存量低的个体相比于一个健康资本存量高的个体，其对经济社会发展所做出的贡献相对也较低。健康作为一种投资，与个体所处的社会位置、经济状况密切相关。健康投资的多少或者健康资源的获得取决于个人经济资本存量和社会经济地位的高低，而由此获得的健康资本与其他资本之间的相互"兑换"将会产生某种"极化"现象，即贫者愈弱，富者愈强，从而导致个体之间存在健康不平等问题。从集群意义的人口来看，健康的意义更大。从世界卫生组织发布的数据来看，人均预期寿命所代表的健康，似乎总是与一个国家或地区的经济发展水平、医疗资源的多寡及其可获得性密切相关。人均预期寿命随着经济发展水平的变化而呈现鲜明的梯度变化。换言之，一个国家或地区的健康资本存量在一定程度上可以成为该国或该地经济社会发达程度较好的预测指标。

综上，人口素质或人口质量至少应包括文化资本、健康资本、人力资本等要素（见图1）。当这些要素都得到一定程度的发展后，人口质量也必然得到实质性提升。

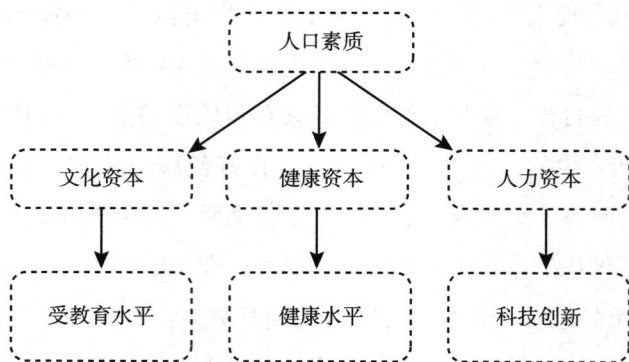

图1　人口素质的构成要素

---

① 布尔迪厄提出资本之间具有可兑换性特征。例如经济资本借由教育、文化物品等向文化资本转换，这种兑换在诸多资本之间是可以互相转换的。

三　实践发展

（一）教育评价实践

1. 针对个体的教育评价相对较少

教育是推动社会发展变迁的重要力量。自新中国成立以来，中国教育发展经历了教育体系重建和一系列的教育政策改革、创新过程，从而让中国教育摆脱了发展落后、居民受教育程度低的局面。教育评价实践一直与中国教育发展历程紧密相联，是直接推动中国教育质量提升的重要因素。从广义上说，教育发展评价涉及多维度、多主体，例如有针对教育机构（学校）、教育从业者的评价，也有针对教育政策和教育实践结果的评价，但针对个体教育获得的评价指标体系相对较少。目前，国内已发布的教育评价成果主要包括《中国职业教育发展白皮书》[1]、《高等教育质量发展研究》[2]、《中国高中阶段教育发展报告》[3]、《区域教育竞争力评价》[4]、《教育发展新水平》[5] 和《学校教育发展》[6] 以及各地政府发布的各类教育发展报告等。这些成果无一例外的是针对某一教育阶段或教育类别开展评价，较少涉及人口层面的教育评价。究其原因可能有如下几点。一是宏观上教育发展与微观人口个体的教育获得之间存在极强的相关性，个体教育获得可以看作整体教育发展的结果。因此，教育外部环境和条件的改善也能直接反映出个体教育获得水平的提升。二是教育发展从根本上说更多地依赖于教育软硬件建设水平和外部教育政策的支撑，因此，针对教育机构和教育政策的评价更能反映教育发展质量及其存在的问题。三是针对个体的教育评价指标相对单一，无须构建复杂

① 教育部：《中国职业教育发展白皮书》，2022。
② 彭江：《高等教育质量发展研究》，社会科学文献出版社，2020。
③ 霍益萍、朱益明：《中国高中阶段教育发展报告》，华东师范大学出版社，2013。
④ 郅庭瑾、赵磊磊：《区域教育竞争力评价》，华东师范大学出版社，2018。
⑤ 郑丽平：《教育发展新水平》，中国人民大学出版社，2020。
⑥ 胡金平：《学校教育发展》，华东师范大学出版社，2016。

的指标体系进行系统性评价。一般来说，针对个人教育获得水平提升的评价都是由国家教育部门主导的，并基于全国人口普查或人口抽样调查数据估算而向公众发布。这类教育评价结果的发布更像是告知公众当前的教育发展成就，而不是评价过程。

2. 评价指标更替映射出教育发展历程

如前所述，针对个体教育发展的评价指标相对单一。常见的指标包括：学龄人口在学率、文盲和半文盲率、义务教育完成率、完成各类学历教育的比例等。这些指标一定程度上反映出人口教育发展水平的变化，但不同指标在不同时期测度的准确性和敏感度是不同的，因此，需要根据教育发展所处的阶段，选择合适的评价指标。（1）在新中国成立之初，人口受教育水平非常低，人均受教育年限仅为1.6年。这一时期，主要采用文盲、半文盲率或学龄儿童入学率等指标来反映人口受教育水平。根据教育部的统计数据，新中国成立之初，我国文盲、半文盲人口数量占总人口的80%以上，学龄儿童入学率仅为20%左右。[①]（2）国家对基础教育越来越重视，通过教育改革与政策调整，使基础教育水平有了较大提高。与此同时，国家通过大力发展业余教育和开展教育扫盲活动，极大地减少了文盲和半文盲人口数量。此时，如果仍沿用文盲、半文盲率指标来衡量教育发展就不再合适。一方面，因为文盲、半文盲率已经降到极低的水平，指标的敏感性下降，难以准确地测度出教育发展水平；另一方面，也因为不同时期的教育发展目标和任务不同，其评价指标也应做针对性调整，这样才能从结果上更直接地反映出教育发展水平的变动。因此，这一时期学龄儿童的在学率、入学率和完成率等指标将比文盲、半文盲率指标更切合实际。（3）改革开放之后，教育发展的重心是推行九年义务教育计划。1986年4月，第六届全国人民代表大会审议通过了首部《中华人民共和国义务教育法》，同年7月九年义务教育正式开始实施。义务教育具有公益性、统一性、强制性等特征。义务教育实施之

---

① 王家源：《夯实千秋基业 聚力学有所教——新中国70年基础教育改革发展历程》，《中国教育报》2019年9月26日，第4版。

后，我国适龄儿童受教育比例大幅提高。在我国推行义务教育时期，小学学业完成率、升学率等指标已不再适用，取而代之的是义务教育的完成率、学龄儿童义务教育阶段的在学率等指标。（4）与基础教育相比，我国高等教育同样也经历了数次改革与政策调整。1952年至1957年院系大调整、1977年恢复高考、1999年高等教育扩招等，这些政策的调整与完善极大地推动了我国高等教育的发展和人才培养质量的提升。如果说义务教育是全民教育的基石，那么高等教育发展则是推动生产力发展的直接力量。这一时期，接受高等教育的人口数量和比重一定程度上成为衡量一个国家或地区经济社会发展的核心指标。

3. 教育发展的成就与差距并存

教育发展评价不仅是各国人民关心的问题，也是国际社会衡量各国现代化水平的重要标准。由于各个国家教育发展水平参差不齐，包括联合国、世界卫生组织、世界银行等国际社会组织所发布的教育发展相关指标包括了多个评价维度。既有衡量较低教育水平的文盲、半文盲率，适龄儿童失学率等指标，也有反映教育发展到一定程度的各级学历教育人口数量、比重等指标。目前，在教育发展程度相对较高的国家，各国接受高等教育的人口数量和比重成为衡量教育发展水平的重要依据。

从国际社会组织发布的评价指标来看，我国的教育发展可谓"成就与差距并存"。一方面，我国教育发展取得了辉煌的成就。得益于国家对教育事业的高度重视，重建课程体系、改革教育方案，创新教育理念让教育水平获得飞速提升，彻底改变了新中国成立初期教育底子薄、基础弱的面貌。值得一提的是，中国仅用25年的时间就完成了美国用100年时间才完成的"普九"教育目标，为实现从人口大国向人力资源大国转变奠定了基础。[1] 另一方面，从国际比较来看，我国教育水平与教育强国及大多数发达国家相比仍有不小的差距。牛建林研究发现，在国际横向比较中，中国的教育水平处于全球中

---

[1] 王家源：《夯实千秋基业 聚力学有所教——新中国70年基础教育改革发展历程》，《中国教育报》2019年9月26日，第4版。

等水平，与世界发达国家的教育水平相比还有相当大的差距。其中，我国劳动力年龄人口人均受教育年限显著低于同期 OECD 国家，大约相当于美国 20 世纪 50 年代、英国、韩国 80 年代的人均受教育水平。[①] 对照先发国家教育发展的基本规律，现阶段中国教育发展面临的挑战主要在于各级教育的结构性失调和区域教育发展不平衡问题。这有待于教育体制的进一步改革与创新。

（二）健康评价实践

健康是促进人的全面发展的必然要求，是经济社会发展的基础条件。国民健康长寿是国家富强、民族振兴的重要表征，也是人类孜孜以求的理想。联合国开发的人类发展指数（HDI）也将健康作为重要的维度，由此可见"健康"这一指标的重要性。

新中国成立以来，我国健康事业取得了令人瞩目的成就。城乡卫生环境得到显著改善，人民健身意识明显增强，体育锻炼热情空前高涨。2017 年，党的十九大报告中提出"健康中国"战略，将"健康"与经济发展和国家强盛紧密结合起来。特别是习近平总书记提出"倡导健康文明的生活方式，树立大卫生、大健康的观念，把以治病为中心转变为以人民健康为中心，建立健全健康教育体系，提升全民健康素养，推动全民健身和全民健康深度融合"。[②] 习近平总书记对健康的论述，充分体现了党对"人民健康"的高度关切，也体现了我国"以人民为中心"的执政理念。

正因为健康议题如此重要，各国政府和学界对人民健康及其发展趋势高度关注，有许多研究探讨了测度健康水平的指标体系，为本书建构健康测度指标提供了重要启示。已有的健康评价大致可以分为健康监测引导下的健康评价和政策导向下的健康评价两大类别。

1. 健康监测引导下的健康评价

在国内，政府部门主导的健康调查与评价中最有影响力的是国民体质监

---

① 牛建林：《中国人口教育发展的特征、结构性矛盾与下一步思路——基于第七次全国人口普查公报和相关人口教育统计的发现》，《教育研究》2021 年第 11 期。

② 李拯：《美好生活需要"大健康"》，《人民日报》2019 年 8 月 13 日，第 5 版。

测调查和国家卫生服务调查。

国家为系统掌握我国国民体质状况，以抽样调查的方式，在全国范围内对监测对象实施统一的测试和调查工作。该调查从 2000 年开始，每 5 年开展一次完整的抽样调查，目前已完成了 5 轮次的国民体质监测调查，掌握了我国国民体质的基本情况和变化规律，为制定增进国民体质、提升健康水平的相关政策提供了重要依据。国民体质监测主要针对幼儿、成年人、老年人的身体形态、身体机能、身体素质进行测量与评估。目前，《第五次国民体质监测公报》已发布。数据显示，2020 年全国居民达到"国民体质测定标准"合格等级以上的人数比例为 90.4%，相比 2014 年提高了 0.8 个百分点。其中 3~6 岁幼儿合格率为 94.4%，20~39 岁成年人合格率为 87.2%，40~59 岁成年人合格率为 90.6%，60~69 岁老年人合格率为 91.4%；男性为 88.8%，女性为 92.0%；城镇为 91.1%，乡村为 89.3%。[①] 第五次全国体质监测调查对居民健康水平的评价是：城乡居民的体质差异不断缩小，女性体质水平总体向好，体质较弱的群体体质水平提高幅度较大；但成年人和老年人的超重率、肥胖率持续增长，部分人群低体重问题也较明显，成年人力量素质呈现下降趋势，这些问题也值得关注。

国家卫生服务调查是我国政府掌握城乡居民健康状况、卫生服务利用、医疗保健费用及负担信息的重要途径。国家卫生服务调查始于 1993 年，也是每 5 年开展一次。目前，已发布了《第六次全国卫生服务统计调查报告》。本次调查相较前几次对调查样本进行了扩大调整。调整后的样本覆盖全国 31 个省（自治区、直辖市），共有 156 个县（市、区）780 个乡镇（街道）的 1560 个村（居委会）。与国民体质监测关注个体的身体素质、体质水平等健康指标不同，全国卫生服务调查涉及的居民健康主要在于疾病监测指标和医疗服务的可及性指标等。《第六次全国卫生服务统计调查报告》显示，全国居民中心脑血管疾病、糖尿病、癌症等重大疾病是我国疾病经济

---

① 《国家国民体制监测中心发布〈第五次国民体质监测公报〉》，https://www.sport.gov.cn/n315/n329/c24335066/content.html，最后访问日期：2023 年 6 月 5 日。

负担比重最高的部分，占比为90%。我国居民的慢性病患病率也呈现上升趋势，其中55~64岁人群慢性病患病率高达48.4%，65岁及以上老年人口患病率达到了62.3%。①

综合这两类全国性健康调查报告可知，相比过去，我国人口健康水平有较大提升，但人口健康也面临着新的问题与挑战。

2. 政策导向下的健康评价

除了国家主导的健康相关调查与评价，地方政府也将居民健康促进纳入新一轮发展规划，并明确提出规划期内应达到的健康水平。地方政府对居民健康的评价主要依据国家最新健康政策和健康战略而实施，其主要目标仍是服务于提高居民健康水平和如何更好地实现"健康中国"战略目标。本部分援引上海、苏州、南京等地方政府的健康规划纲要来说明地方政府对人民健康促进所做的健康评价实践及特征。

上海市在2017年发布了《"健康上海2030"规划纲要》，秉承健康优先的原则将健康理念融入城市建设与经济发展，并制定了促进居民健康的评价指标体系。该指标体系将居民健康发展划分为健康水平、健康生活、健康服务和保障、健康环境与健康产业五个部分。其中，直接测度居民健康水平的指标有人均预期寿命、人均健康预期寿命、婴儿死亡率、5岁以下儿童死亡率、孕产妇死亡率（1/10万）、城乡居民达到"国民体质测定标准"合格以上的人数比例、人均体育场地面积、市民健康素养水平、参加健康自我管理小组的人数、经常参加体育锻炼人数的比例等10个指标。② 苏州市也于2017年发布了《"健康苏州2030"规划纲要》，重点以"共建共享，全民健康"为主题，突出"大健康"发展理念。苏州居民健康促进规划中，直接涉及居民个人健康水平测度的指标包括人均预期寿命、婴儿死亡率、5岁以下儿童死亡率、孕产妇死亡率、城乡居民达到"国民体质测定标准"合格

---

① 国家卫生健康委统计信息中心：《全国第六次卫生服务调查专题报告（第一辑）》，中国协和医科大学出版社，2021，第28页。

② 《"健康上海2030"规划纲要》，https://www.shanghai.gov.cn/nw44142/20200824/0001-44142_55477.html，最后访问日期：2023年6月5日。

以上的人数比例、居民健康素养水平、经常参加体育锻炼人数的比例等 7 项指标。① 南京市发布了"十四五"南京市居民健康促进评价指标体系。该指标体系所纳入的指标与苏州、上海两地的指标体系大致类似。例如，人均预期寿命、5 岁以下儿童死亡率等都是测度健康水平的基本指标。但有一些指标略有差异，例如南京市将"重大慢病过早死亡率"和"15 岁以上人群吸烟率"作为健康潜在指标纳入评价体系。

概括来说，地方政府的健康评价实践有两个典型特征。一是以上级政府发布的健康政策为导向，将健康评价指标进一步细化和具体化。如各省级政府的健康评价实践是在中央政府发布的"健康中国"战略和全民健康促进相关政策基础上，结合地方政府的具体实际而制定的评价体系。地市级政府的健康评价指标则依照省级健康评价标准而制定。二是健康评价指标在总体趋同的基础上，也有一些差异。这些差异体现了地方政府对当地居民健康不同维度的关注，也体现了地方政府在健康治理上的特色。

（三）科技发展评价

中国科技发展评价实践主要体现在两个方面，一是科技创新水平评价，二是科技人才发展评价。前者是从产出角度对科技创新结果和水平进行的实时评价，后者则是对科技创新的人才资源、发展潜力所做的评价。两类评价实践所涉及的评价主体和评价目标不同，但都在一定程度上反映出某个特定时间国家或地区科技创新水平及创新潜力的大小。目前科技发展评价可分为以科技创新产出为导向的评价和以科技人才发展为导向的评价。

1. 以科技创新产出为导向的评价

尽管官方没有针对科技创新进行完整的评价，但每年都会发布科技创新方面的核心指标。中国科技部通过公报的形式向社会发布科技创新的最新统计数据。核心评价指标包括以下三个。（1）科技经费投入。2021 年全国共

---

① 《〈健康苏州 2030 规划纲要〉发布，2030 年苏州人均期望寿命将达这么高！》，https：//www.sohu.com/a/139331471_467770，最后访问日期：2024 年 6 月 25 日。

投入研发（R&D）经费 27956.3 亿元，比 2020 年增加 3563.2 亿元，增长 14.6%，增速提高了 4.4 个百分点。（2）科技论文产出。2021 年国内论文发表量较上一年度提高 0.8%，SCI 发文量占全球总量的 25.1%，居全球第二位。（3）专利授权量。2021 年国内专利授权量为 44.1 万件，增长 22.1%，PCT 国际专利申请量达到 6.9 万件，全球排名第一。① 除了上述评价指标单独发布统计公报外，科技部还对政府研究机构研发活动、企业创新活动、高新技术产业发展、高等学校研发活动及研发人员发展状况等指标发布了年度公报。② 这些指标从不同的方面反映了我国科技创新发展水平。

除了官方发布科技创新核心指标统计结果外，中国科学技术发展战略研究院每年针对全国及各省区市发布《中国区域科技创新评价报告》。该评价报告是国家创新调查制度系列报告之一，也是迄今国内持续发布时间最长的评价报告之一。其评价指标体系采用 5 个一级指标：科技创新环境、科技活动投入、科技活动产出、高新技术产业化和科技促进社会经济发展。另外，在 5 个一级指标基础上构建了 12 个二级指标和 43 个三级指标，对全国及 31 个省、自治区、直辖市科技创新水平进行测度和评价。2023 年最新评价报告显示，党的十八大以来，我国区域科技创新水平普遍提升，重大战略区域科技创新发展成效显著。2023 年，全国综合科技创新水平指数得分为 77.13 分，比 2012 年提高了 16.85 分。北京、上海、粤港澳大湾区科创中心引领地位进一步强化，辐射带动京津冀、长三角、泛珠三角等区域创新能力进一步提升。长江经济带与黄河流域生态保护和高质量发展沿线地区科技创新能力稳步增强，区域协同创新发展成效进一步显现。③

2. 以科技人才发展为导向的评价

科技创新发展除体现在高新技术产出之外，还体现在科技人才的质量及

① 《2021 年全国科技经费投入统计公报》，https：//www.gov.cn/xinwen/2022-08/31/content_5707547.htm，最后访问日期：2024 年 6 月 25 日。
② 国家统计局、科学技术部、财政部：《2021 年全国科技经费投入统计公报》，https：//www.most.gov.cn/xinwen/2022-08/31/content_5707547.htm，最后访问日期：2023 年 6 月 5 日。
③ 中国科技发展战略研究小组、中国科学院大学中国创新创业管理研究中心：《中国区域创新能力评价报告 2023》，科学技术文献出版社，2024。

发展潜力方面。科技人才是具有专业知识或专门技能，具备科学思维和创新能力，从事科学技术创新活动，对科学技术事业及经济社会发展做出贡献的劳动者，主要包括从事科学研究、工程设计、技术开发、科技创业、科技服务、科技管理、科学普及等科技活动的人员。[①] 创新驱动的实质是人才驱动，人才是创新的第一资源。党的十九大报告强调，建设现代化经济体系，要培养造就一大批具有国际水平的战略科技人才、科技领军人才、青年科技人才和高水平创新团队，为创新发展提供人才和智力支持。

党的十八大以来，我国人才工作取得了历史性成就、发生了历史性变革。我国人才资源总量达到 2.2 亿人，科技人力资源总量超过 1.12 亿人。[②] 虽然我国在人才数量指标以及论文、专利、科技奖励、人才帽子头衔等指标上大幅增加，但我们看到"0 到 1"的原始创新、颠覆创新依然匮乏、产业发展中还存在大量"卡脖子"问题、产业处于全球价值链中低端的状况仍未完全改变。人才评价具有导向和示范作用，是人才发展的指挥棒。我国以往的人才评价范式引导了大量"1 到 10""10 到 100"的模仿，但没有有效引导和产生"0 到 1"的创新，同时大量"纸面上"的论文专利成果尚未转化为创新的实际成效。可以说，传统人才评价方式的内核是一种模仿型、跟随型创新导向定位，而非原始性创新、卓越性创新导向的评价设置。因此，面向科技自立自强的战略需求，我们亟待建立起一套与夺标型人才强国战略安排相匹配的人才评价体系，并在此基础上确立我国科技人才发展竞争优势。科技部等八部门印发《关于开展科技人才评价改革试点的工作方案》，可加速推进创新人才评价机制，激发科技人才的创新活力。

科技创新人才评价体系为中国的科技创新人才发展、培育做出了积极贡献。但随着中国科技水平的提升和全球科技人才争夺日趋激烈，旧有的人才

---

① 《科技部关于印发〈"十三五"国家科技人才发展规划〉的通知》，http：//www.xiongan.gov.cn/2017-06/29/c_ 136835304. htm，最后访问日期：2024 年 6 月 25 日。

② 孙锐：《迈入新时代人才强国战略实施新征程》，《中国社会科学报》2023 年 2 月 1 日，第 3 版。

评价机制存在的不足问题逐渐显现出来，亟待构建新的人才评价方案，激发科技人才的创新能力和活力，为新时期中国科技腾飞提供人才支撑。

四　指标选择

（一）选择程序与原则

指标筛选步骤。一是研究者对指标的初步筛选，形成供专家筛选和评分的指标库。初筛指标除了去掉那些明显落后、测量不佳或难以获得的指标外，尽量保留更多的指标供专家筛选。二是专家筛选指标。这一步采用德尔菲法将初筛指标交由行业内著名专家、学者打分，以做进一步的指标筛选。多轮筛选后，保留专家打分高、一致性强的指标，构建指标体系。

指标筛选原则。本部分指标筛选遵循引领性、代表性、可测性、可比性、可获得性及时效性等原则。一是引领性原则。人口素质是高质量发展的重要部分，围绕人口高质量发展的政策目标与远景，选择具有前瞻性、导向性强的指标。二是代表性原则。所选择的指标能准确测度上级指标的重要方面：一方面，指标测度内容上具有较大的覆盖面；另一方面，指标测度属性上能准确表达上级指标的重要信息。三是可测性原则。所选指标应具有可测量属性，且尽量采用客观测量指标，切忌选用不可测量的指标，或主观性较强的指标。四是可比性原则。构建指标体系的目的是对目标对象的某种属性进行评价和比较。只有指标具有可比性，才能更好地进行评价和比较。特别强调的是，本报告指标体系构建涉及省区市、地级市、国家三个层面，要想统一所有指标的统计标准非常困难。我们的做法是在构建同层指标体系时，采用相同的测度指标。例如，国家层面的指标体系，采用同一套测量指数，而省和市级层面的评价采取另一套指标体系。五是可获得性原则。纳入指标体系的各维度指标应具有可获得性，如果不能获得完整的测度数据，再完善的指标体系也无法达成评价目标。六是时效性原则。一方面，时效性是指所选择的指标本身具有时效性。有些指标在过去被证明是好的，但随着社会经济发展，这一指标的测度敏感性和准确性在下降，故不能选用。举例来说，文盲、半文盲率在过去是测度教育水平的重要指标，但现在文盲、半文盲率已经非常低，如果仍采用该指标，则难以准确地测度出教育发展水平。另一方面，时效性是指数据的时效性，应采用最新的数据来进行测度与评价。

（二）指标的内涵与构造

根据前文的指标筛选原则和筛选程序，确定测度人口素质指数的指标包括两个维度，即教育维度和健康维度。每个维度采用2~3个三级指标来测度（见表1）。

表1　人口素质指标

指标名称		定义	内涵
健康维度	人口健康预期寿命	某特定人口群体保持健康状态的存续平均年数（岁）	测度人口健康生命长度和生命质量
	老年人口失能率	失能人口在所有老年人口（60岁以上）中的比重（%）	测度老年人口的生命质量和健康水平
教育维度	人均受教育年限	国家或地区人口平均接受教育的年数（年）	测度国家或地区人口的受教育水平
	人均高新技术产品出口额	具有高研发强度的产品，例如航空航天、计算机等，采用人均高新技术出口额来测度	测度国家或地区高新技术研发水平和科技创新潜力
	每万人专利授权数	每年三大专利授权件数与人口数量的比值（项）	测度国家和地区科技创新水平

1. 健康维度

人口健康预期寿命指标在传统人口平均预期寿命基础上做了改进，旨在兼顾测度人口的生命长度和生命质量双重属性。由于国内政府部门和研究机构很少系统地发布此类指标，故国内指标测度采用变通的办法，通过测度老年人口失能率来替代。与人口健康预期寿命相比，老年人口失能率是负向指标，间接地测度了人口健康状况和老年期的生命质量。

2. 教育维度

在教育维度指标选择中，人均受教育年限是比较好的客观指标，从数字上即可直接比较。目前，国际大多数国家学制不同，例如有些国家硕士 1 年就毕业，有些国家硕士要 3 年才能毕业。如果按照受教育类别统计人口占比，可能有失公允。用人均受教育年限来测度就能避免上述问题，确保测度结果的可比性。教育维度的另一个测度指标就是人口的科研创新能力。有很多指标可供选择，但考虑到目前科技发展竞争主要表现在高科技领域，因此国际指标体系中直接采用联合国发布的各国"高新技术产品出口额"来计算，但考虑到人口规模可能带来的影响，故该指标采用人均高新技术产品出口额来测度。国内省级和地级市层面发布的"高新技术产品出口额"数据缺失较多，故采用每万人专利授权数指标来替代。

（三）指标统计

1. 人口健康素质

（1）健康预期寿命。从人口预期寿命来看，我国人口平均预期寿命不断提高。从 2020 年的 77.93 岁增长到 2021 年的 78.2 岁。[1] 人口平均预期寿命受到社会经济发展和医疗资源的影响，各省份所辖地级市之间存在明显差距。从区域来看，西部地区部分省份的人均预期寿命未达到 70 岁，而东部沿海省份预期寿命则超过了 80 岁，区域差异十分明显。[2] 近年来，有学者认为人均预期寿命不能很好地反映健康状况，无法测量生命质量发展情况，并为此提出了人均健康预期寿命来替代人口平均预期寿命指标。[3] 世界卫生组织在《世界卫生统计报告 2022》中公布了全球主要国家的健康预期寿命

---

[1] 《〈2021 年我国卫生健康事业发展统计公报〉发布 孕产妇死亡率从 16.9/10 万下降到 16.1/10…》，https：//m. thepaper. cn/baijiahao_ 18994708，最后访问日期：2024 年 6 月 25 日。

[2] 国家统计局，国家数据平台，https：//data. stats. gov. cn/easyquery. htm？ cn = C01&zb = A0304&sj=2020，最后访问日期：2023 年 6 月 5 日。

[3] 焦开山：《中国老年人健康预期寿命的不平等问题研究》，《社会学研究》2018 年第 33 卷第 1 期，第 116~141 页。

数据，为该指标的国际比较奠定了重要基础。① 国内各省份、地级市并未公开发布健康预期寿命指标，因此，国内各省份、地级市的比较采用老年人口失能率作为替代指标。

根据世界卫生组织发布的全球 198 个国家的健康预期寿命数据，人均健康预期寿命为 61.09 岁，标准差为 37.7 岁，这表明国家之间的人均预期寿命差异较大。中国人均健康预期寿命为 68.5 岁，比人均预期寿命 78.2 岁低了近 10 岁。换言之，中国人口平均寿命中不健康寿命接近 10.0 岁。日本的人均健康预期寿命为 74.1 岁，韩国为 73.1 岁，新加坡为 73.0 岁。中国与这些国家人均健康预期寿命相比，仍有不小差距。②

（2）老年人口失能率。老年人口失能率来自全国人口普查数据。第七次全国人口普查抽取 10% 的样本对长表问题进行了调查，其中包括对 60 岁以上老年人口的健康调查。老年人自评健康状况包括：健康、基本健康、不健康但生活能自理、不健康且生活不能自理四个类别。其中，生活不能自理是指"近一个月内健康状况较差，不能完成自己吃饭、穿衣、走动等日常生活起居活动"。这与失能老人的界定基本一致，可以反映出我国老年人口的失能状况。

一是老年人口失能率下降，失能人口数量上升。由表 2 数据可知，我国老年人口失能率从 2010 年的 2.95% 下降至 2020 年的 2.34%，下降 0.61 个百分点，反映出随着经济社会的发展进步，疾病和衰老对老年人生活自理能力的影响减弱，老年人生活自理能力提高。但是由于我国人口基数大、老龄化速度快，失能老年人口数量呈增长态势，即从 2010 年的 523 万人增加到 2020 年的 618 万人。失能老年人口数量的急剧增加给老年人照护工作带来了巨大的压力。

---

① 参见 https：//www. who. int/data/gho/publications/world-health-statistics。
② World Health Statistics 2022，https：//www. who. int/data/gho/publications/world - health - statistics，最后访问日期：2023 年 6 月 5 日。

表 2　60 岁以上老年人口失能人数与失能率

单位：万人，%

	2010 年第六次全国人口普查		2020 年第七次全国人口普查	
	失能人数	失能率	失能人数	失能率
整体	523	2.95	618	2.34
男	219	2.53	270	2.12
女	304	3.35	348	2.55
城市	109	2.35	184	2.07
城镇	84	2.60	124	2.32
乡村	330	3.32	310	2.55

资料来源：根据国家统计局发布的第六次全国人口普查数据、第七次全国人口普查数据（https：//www. stats. gov. cn/sj/pcsj）计算而来。

二是老年人口失能率存在性别差异。表 2 数据显示，2020 年，女性失能老人约 348 万人，男性约 270 万人；女性老年人口失能率为 2.55%，男性为 2.12%，女性总体高于男性。表 3 数据显示，随着年龄增长，男女性老年人口失能率差距逐步扩大。由于女性人口寿命比男性更长，所以高龄阶段，女性失能老人比重增加。通过失能老年人口的性别比可以判断，女性老年失能人口是高龄失能人口的主体。这一数据再次警示我们，未来老年失能人群的照护工作任务艰巨，如何培训护工尤其是女性护工承担女性老年人的照护工作将是养老服务机构面临的急迫任务。

表 3　2020 年分性别、年龄的老年人口失能率

单位：%

年龄	整体	男	女
60~64 岁	0.8	0.87	0.72
65~69 岁	1.16	1.24	1.08
70~74 岁	1.92	1.95	1.88
75~79 岁	3.16	3.07	3.23
80~84 岁	5.64	5.1	6.09
85~89 岁	9.66	8.23	10.65

年龄	整体	男	女
90~94 岁	16.46	13.84	17.99
95~99 岁	23.51	19.35	25.36
100 岁及以上	31.05	25.25	32.83

资料来源：根据国家统计局发布的第七次全国人口普查数据（https：//www.stats.gov.cn/sj/pcsj）计算而来。

三是老年人口失能率存在城乡差异。城镇老年人口失能率低于农村。2020 年，城市、城镇、乡村老年人口失能率分别为 2.07%、2.32% 和 2.55%，乡村高出城市 0.48 个百分点（见表2）。从性别角度来看，男性老年人口的城市、城镇、乡村失能率差距不大，分别为 1.94%、2.16% 和 2.24%，乡村仅高出城市 0.3 个百分点；但女性老年人口的城市、城镇、乡村失能率差距明显，分别为 2.18%、2.48% 和 2.86%，乡村高出城市 0.68 个百分点。① 因此，如何为农村女性失能老人提供照护服务，可能成为今后农村养老面临的难题。

2. 人口教育素质

（1）人口受教育水平不断提升。根据第七次全国人口普查数据计算，全国 15 岁及以上人口受教育的占比情况如表 4 所示。其中，15 岁及以上人口中，未上学的比例为 3.53%，接受高等教育（大专及以上学历）的比重为 18.78%②。与 2010 年第六次全国人口普查相比，每 10 万人中拥有大学文化程度的由 8930 人上升为 15467 人；拥有高中文化程度的由 14032 人上升为 15088 人；拥有初中文化程度的由 38788 人下降为 34507 人；拥有小学文化程度的由 26779 人下降为 24767 人。全国人口中，文盲人口（15 岁及以上人口中不识字的人）为 37750200 人，与 2010 年第六次全国人口普查相比，文盲人口减少 16906373 人，文盲率由 4.08% 下降为 2.67%，下降 1.41

---

① 根据国家统计局发布的第六次全国人口普查数据、第七次全国人口普查数据（https：//www.stats.gov.cn/sj/pcsj）计算而来。

② 数据测算是以 15 岁及以上人口为基数，而非全体人口数。

个百分点。① 2020 年，我国 15 岁及以上人口的平均受教育年限为 9.91 年，按照通用的学制年限标准，约相当于高中一年级的水平。与 2010 年相比，这一年龄段人口的平均受教育年限提高了 0.83 年（见表 5）。与年龄较大的人口相比，年轻人的受教育水平相对较高，随时间提升的幅度也更大。《第七次全国人口普查公报》数据显示，2020 年全国 16~59 岁人口的平均受教育年限为 10.75 年，比 2010 年提高了 1.08 年。这些数据表明，得益于过去几十年的教育扩张，现阶段我国人口的整体受教育状况在持续改善；较年轻的队列在其中受益更多，人均受教育水平相对更高。

表 4 2020 年 15 岁及以上人口受教育情况

单位：%

受教育程度	整体	男	女
未 上 学	3.53	1.76	5.35
学 前 教 育	0.15	0.11	0.20
小 学	20.78	18.14	23.49
初 中	38.55	41.13	35.90
高 中	18.21	19.80	16.57
大 学 专 科	9.71	10.01	9.41
大 学 本 科	8.14	8.12	8.17
硕 士 研 究 生	0.82	0.80	0.84
博 士 研 究 生	0.11	0.13	0.09

资料来源：2020 年第七次全国人口普查数据。

表 5 2010 年和 2020 年人均受教育年限及其变动情况

单位：年

省份	2020 年	2010 年	变动量
北京	12.64	11.71	0.93
天津	11.29	10.38	0.91
河北	9.84	9.12	0.72

① 本部分数据来源于《第七次全国人口普查公报（第六号）——人口受教育情况》，https：//www.gov.cn/xinwen/2021-05/11/content_ 5605789.htm，最后访问日期：2024 年 6 月 25 日。

省份	2020 年	2010 年	变动量
山西	10.45	9.52	0.93
内蒙古	10.08	9.22	0.86
辽宁	10.34	9.67	0.67
吉林	10.17	9.49	0.68
黑龙江	9.93	9.36	0.57
上海	11.81	10.73	1.08
江苏	10.21	9.32	0.89
浙江	9.79	8.79	1.00
安徽	9.35	8.28	1.07
福建	9.66	9.02	0.64
江西	9.70	8.86	0.84
山东	9.75	8.97	0.78
河南	9.79	8.95	0.84
湖北	10.02	9.20	0.82
湖南	9.88	9.16	0.72
广东	10.38	9.55	0.83
广西	9.54	8.76	0.78
海南	10.10	9.22	0.88
重庆	9.80	8.75	1.05
四川	9.24	8.35	0.89
贵州	8.75	7.65	1.10
云南	8.82	7.76	1.06
西藏	6.75	5.25	1.50
陕西	10.26	9.36	0.90
甘肃	9.13	8.19	0.94
青海	8.85	7.85	1.00
宁夏	9.81	8.82	0.99
新疆	10.11	9.27	0.84
全国	9.91	9.08	0.83

资料来源：《第七次人口普查数据公报（第六号）——人口受教育情况》，统计数为 15 岁及以上人口。

（2）受教育程度的性别差距进一步缩小。男女两性受教育程度的差异不断缩小。从接受小学阶段教育来看，男女两性的受教育程度差异已基本消除。数据显示，小学学龄女童基本实现了"应上尽上"，女童的净入学率自

2015 年以来连续 6 年保持在 99.9% 以上。① 从接受高等教育的情况来看，男女两性的差距已经很小，甚至在一些受教育类别中，女性超过了男性（见图 2）。根据第七次全国人口普查数据，2020 年中国 15 岁及以上人口平均受教育年限为 9.91 年，其中男性为 10.22 年，女性为 9.59 年，性别差距由2010 年的女性比男性少 0.8 年缩小为少 0.6 年。

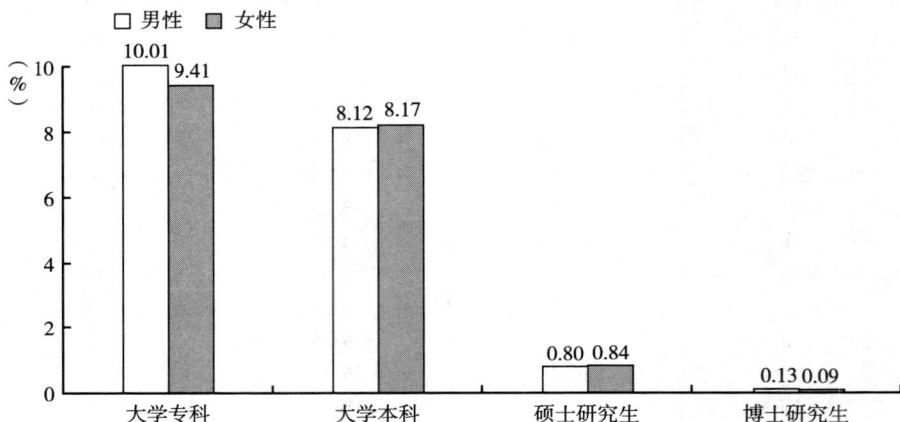

图 2　2020 年我国接受高等教育人口比重的性别差异

资料来源：《〈中国妇女发展纲要（2011~2020 年）〉终期统计监测报告》，https://www. gov. cn/xinwen/2021-12/21/content_ 5663667. htm，最后访问日期：2024 年 6 月 25 日。

3. 科技创新

人口教育素质如果只反映在受教育年限指标上，并不能测度受教育人口对科技创新发展做出的贡献。因此，科技创新指标的提出在一定程度上弥补了人均受教育年限指标的不足。出于数据可得性考虑，国内省份及地级市用每万人专利授权数来衡量，国际指标用人均高新技术产品出口额来衡量。

（1）国内科技创新水平呈现持续升高趋势。从每万人专利授权数来看，2014~2021 年，每万人专利授权数呈现逐年递增趋势。特别是 2019~2021年增速变化明显（见图 3）。

---

① 《2021 年〈中国儿童发展纲要（2021—2030 年）〉统计监测报告》，https://www. gov. cn/ lianbo/2023-04/20/content_ 5752337. htm，最后访问日期：2024 年 6 月 25 日。

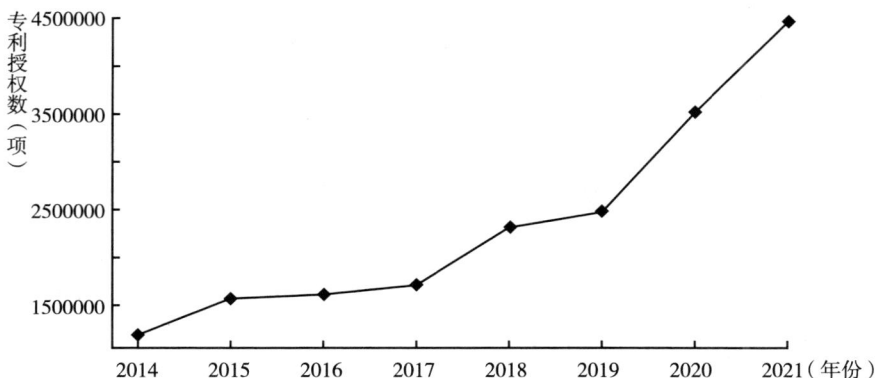

图3　2014~2021年国内外专利授权数

资料来源：国家统计局数据平台，通过"国家数据—年度数据—科技—国内外三种专利申请授权量"查阅。

（2）科技创新水平区域差异明显。图4展示了各省2022年每万人专利授权数。科教大省、经济发达省份的专利授权数排在前列。北京每万人91.02项；江苏每万人75.27项；紧随其后的分别是上海、天津、浙江、广东等，每万人专利授权数分别为72.45项、71.83项、70.77项和68.91项。

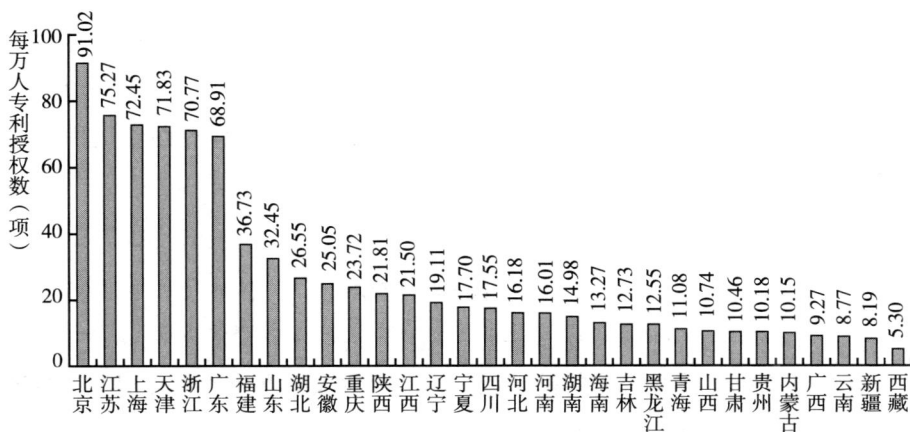

图4　2022年全国31个省份每万人专利授权数

资料来源：国家统计局数据平台。

（3）高新技术产品产出水平有待提升。统计数据显示，2022年中国人均高新技术产品出口额为667.19美元，在全球有统计数据的260个国家中处于中等水平。与高新技术水平较高的发达国家相比仍有不小差距。例如捷克人均高新技术产品出口额达到3930.84美元，德国和丹麦分别为2521.08美元和2109.75美元。① 一方面，从时间维度来看，国内每万人专利授权数不断攀升，科技创新水平不断提升。另一方面，具有含金量的高新技术创新仍有待加强。人均高新技术产品出口额虽然不能完全反映高新技术的发展水平，但从横向的国际比较中，仍有较大的参考价值。

综上，在我国，人口素质所包含的健康、教育等方面在近年来都获得了较大发展，从而较好地推动了人口素质提升。从纵向的时间维度来看，与过去相比，各个指标都得到了快速提升；从国际比较来看，中国在健康和教育领域也取得了辉煌的成绩。值得注意的是，与经济发达国家相比，我国的人口素质还有较大提升空间。在教育领域，我国就读于高等教育的人口占比依然不高，人均受教育水平与发达国家相比，差距并没有明显缩小。我国面临严峻的老龄化压力，老年人能否在晚年获得更高的生命质量，也取决于养老服务体系的完善程度和养老资源的整合程度。在科研创新方面，我国的大多数科研创新仍在中、低端领域，高精尖领域的科技发明创造仍有较大提升空间。简言之，我国人口素质获得了实质性的提高，但仍有较大的提升空间。要真正实现人口高质量发展，今后面临的困难和挑战依然严峻。

五 实证分析

在遴选指标、测算权重的基础上，本部分对人口素质的得分情况进行比较分析，分别从国际和国内两个方面报告了人口素质发展现状。

---

① 人均高新技术产品出口额数据来源于世界银行数据，https：//data. worldbank. org. cn，最后访问日期：2023年6月5日。

（一）国际比较

1. 人口素质

衡量国际人口素质的指标包括人口健康预期寿命、人均高新技术产品出口额和人均受教育年限三个指标。经权重测算后获得人口素质得分。

排名居前十的国家中，有 9 个国家是发达国家，且欧洲国家有 7 个，亚洲国家有 3 个。由此可见，人口素质水平的高低与国家自身的经济发展水平密切相关。中国人口素质还有较大的提升空间。

2. 人均受教育年限

（1）教育水平的洲际差异。人均受教育年限在各洲之间存在较大的差异。从中位数来看，大洋洲国家的人均受教育年限的中位数最大，达到了 12.23 年，其次是欧洲国家，人均受教育年限的中位数为 11.84 年。排名第三的是北美洲，人均受教育年限的中位数为 10.14 年。南美洲的人均受教育年限中位数略高于亚洲，前者为 9.86 年，后者为 9.44 年。人均受教育年限中位数最低的是非洲，为 6.59 年。箱线图的扁平度反映了数据分布的离散程度。从数据离散程度来看，欧洲的离散程度最低，这说明欧洲各国人均受教育年限相对较高，且比较接近，离散程度低。人均受教育年限离散程度比较高的洲有北美洲、亚洲和非洲。亚洲和北美洲的情况类似，即这两个洲的各国人均受教育年限相差较大，水平参差不齐。亚洲国家人均受教育年限最小值为 6.05 年，最大值为 13.68 年，极差达到了 7.63 年。非洲国家人均受教育年限的最大值为 10.58 年，最小值为 3.04 年，极差为 7.54 年，同样是一个较大的极差范围。这说明亚洲各国、非洲各国在教育发展水平上参差不齐，有些非洲国家的教育发展水平已经位居国际前列，而另一些国家则处在全球较低水平。

（2）经济发展与教育水平。世界银行根据各个国家发展水平和现代化程度，将全球各国划分为发达国家、发展中国家和最不发达国家三个类型。图 6 展示了三个类型国家的人均受教育年限的统计结果。从中位数来看，发达国家的人均受教育年限中位数（12.02 年）高于发展中国家（9.38 年）和最不发达国家（5.15 年），差距明显。图 6 显示，发达国家箱线图的箱体

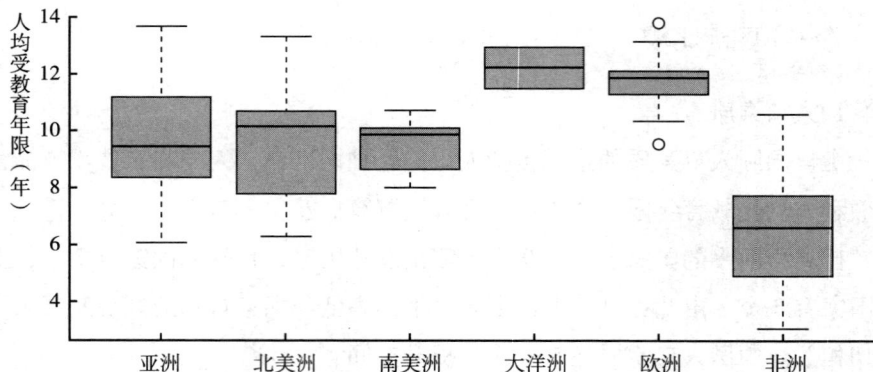

图5　2023年各大洲人口受教育水平差异

资料来源：Barro-Lee education attainment dataset，http：//barrolee.com，最后访问日期：2023年6月5日。

呈现扁平状，表明发达国家类型中的各国人均受教育年限相差较小，离散程度低，而发展中国家和最不发达国家的箱体较宽，说明这类国家人均受教育年限的内部差异较大。总之，图6直观地反映出一个国家的教育与经济发展密切相关。具体来说，经济发展为教育发展奠定基础，而教育发展反过来也为经济发展提供充足的人力资本和前进动力。

图6　2023年不同类型国家的人口受教育水平差异

资料来源：Barro-Lee education attainment dataset，http：//barrolee.com，最后访问日期：2023年6月5日。

（3）我国与教育发达国家相比仍有差距。数据统计显示，2020 年日本人均受教育年限为 12.83 年，美国为 13.32 年①，中国第七次全国人口普查公布的数据为 9.91 年，中国人均受教育年限与发达国家相比仍有不小差距。与其他亚洲国家相比，中国的人均受教育年限也不占优势，在获得完整人均受教育年限数据的 21 个亚洲国家中，中国排在第 14 位（见图 7）。从历时性维度来看，从 1950 年到 2015 年，中国、日本、美国三国人均受教育年限均呈增长态势（见图 8）。在同步增长中，中国与教育发达国家的差距缩小幅度不大。具体来说，与 1950 年相比，中国与日本、美国的教育差距有所缩小，但缩小程度并不明显，而日本与美国的教育差距在不断缩小，甚至趋同。由此可见，尽管自普及九年义务教育政策实施以来，中国人口整体的受教育水平得到了较大幅度的提高，但与教育发达国家相比，差距仍然存在。

3. 人口健康预期寿命

（1）非洲人口健康预期寿命相对较低。图 9 展示了各大洲的人口健康预期寿命情况。从中位数来看，欧洲的人口健康预期寿命的中位数最高，为 70.80 岁，南美洲的人口健康预期寿命中位数为 67.10 岁，比欧洲少了 3.7 岁。再往下依次为北美洲（65.95 岁）、亚洲（65.30 岁）、大洋洲（65.25 岁），这三个州的人口健康预期寿命中位数相差不大，人口健康预期寿命中位数最低的洲是非洲，中位数为 56.20 岁，与欧洲的中位数相差 14.6 岁。由此可见，非洲人口健康预期寿命落后于其他各洲。

（2）经济发展与健康预期寿命关系密切。图 10 是三类不同国家的人口健康预期寿命情况。其中，发达国家的人口健康预期寿命最高，发展中国家居中，最不发达国家的人口健康预期寿命最低。具体来说，发达国家的人口

---

① 日本、美国 2020 年的人均受教育年限数据来自 Barro-Lee 教育数据库，中国数据来自 2020 年全国人口普查数据。由于 Barro-Lee 数据考虑到不同国家学制不同，因此统计方法略有不同，在 Barro-Lee 数据库中，2020 年中国人均受教育年限为 8.89 年，略低于 2020 年全国人口普查数据。为了进行比较，图 7 中国数据仍采用 Barro-Lee 数据库中的数据。

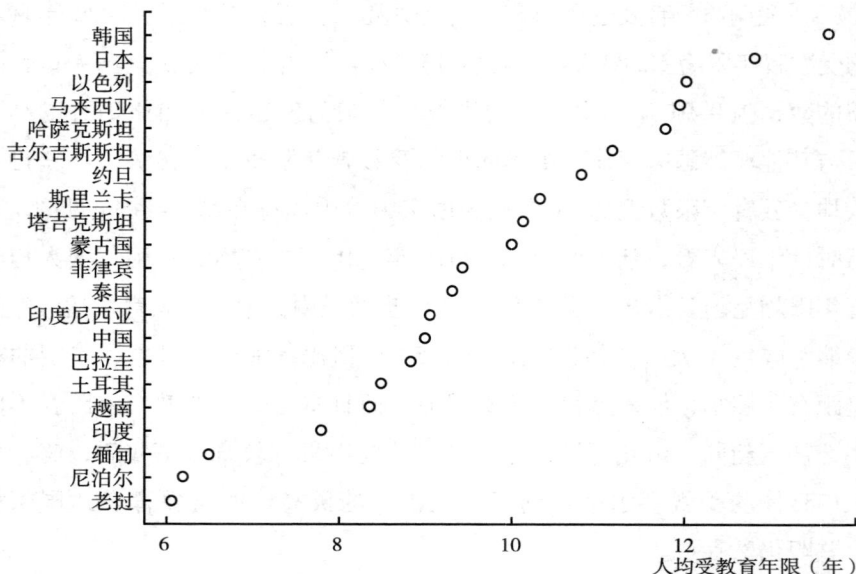

图7 2023年部分亚洲国家人均受教育年限比较

资料来源：Barro-Lee education attainment dataset，http：//barrolee.com，最后访问日期：2023年6月5日。

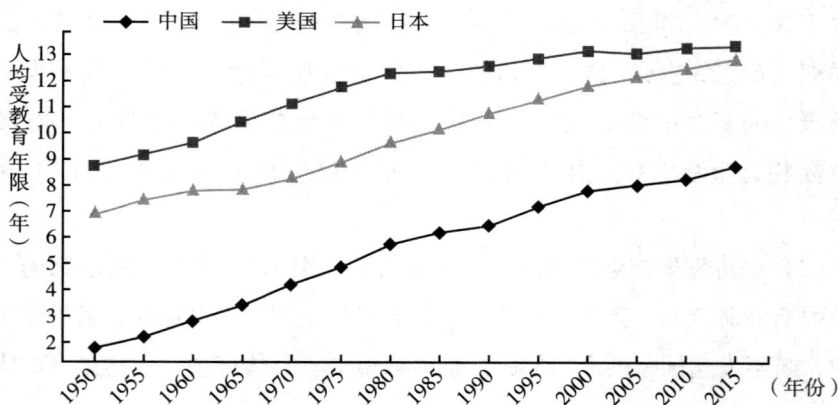

图8 1950~2015年中国、日本、美国人均受教育年限变动趋势

资料来源：Barro-Lee education attainment dataset，http：//barrolee.com，最后访问日期：2023年6月5日。

图9 2023年人口健康预期寿命的洲际比较

资料来源：联合国人口数据库。

健康预期寿命为71.00岁，发展中国家的人口健康预期寿命为64.65岁，最不发达国家的人口健康预期寿命为55.05岁。发达国家与最不发达国家的人口健康预期寿命相差约16岁，差距巨大。不仅如此，发达国家的人口健康预期寿命的内部差异相对较小，而发展中国家的人口健康预期寿命内部差异较大。

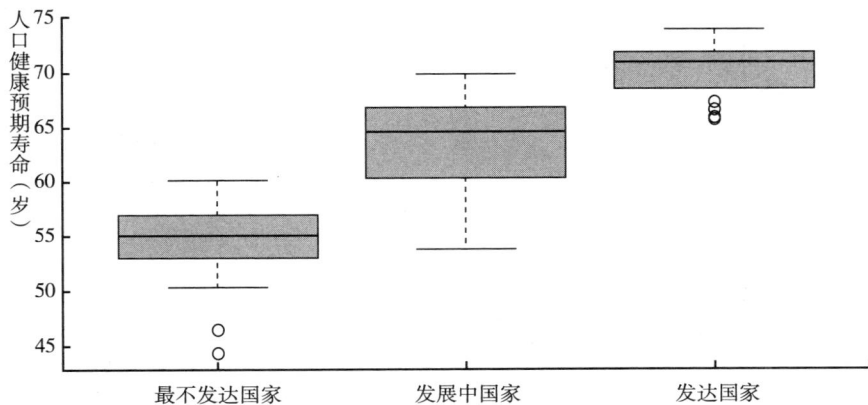

图10 2023年不同类型国家人口健康预期寿命比较

资料来源：联合国人口数据库。

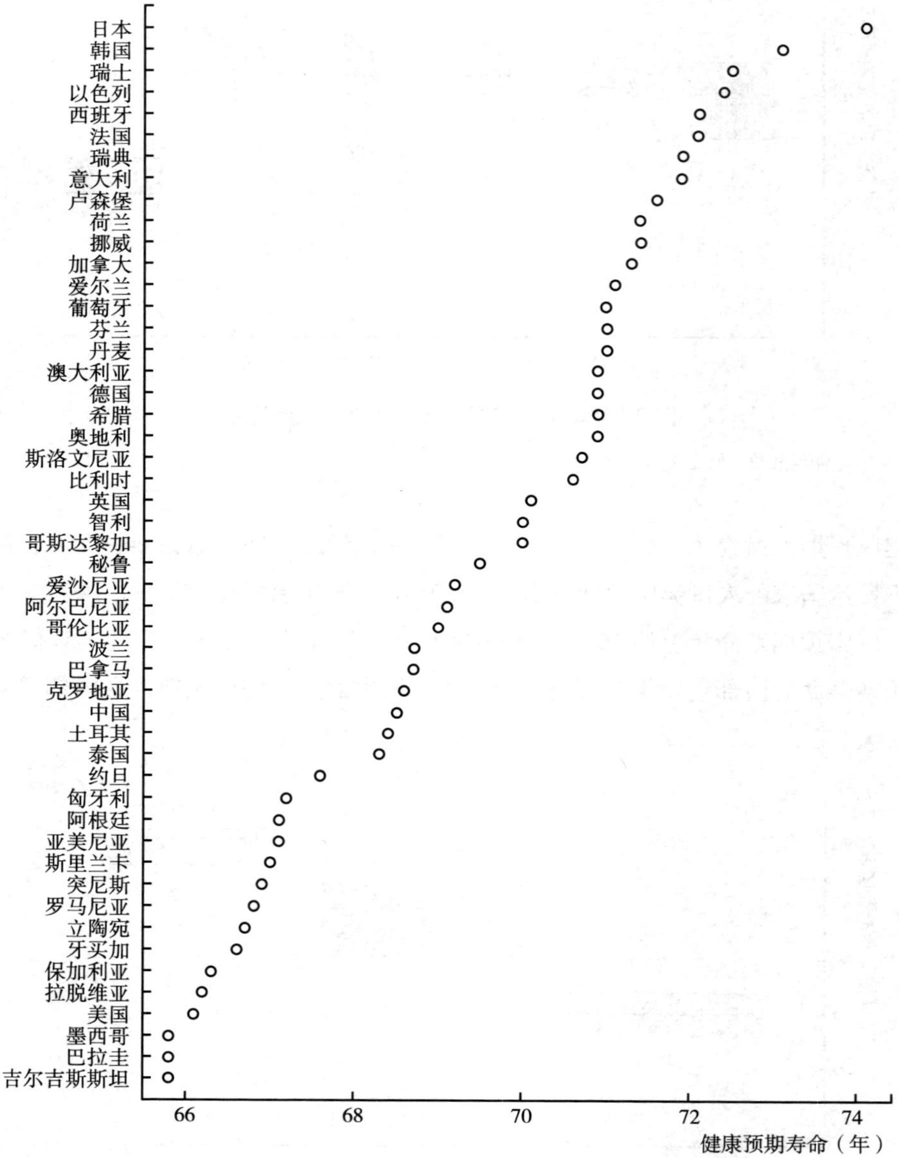

日本
韩国
瑞士
以色列
西班牙
法国
瑞典
意大利
卢森堡
荷兰
挪威
加拿大
爱尔兰
葡萄牙
芬兰
丹麦
澳大利亚
德国
希腊
奥地利
斯洛文尼亚
比利时
英国
智利
哥斯达黎加
秘鲁
爱沙尼亚
阿尔巴尼亚
哥伦比亚
波兰
巴拿马
克罗地亚
中国
土耳其
泰国
约旦
匈牙利
阿根廷
亚美尼亚
斯里兰卡
突尼斯
罗马尼亚
立陶宛
牙买加
保加利亚
拉脱维亚
美国
墨西哥
巴拉圭
吉尔吉斯斯坦

健康预期寿命（年）

66   68   70   72   74

图 11　2023 年部分国家人口健康预期寿命比较

资料来源：联合国数据库。

（3）中国人口健康预期寿命有增长潜力。限于篇幅，图11展示了全球人口健康预期寿命排在前50位的国家。排在前十位的国家依次为日本、韩国、瑞士、以色列、西班牙、法国、瑞典、意大利、卢森堡、荷兰。人口健康预期寿命排名居前列的国家中欧洲国家占据绝大部分，亚洲仅日本、韩国和以色列进入前十名，其他国家均为欧洲国家。在全球排名前100的国家中，中国人口健康预期寿命为68.5岁，排在全球第33位。同为亚洲邻国的韩国和日本的人口健康预期寿命分别为73.1岁和74.1岁，分别高于中国4.6岁和5.6岁，因此，中国人口健康预期寿命在未来有较大增长潜力，也是未来提升人口高质量发展水平的重要方向。

4. 高新技术进出口额

（1）欧洲国家高新技术产出优势明显。图12展示了各大洲的人均高新技术出口额情况。其中，欧洲"一骑绝尘"，领先其他大洲，优势明显。需要说明的是，尽管原始数据用美元为单位，但各国人均高新技术出口额的差距太大，故对原数据取对数，缩小数据本身过大的差异，变换后的数据可比性更强。欧洲人均高新技术出口额对数值较高，中位数为6.92，数值最低的为非洲，接近于0。其他各州处于中间水平，相差不大。具体来说，亚洲人均高新技术出口额对数中位数为3.47，大洋洲为3.13，南美洲为2.66，北美洲为2.23。

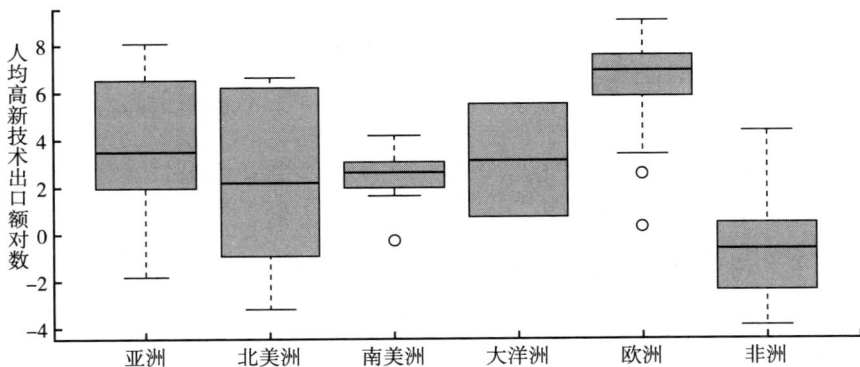

图12　2023年人均高新技术出口额洲际比较

资料来源：世界银行数据库。

（2）发达国家人均高新技术出口额遥遥领先。人均高新技术出口额反映了国家或地区科学创新资源转换能力的高低，也反映了人力资本转化为科学技术的重要中间过程。图13呈现了不同国家高新技术出口额情况，从最不发达国家、发展中国家到发达国家，人均高新技术出口额对数不断提高。具体来说，最不发达国家人均高新技术出口额对数的中位数接近于0，发展中国家人均高新技术出口额对数的中位数为2.43，发达国家人均高新技术出口额对数的中位数为7.07。高新技术的出口不仅推动了出口国的经济发展，也在一定程度上促进了全球新技术的普及、交流与提升。

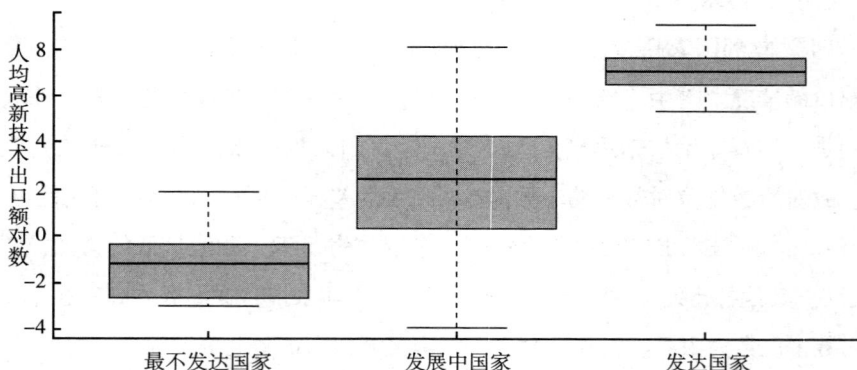

图13 2023年不同类型国家的人均高新技术出口额比较

资料来源：世界银行数据库。

（3）中国高新技术产出的提升空间较大。高新技术出口额排名前十的国家依次是爱尔兰、荷兰、比利时、瑞士、马来西亚、韩国、德国、奥地利、丹麦和匈牙利。在全球国家中，我国人均高新技术出口额位居全球第25（见图14）。与排在前列的高新技术出口大国相比，有不小的差距。因此，提高知识和技能的转化率也成为未来我国人口高质量发展的重要着力点之一。

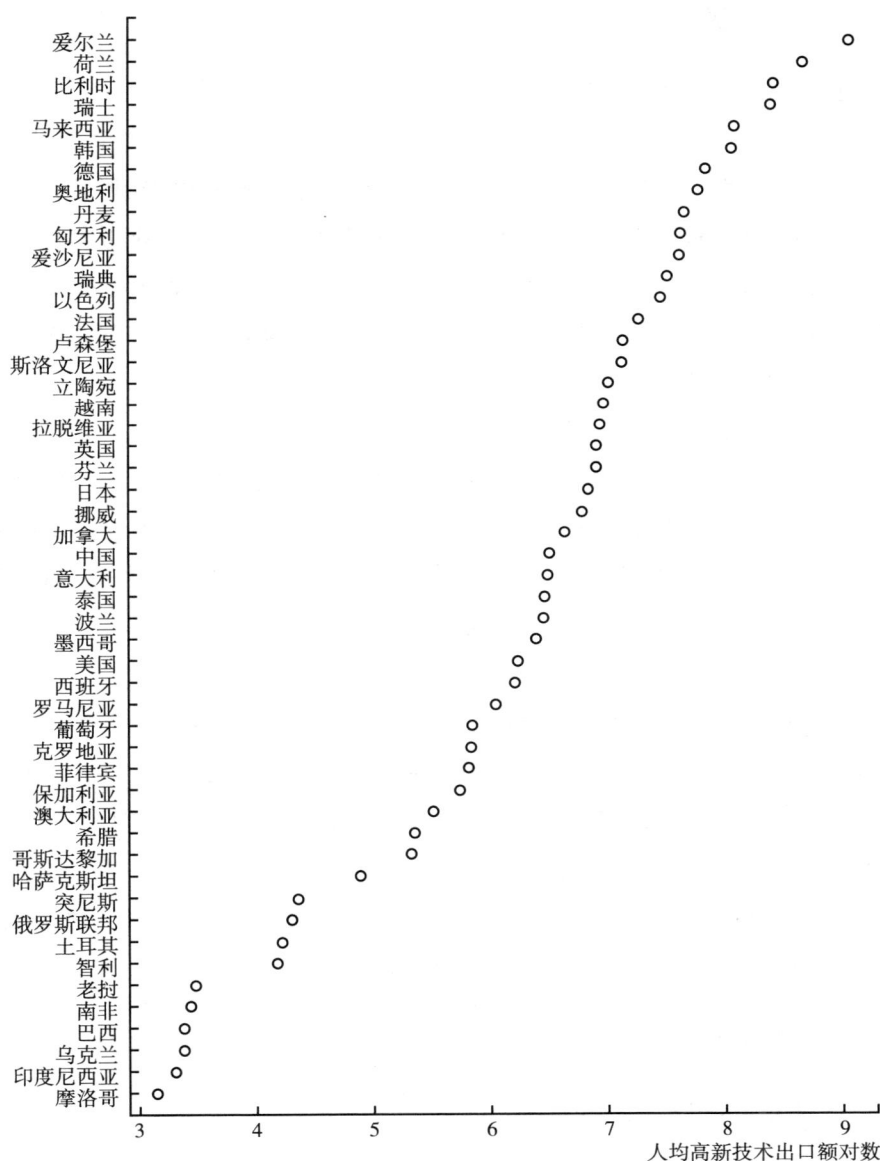

图 14　2023 年部分国家人均高新技术出口额比较

资料来源：世界银行数据库。

（二）省级比较

1. 教育水平存在区域分化

人均受教育年限是衡量人口受教育水平的重要指标。自1980年以来，中国教育发展取得了长足的进步，不仅人均受教育年限获得持续增长，各地区之间人口受教育水平之间的差距也在不断缩小。但从指标的测度要求来看，随着教育的发展，人均受教育年限越来越接近，指标的辨识度将会下降。因此，需要根据教育发展阶段的不同采用新的测量指标，以保持人口教育素质测度的精确性。

2. 人口健康倚重地方经济发展

老年人口失能率是反映人口健康状况的重要指标。我国老年人口失能率较高的省份主要集中于西南和东南地区，而珠三角、长三角等经济发达地区，老年人口失能率相对较低。这说明老年人健康水平很大程度上倚重地方经济发展和卫生医疗系统提供的支持。

3. 科技产出

科学技术是第一生产力，人口科技创新水平的高低很大程度上反映了人口质量的高低。每万人专利授权数是指既定时间内（1年），每万人产生的专利授权项数，每万人专利授权数越多，则人口对科技发展的贡献越大。北京、天津、江苏、上海、浙江、广东等地区的每万人专利授权数名列前茅，而其他省份每万人专利授权数相对较少，且差异不大。这说明其他地区人口的科技创新能力偏低，应增加人力资本投入，并提高人力资本与科技创新的转化率。

（三）地级市人口素质

1. 地级市人口素质发展情况

人口素质得分靠前的城市有深圳、东莞、中山、珠海、广州、南京、佛山、杭州、厦门、苏州、郑州、无锡、武汉、太原、青岛、西安、乌鲁木齐、石家庄、常州、克拉玛依等。可以看出，人口素质得分较高的城市主要集中于沿海经济发达城市或省会城市。

从行政区划来看，中国地级市人口素质存在区域差异（见图15）。华北地区的城市人口素质水平最高，中位数为13.51，东北地区、华东地区和中南地区次之，中位数分别为12.28、10.64和10.18，西北地区和西南地区的人口素质水平相对较低，中位数分别为9.06和8.43。

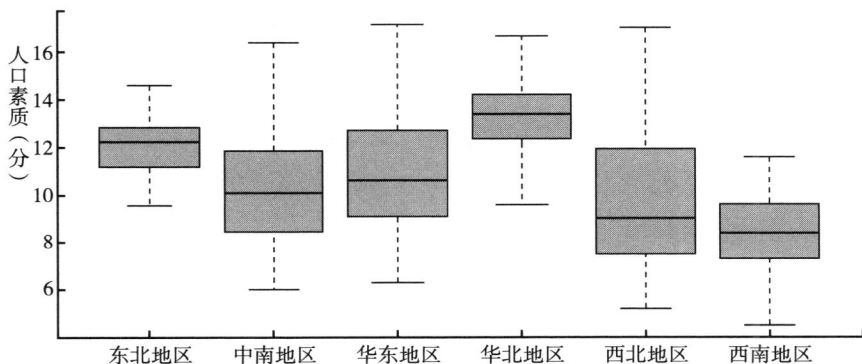

图15　2020年我国人口素质行政地区差异

资料来源：人口高质量发展蓝皮书课题组。

2. 地级市人口素质分维度比较

（1）受教育水平。地级市人均受教育年限表现突出的城市包括武汉、西安、深圳、南京、太原、克拉玛依、广州、郑州、乌鲁木齐、沈阳、长沙等（见图16）。

（2）老年人口失能率。图17展示了地级市中老年人口失能率相对较高的城市主要坐落于我国西部地区。这一方面可能与医疗发展水平相对落后有关，另一方面也可能与环境因素及饮食习惯等有关。

（3）科技产出水平。图18展示了地级市每万人专利授权数。表现突出的城市主要包括深圳、东莞、中山、珠海、佛山、苏州、广州、拉萨、厦门、杭州、南京、宁波、嘉兴、无锡、常州、湖州、绍兴、金华、青岛、镇江、温州、台州、武汉、泉州、扬州、合肥等。这些排名居前列的城市大都处于珠三角和长三角城市带。人均科技产出水平高可能与人口流动、人才聚集等因素有关。

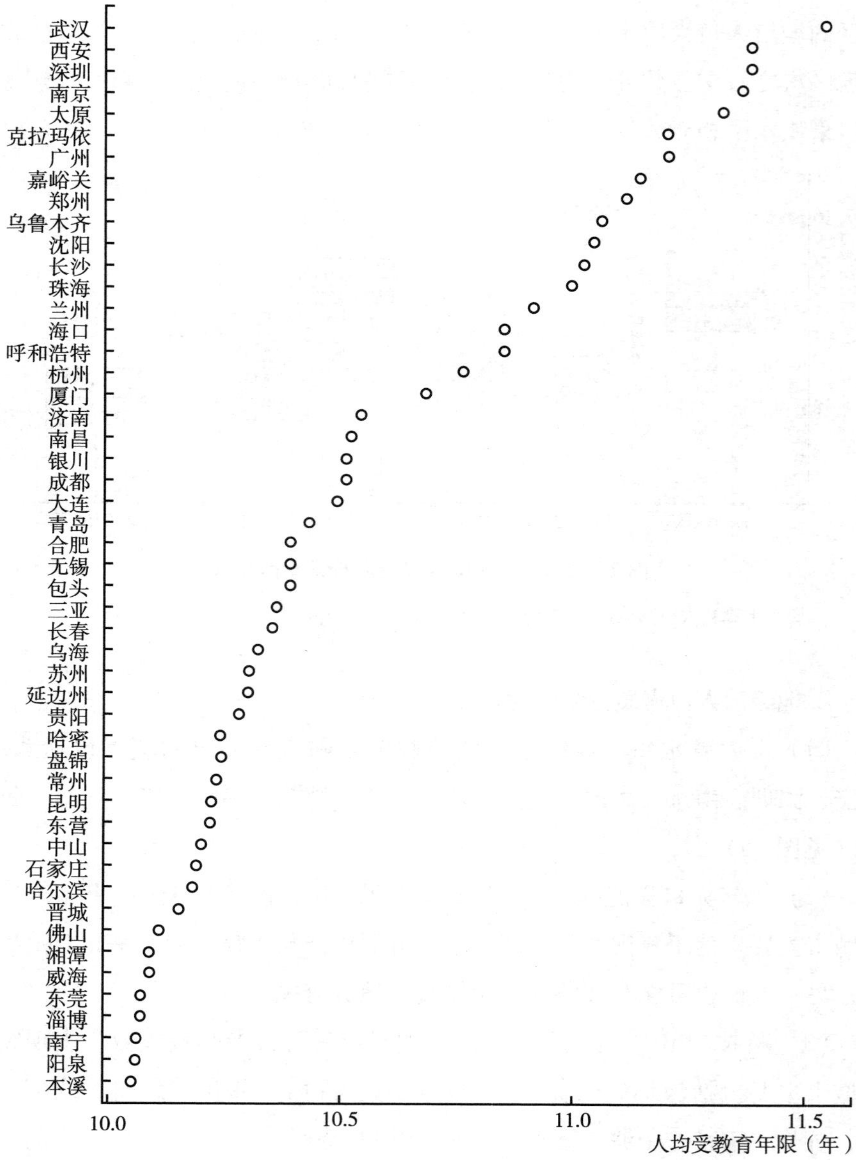

图 16　2020 年我国部分地级市人均受教育年限比较

资料来源：国务院第七次全国人口普查领导小组办公室编《中国人口普查年鉴-2020》，中国统计出版社，2022。

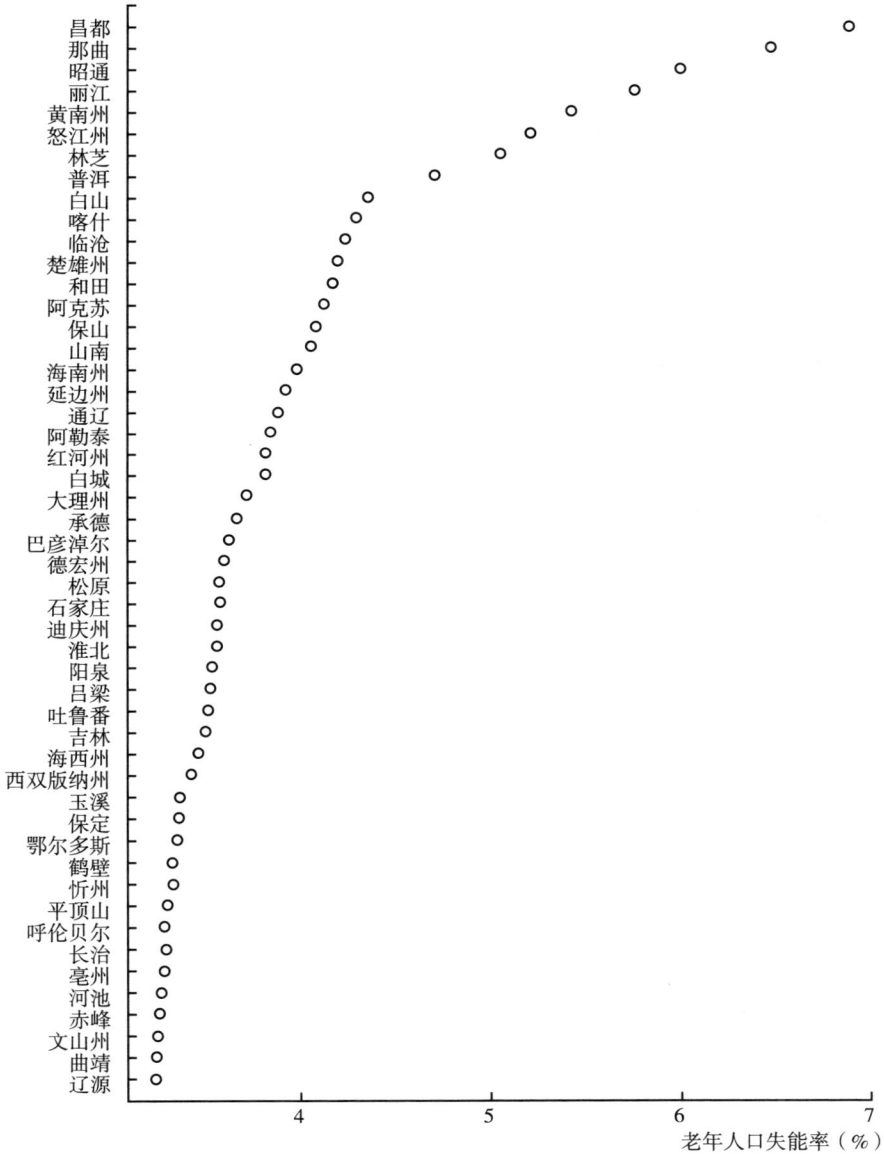

图 17　2020 年我国部分地级市老年人口失能率比较

资料来源：国务院第七次全国人口普查领导小组办公室编《中国人口普查年鉴-2020》，中国统计出版社，2022。

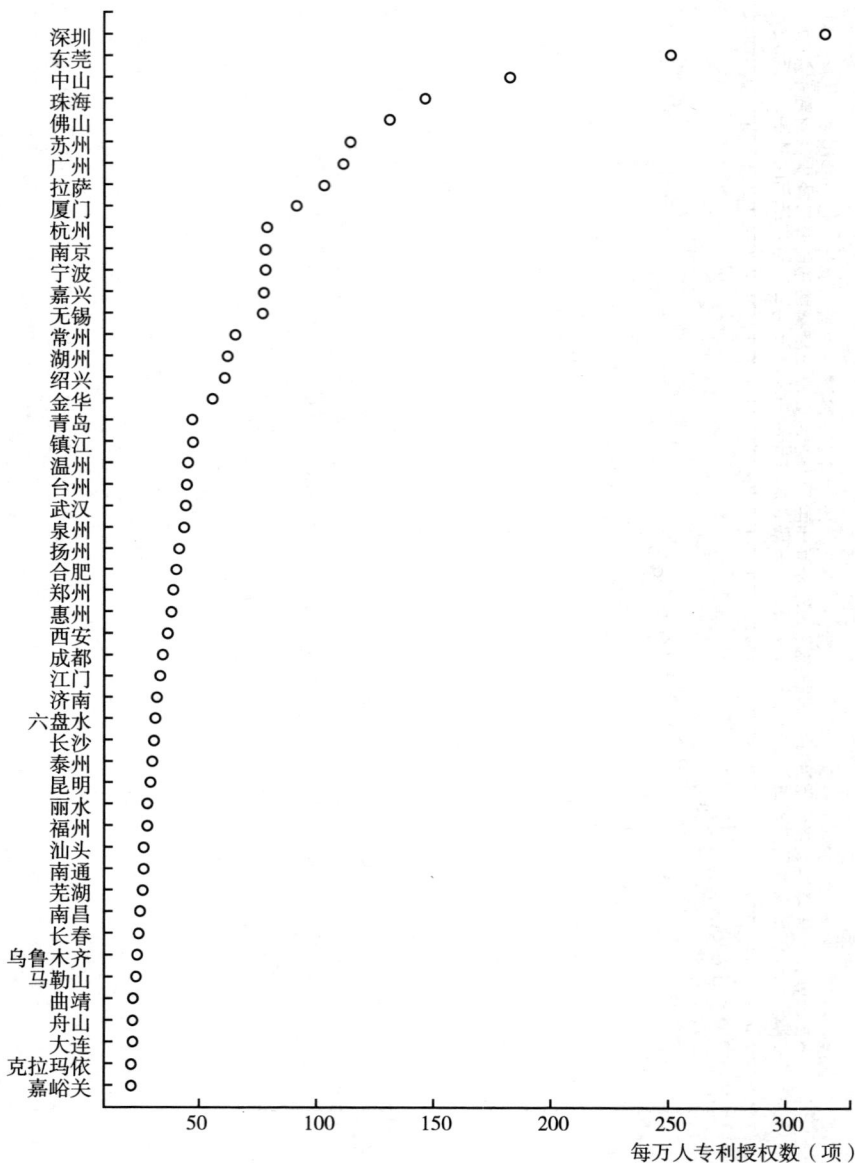

图18　2020年我国部分地级市每万人专利授权数比较

资料来源：国务院第七次全国人口普查领导小组办公室编《中国人口普查年鉴-2020》，中国统计出版社，2022。

六　结论与建议

人口素质是人口高质量发展的关键指标，通常包括三个方面：思想道德素质、科学文化素质和人口健康素质。考虑到理论的契合性与数据的可获得性等多重因素，最终采用教育、健康、高新技术进出口额三个指标来测度人口素质发展水平。基于国内、国外权威部门发布的公开数据，对国内外人口素质发展情况做了初步分析与比较，有以下几点结论，并提出了一些思考和建议。

（一）结论

1. 全球人口素质发展呈现区域分化特征，发达国家优势明显

人口素质发展水平位居前列的国家以欧美发达国家为主，经济因素在推动人口素质发展中起到了至关重要的作用，使得发达国家、发展中国家与最不发达国家之间形成渐次分化格局。中国人口素质水平与排名居前列的发达国家相比，还有较大的提升空间。人口素质的三个分指标同样呈现区域分化特征。

在教育发展方面，中国得益于普及九年义务教育政策的实施，人均受教育年限有了较大幅度的增加，但与欧美发达国家相比仍有不小的差距。从动态变化来看，中国的教育发展并没有明显地缩小与教育发达国家之间的差距。以日本和美国作为比较对象，1950~2020年，美国和日本的人均受教育年限差距在缩小、趋同，但中国与它们的差距缩小得并不明显。

在人口健康预期寿命方面，发达国家领先于发展中国家与最不发达国家。其中，非洲地区人口健康预期寿命平均水平远远低于其他各大洲。在全球人口健康预期寿命百强国家中，中国人口平均健康预期寿命为68.5岁，排在全球第33位。同为亚洲邻国的韩国和日本健康预期寿命分别为73.1岁和74.1岁，分别高于中国4.6岁和5.6岁，因此中国人口健康预期寿命在未来仍有较大增长潜力，也是未来提升人口高质量发展水平的重要方向。

在人均高新技术出口额方面，主要发达国家同样位居世界前列。排名前10的国家主要位于欧洲，提高知识和技能的转化率也是未来推动我国人口高质量发展的重要着力点之一。

2. 国内人口素质发展呈大城市极化效应，高度依赖地方经济与人才聚集

与全球人口素质发展类似，国内的人口素质发展也呈现很强的区域分化特征。在省级层面，人口素质发展水平得分较高的省份为北京、上海、浙江、天津、江苏、广东、福建、辽宁、山东等经济发达省份。从地市级层面，人口素质发展较好的城市主要集中于大城市（省会城市），呈现大城市极化效应。这种效应与地方经济发展和人口流动、人才聚集密切相关。无论是教育发展、人口健康状况还是科技产出，大城市极化特征都十分显著。

（二）思考及建议

1. 正确认识人口素质分化特征，实施差异化发展策略

应从两个层面来看待人口素质发展出现的区域分化现象。一是国际层面，要正视中国与发达国家在人口素质发展上的差异，通过深化相关研究，借鉴发达国家先进经验，结合中国实际，提出促进中国人口素质发展的对策，为促进中国人口高质量发展提供新启示；二是国内层面，要认识到人口素质的区域分化是经济发展、人才流动、产业基础、资源禀赋等多重因素综合作用的结果。在人口总量负增长、老龄化程度不断加深的背景下，不同地区提高人口素质的具体方向、目标有所不同。对于大城市而言，可通过优化人口结构、吸引人才集聚、加快产业转型等方式来实现。对于中小城市而言，应着力从补齐人口素质短板、促进整体人口素质提升的角度来定位人口高质量发展方向。

2. 完善教育均衡发展政策，优化教育资源配置

通过增加对中西部基础教育的投入、加强师资队伍建设，提升教学质量。同时，也应重视中国人口的总量变化与人口结构变动对教育资源配置的影响。在老龄化程度不断加深的背景下，盲目的教育投入和师资增补可能会

带来资源浪费。如何在合理地促进当前人口教育质量提升的同时，避免教育资源浪费，已成为教育资源优化配置的重要原则。我国教育资源不平衡表现在多个方面。从全局来看，我国中西部地区的教育总体水平低于沿海发达地区，这是区域之间的不平衡。对此，一方面，可以通过加大教育投入力度，来改善办学条件、增加师资力量；另一方面，以国家银龄教师行动计划为契机，充分挖掘沿海发达地区退休教师资源，为中西部师资薄弱地区提供支持。基于国家政策，积极探索制订退休教师人才资源方案，用好用足政策红利，充分发挥退休教师师资优势，解决地区之间教育资源不均衡问题，助推全国教育高质量发展。从局部来看，我国城乡之间的教育资源不平衡表现为城乡教育差异，农村教育发展从软实力到硬指标都落后于城市。人口家庭化流动使农村适龄儿童选择跟随父母迁移至城市上学已成为一种普遍化模式。与此同时，生育率降低使农村地区的适龄儿童总量在减少。在双重因素影响下，乡村教育资源配置也面临两难困境。

3. 完善医疗保障体系，促进人口健康服务质量提升

一是建立健全全民医疗保障体系，缩小城乡医疗资源差距。重视基层医疗服务的建设和水平提升，确保基层医疗机构有足够的资源和能力提供基本的医疗保健服务，使基层群众在家门口就能得到有效的医疗服务。逐步实现医疗保险的全覆盖，特别是对农村和低收入群体，要确保他们能够获得必要的医疗保障。同时，应优化医疗保险的报销流程，简化手续，提高报销效率。二是鼓励公众参与健康管理。鼓励公众对健康状况进行自我管理，提高自我保健能力。例如，可以推广各类健康自我管理项目，提供健康自我管理工具和资源，推广健康管理知识。通过各种渠道，如社区活动、学校教育、媒体宣传等，普及健康管理知识，提高公众对健康问题的认识和理解，帮助公众养成良好的生活习惯。三是培养专业人才，提升医疗服务质量。加强医学教育和培训，培养更多的医疗保健专业人才，以满足不断增长的医疗保健需求。加强对医疗服务质量的监管，通过建立完善的评价机制和奖惩机制，鼓励医疗机构提升服务水平，改善患者就医体验。四是加强投入，促进医疗技术发展。加大医疗研究和发展投入，利用最新的科技成果来改善医疗服

务，例如发展人工智能辅助诊断技术、创新药物治疗等。利用现代信息技术，发展远程医疗，使偏远地区的群众也能享受到优质的医疗服务。

4. 激发科技创新活力，提高科研成果转化率

一是政府和企业应增加对科技创新的投入，包括对基础研究、应用研究和开发的投入。确保有足够的资金支持科研人员的创新活动。二是优化创新环境。建立开放、包容、协作的创新文化，鼓励创新思维，允许失败，并从中学习。为科研人员提供良好的工作环境和条件。三是建立科技创新激励机制，加强人才培养。通过设立科技奖励、实施股权激励等方式，激发科研人员的创新热情和动力。培养和引进具有创新精神、实践能力和国际视野的科技人才。同时，提高全民科学素质，为科技创新奠定强大的人才基础。积极参与国际科技交流与合作，引进国外先进技术和管理经验，提高我国科技的整体水平。

5. 借鉴国际先进经验，共同推动人口素质发展

借鉴国际先进经验，参与国际合作项目，共同研究提高人口素质问题的解决之道。同时，在国际舞台上积极展示和分享中国在人口高质量发展方面的成果和经验，提升国际影响力。人口高质量发展是一项系统工程，需要政府、社会和个人共同努力，共同推动人口素质的全面提升，为中国经济社会的可持续发展奠定坚实基础。

B.4
人口经济发展报告

朱 晓[*]

摘 要： 本报告聚焦人口经济发展维度，并选用经济发展指标对世界不同国家和地区、中国省级和地市级城市的人口经济发展状况进行测度。首先，论证了经济增长、经济发展、经济高质量发展概念的内涵及不同。从古典经济增长理论、新古典经济增长理论、内生经济增长理论、马克思政治经济学理论、五大发展理论对人口经济发展内涵进行理论层面的剖析。对现有国内外学者提出的经济发展测量指标和指标体系进行评价，并在此基础上，根据权威性、可获得性、可比较性等原则，选择人均 GDP、调整后的人均国民净收入作为国际指标，选择全要素生产率（省级层面）和人均 GDP（地市层面）、居民人均可支配收入作为国内指标来对人口经济发展水平进行测量。分析结果显示，国际层面人口经济发展排名靠前的国家分别为卢森堡、瑞士、挪威、爱尔兰、美国等，中国省级层面人口经济发展排名靠前的有上海市、北京市、浙江省、江苏省、广东省等，地市级层面人口经济发展排名靠前的有深圳、苏州、无锡、南京、克拉玛依等。

关键词： 经济高质量发展 人均 GDP 全要素生产率 人均可支配收入

一 概念内涵

"经济"一词是"经邦"、"经国"和"济世"、"济民"等词的综合和

---

* 朱晓，博士，南京邮电大学人口研究院助理研究员，主要从事智慧养老、流动人口、家庭政策等方面的研究。

简化，其在中国古代文化中内涵丰富。其中，经济有经世济民之义，即治理世事安定民生。《晋书·殷浩传》提到："足下沉识淹长，思综通练，起而明之，足以经济。"唐袁郊《甘泽谣·陶岘》："岘之文学，可以经济。"在西文词汇中，"economy"的概念含义更复杂含混。严复对"经济"一词的理解与使用是源自古汉语语境的"经济"和汉语的日语借词（return loan）"经济"，然而他认为日译词的"经济"与汉语中"经济"之意相差甚远，同时他又认同语言会随着社会、历史的变迁而发生转变，产生新词义，或扩充新词义，并逐渐被社会所接受。① 可见，将 economy 译为"经济"有其独特的形成史。现代"经济"这一概念并无统一的界定。人们在日常生活中习惯将"经济"理解为用较少的人力、财力等成本获取较大的收益，"经济"可以反映出一个国家或企业、个人的收支状况。从传统政治经济学来看，"经济"是指物质资料的生产和再生产过程，包括生产力和生产关系两个方面。"发展"是一个动态的范畴，从字面上理解是事物由小到大、由简单到复杂、由低级到高级的变化。哲学认为"发展"的内涵在于事物的本性不断变化与超越，是主客体之间由实践产生并通过不断变化来满足事物主体达到完善需求的一种价值趋向。历史学认为"发展"是不以人们的意志为转移的，遵循客观事物趋向更高级的演进规律。

（一）从经济增长到经济发展

20 世纪 60 年代之前，学者更多是从增长的角度来理解经济发展。关于经济增长的概念，宏观经济学给出的定义是一个经济体在一定时期内产品及服务的总和与前期相比实现的增长，产出包括扩大再生产和提高生产效率所获得的增加，考虑到人口因素，应表现为人均产出的增长。经济增长更多是体现"量"的概念，通过主要指标数量的变化来反映经济运行的状况及经济增长的快慢。

---

① 刘瑾玉：《一项概念史角度的考察：economy 汉译名与中国古代经济词汇的对接》，《东方翻译》2019 年第 1 期。

　　然而，经济增长过程中也出现了许多质的方面的变化，如经济结构的失衡、地区发展的不协调、贫富分化的加快、环境污染等问题不断涌现，追求经济数量增长所付出的各类成本亦不能被忽视。[①] 因而，经济学家们又将关注点转移至经济增长的质量上，认为经济增长的质量是经济增长数量达到一定发展阶段的产物[②]，可以通过探究经济增长内在的性质与规律，并从增长过程和结果两个方面进行考察。也有认为质量是对经济增长的评价，狭义上的经济增长通常被定义为经济增长的效率。[③] 可见，数量和质量是经济增长过程中紧密联系又有各自侧重的两个方面，数量强调经济增长过程中量的扩张，从速度和规模对经济增长的数量和成效水平进行揭示，而质量侧重经济增长过程中质的提升。世界银行在《增长的质量（第二版）》中提出，发展的核心是提升人民的生活质量，认为在观察经济增长过程时要关注三个方面，即所有的资产（投资实物和人力资本、保护自然资本）、强调分配的重要性、良好治理的制度框架。[④]

　　相比"增长"，"发展"本身内涵更为丰富，涉及内容也更宽泛。但"发展"本身并没有一个统一的概念，没有普遍被接受的定义和模式。[⑤] 熊彼特指出经济发展为经济体中各种要素的组合变化和新要素实现的新组合，从而改变和替代之前均衡的质态的动态变化过程。[⑥] 金碚认为经济价值和收入、利润和财富等只是实现人类本真价值的工具和手段而已，要在高度发达的生产力基础上实现工具理性和人类价值的统一。[⑦]

　　经济发展和经济增长都是以扩大再生产为前提，但经济发展不仅包含纵

① 王晓慧：《中国经济高质量发展研究》，博士学位论文，吉林大学马克思主义学院，2019，第 15 页。

② 任保平：《经济增长质量的内涵、特征及其度量》，《黑龙江社会科学》2012 年第 3 期。

③ 刘海英、张纯洪：《中国经济增长质量提高和规模扩张的非一致性实证研究》，《经济科学》2006 年第 2 期。

④ 维诺德·托马斯、王燕：《增长的质量（第二版）》，张绘、唐仲、林渊译，中国财政经济出版社，2017，第 136~138 页。

⑤ 叫婷婷：《经济高质量发展的内涵与测度——一个文献综述》，《金融发展评论》2019 年第 5 期。

⑥ 约瑟夫·阿洛伊斯·熊彼特：《经济发展理论》，叶华译，江西教育出版社，2014，第 59~61 页。

⑦ 金碚：《关于"高质量发展"的经济学研究》，《中国工业经济》2018 年第 4 期。

向内容的扩张，也从横向层面将经济发展相关联的社会、政治、文化等其他因素纳入进来，考虑经济结构、生态环境、社会福利、资源供给等各方面的制度安排和优化。当然，经济发展以经济增长为基础，也必然是经济增长的结果①，但经济增长并不意味着必然的经济发展。

（二）从经济发展到经济高质量发展

经济发展并不是线性增长，而是一个螺旋上升的过程，当量的累积到达一定阶段，必然转向质的提升。同时，经济发展是一个复杂的过程，涉及很多方面的因素，如技术、制度、资源配置、市场需求等。从不同角度来看，经济发展可以有不同的含义和评价标准。从经济总量角度来看，经济发展通常被视为一个国家或地区经济总量、财富增长的过程。这种观点强调了国家的经济实力和竞争力，通过衡量国内生产总值、出口增长、就业率等指标来评估经济发展。从人均收入角度来看，经济发展也可以被视为提高居民生活水平，实现人的更高质量发展的过程。这种观点更侧重于居民收入、教育水平、医疗保障等方面，旨在达到让人民过上更加美好的生活，促进人类全面发展的目标。从可持续发展角度来看，经济发展是不能只考虑当前的经济情况，还要考虑其对环境和社会的长远影响。这种观点强调了生态可持续性、社会公平和环保治理等方面的问题，尽可能减少负面影响，实现经济、环境与社会的协调发展。

经济发展在不同阶段往往有不同的驱动方式。在发展初期，更多是依赖生产要素投入数量的增加来驱动发展，但随着生产要素成本比较优势的降低，必须转向依靠生产要素使用效率的提升，即通过创新驱动来进一步推动发展。中国目前正面临因要素供给效率和资源配置效率变化、资源环境约束增强、创新能力不足等因素带来的经济增长变缓及发展质量不高的现实困境。党的十九大报告明确指出"我国经济已由高速增长阶段转向高质量发展阶段"，中

---

① 景维民、王瑶：《改革开放 40 年来中国经济增长轨迹研究——稳增长、高质量发展与混合经济结构优化》，《现代财经（天津财经大学学报）》2018 年第 12 期。

央经济工作会议上强调"推动高质量发展,是保持经济持续健康发展的必然要求"。中国特色社会主义进入新时代,高质量发展成为中国式现代化的客观选择。经济高质量是一个比经济增长和经济发展更广、更深的质态要求。

"经济高质量发展"与"经济发展"的差别在于"高质量",强调了经济发展过程中质量水平的高级程度。高质量发展就是从意味着"有没有"、"快不快"转向"好不好",不仅重速度,更重质量、结构的调整;不仅谋增长,更要谋发展,追求更高质量,更兼顾效率和公平,更重视民生改善及可持续发展。[①]

"经济高质量发展"与"经济增长质量"从概念上看,既有共性也有差异性。对"经济增长质量"概念的界定主要有两类观点:一类是从狭义上来定义,认为经济增长质量是经济增长的效率[②],如使用全要素生产率来测度经济增长质量;另一类是从广义上认为经济增长质量为一种规范性的价值判断,把增长数量以外的社会、政治、宗教等多种因素纳入经济增长质量的范围,因此经济增长质量的外延难以确定。"经济增长质量"与"经济高质量发展"这两个概念都强调经济增长不能只是一味追求数量的增加及规模的扩张,更要注重结构优化、效率提升、环境改善等质量方面的改变。虽然两个概念均从质的角度对经济成效的品质进行评价,但经济增长质量更侧重从"增长"的视角评价经济成效,是对增长速度的补充。而经济高质量发展侧重从"发展"的视角来反映经济成效的质量等级。经济高质量发展,其要求更高,内涵更广泛,是对经济增长质量理论的升华。[③] 景维民等对我国改革开放 40 年来的经济增长轨迹进行了研究,认为经济稳增长是经济高质量发展的基本前提,宏观和微观层面的混合经济结构优化是驱动力。[④] 马

---

① 李扬、张晓晶:《"新常态":经济发展的逻辑与前景》,《经济研究》2015 年第 5 期。

② 刘海英、张纯洪:《中国经济增长质量提高和规模扩张的非一致性实证研究》,《经济科学》2006 年第 2 期。

③ 任保平:《新时代中国经济从高速增长转向高质量发展:理论阐释与实践取向》,《学术月刊》2018 年第 3 期。

④ 景维民、王瑶:《改革开放 40 年来中国经济增长轨迹研究——稳增长、高质量发展与混合经济结构优化》,《现代财经(天津财经大学学报)》2018 年第 12 期。

茹等认为经济高质量发展更体现了鲜明的时代特征，是对我国经济进入新时代后做出的一个重大判断，是对经济新特征做出的战略指向。①

目前，学界关于经济高质量发展的内涵阐释和统计测度等的研究仍处于起步阶段。对经济高质量发展的内涵，学者往往用不同的视角来理解。部分学者从新发展理念出发，如王永昌和尹江燕认为高质量发展是一种可持续发展，应坚持质量第一和效率优先的原则，按照创新、协调、绿色、开放、共享的新发展理念，能够在生产要素投入少、资源配置效率高、资源环境成本低、经济社会效益好的条件下满足人民日益增长的美好生活需要。② 李浩民从中国特色社会主义政治经济学角度认为高质量发展是新时代"五大发展理念"的目标，其内涵在于满足人民不断增长的真实需要的经济发展方式及结构与动力状态，表现为内涵式扩大再生产和产业链协作特征。③ 也有部分学者从经济发展的驱动力和驱动模式来看，如田国强指出传统的要素驱动模式是一种过渡性的发展模式，经济高质量要从要素驱动转向效率和创新驱动、从为增长竞争转向为民生竞争、加快构建现代化经济体系，并从改革、发展、稳定、创新、治理等进行动态联动与综合治理。④ 陈再齐等提出经济发展质量的高低是相对而言的，要辨别质量高低，不仅需要时间轴上的纵向比较，还需要进行国家间的横向比较。他们认为经济增长速度与经济发展质量之间原本就存在既互相矛盾又互相依存的辩证关系，经济高质量是一种能够保持经济中高速增长、实现创新驱动发展、以人民为中心的绿色发展。⑤ 还有部分学者从微观和宏观视角去理解经济高质量发展。如王一鸣从宏观层面概述了中国转向高质量发展阶段的五大特征，即从"数量追赶"转向"质

① 马茹、罗晖、王宏伟、王铁成：《中国区域经济高质量发展评价指标体系及测度研究》，《中国软科学》2019 年第 7 期。
② 王永昌、尹江燕：《论经济高质量发展的基本内涵及趋向》，《浙江学刊》2019 年第 1 期。
③ 李浩民：《新时代高质量发展框架再探讨：理论内涵、制度保障与实践路径》，《现代管理科学》2019 年第 2 期。
④ 田国强：《中国经济高质量发展的政策协调与改革应对》，《学术月刊》2019 年第 5 期。
⑤ 陈再齐、李震、杨志云：《国际视角下经济高质量发展的实现路径及制度选择》，《学术研究》2019 年第 2 期。

量追赶"、从"规模扩张"转向"结构升级"、从"要素驱动"转向"创新驱动"、从"分配失衡"转向"共同富裕"、从"高碳增长"转向"绿色发展"。① 周振华则从整个社会再生产过程来理解经济高质量发展，认为经济高质量发展不只是单纯的生产过程中要素的投入、配置及产出供给，还包括高质量流通、分配和消费的高度匹配，任何环节的缺失都将影响到经济高质量发展。② 国家发展改革委经济研究所课题组认为，经济高质量发展是以高效率、高效益生产方式为全社会持续而公平提供高质量产出的经济发展，认为经济高质量发展内涵的根本特征是供给体系的质量高、效率高、稳定性强。其中，供给质量高指的是要素投入、中间品投入、最终产出的不同环节质量高；供给效率高是指技术效率高、经济效益好、有持续强劲的动力；供给稳定性强是指经济运行平稳、风险可控、环境可承载、发展成果包容共享。③

总的来看，经济高质量发展是中国基于经济和社会发展的客观规律及现实困境提出的未来经济发展方向。关于经济高质量发展内涵的界定，不同学者有不同的理解和表述，具有一定的主观性和模糊性，但大多数学者都认为经济高质量发展是要改变过去一味追求经济增长数量及过度考虑经济增长数量的短期波动，转为更注重经济发展质量和效益的提升及经济社会的长远发展。

二　理论基础

（一）古典经济增长理论

人们通常将 18 世纪 70 年代至 19 世纪 70 年代这段时期称为古典经济学时期。15 世纪末，资本主义生产关系开始在西欧萌芽和成长，重商主义开

---

① 王一鸣：《百年大变局、高质量发展与构建新发展格局》，《管理世界》2020 年第 12 期。
② 周振华：《经济高质量发展的新型结构》，《上海经济研究》2018 年第 9 期。
③ 国家发展改革委经济研究所课题组：《推动经济高质量发展研究》，《宏观经济研究》2019 年第 2 期。

始兴起，他们认为货币财富积累即为经济增长。但古典经济学批判了这一观点，认为对于一个国家来说，国民财富的真正来源是在本国内进行生产活动过程中能够生产出来的物质产品，并不是人们积累的贵金属。总的来看，古典经济增长理论是一个包含特征不同，甚至是完全不同的各类增长理论学说，代表人物有亚当·斯密（Adam Smith）、马尔萨斯（Malthus）、大卫·李嘉图（David Ricardo）等。亚当·斯密在《国民财富的性质和原因的研究》中明确指出劳动分工、资本积累和技术进步是一国经济增长与数量规模快速扩张的重要途径。[①] 大卫·李嘉图对经济增长持消极态度，认为生产要素中的土地、资本和劳动，其产出的边际报酬是递减的。同时，他又认为资本将其净收入中扣除消费外的剩余部分追加投入到生产中所形成的资本积累能够推动经济增长。此外，他指出技术进步、扩大国际分工、促进自由贸易等途径能帮助国家经济持续增长、避免陷入经济停滞状态。约翰·穆勒（John Mill）认为扩大生产规模可以有效促进经济增长，而资本的增长主要依赖于人们的储蓄倾向及从事生产的人获得生活必需品之后的剩余产品。

古典经济学家们对经济增长理论有着各自的阐释，所用理论和方法多样，但都一致认为经济增长的数量和规模扩张是经济增长的核心问题，并将社会问题的产生归结于经济水平的低下。解决社会矛盾或社会问题的关键在于提振经济，摆脱经济持续低迷的状况。受古典经济学的影响，一些国家通过制定不同程度的干预政策来促进经济快速增长，从而创造大量的物质财富。然而，古典经济学理论也遭到一些经济学家的批判，认为它将最终产值的增长作为发展的目标，却忽视了在发展过程中的个体需求，忽略了个体之间的差异及差异所带来的影响。虽然从宏观层面上实现了社会经济的发展，但始终无法解决贫困、饥荒等社会问题。

（二）新古典经济增长理论

新古典经济增长理论大致形成于 20 世纪 50 年代至 70 年代，以边际效

---

① 亚当·斯密：《国民财富的性质和原因的研究》（上卷），郭大力、王亚南译，商务印书馆，2004，第 1~3 页。

用价值理论、边际分析方法、静态的市场均衡为标志。学者们一般认为哈罗德-多马模型（Harrod-Domar Model）是经济增长理论的第一次革命，即用数理工具建立规范模型并对经济增长进行分析。以阿弗里德·马歇尔（Alfred Marshau）、罗伯特·索洛（Robert M. Solow）等为代表的学者提出的观点和模型是经济增长理论发展的第二次革命。[①] 1956 年，罗伯特·索洛和斯旺（Trevor W. Swan）构建了索洛-斯旺增长模型，为研究人员提供了一个有效的工具来分析不同国家间经济绩效差异及长期经济增长，并探讨经济增长的动力和机制。由于该模型具有较好的解释性，因而也得到了众多经济学家的推崇及应用。在索洛-斯旺增长模型这个经济核算框架内，经济增长主要得益于包括物质资本、技术进步等在内的要素投入，而富裕国家之所以能够采用先进生产技术，并投入更多固定资产和人力资本来推动经济增长，是受其地理位置、市场结构、组织方式等因素的影响。也有学者认为索洛-斯旺增长模型是资本驱动型模型，虽然采取两种投入要素进行生产，但从本质上看，只采取了资本这一投入要素并强调资本在经济增长中的作用，并且当资本面对一个规模报酬递减的生产函数时，经济增长便不可持续了。[②]

新古典经济增长理论与古典经济增长理论的显著差异之一在于新古典经济增长理论在外生技术进步变量中引入了生产函数这一要素来分析经济增长动力。尽管它提出了技术进步是外生的，但并未分析技术进步的原因，以及不能解释不同国家在技术创新水平上的差异性。因而，学者们认为新古典经济增长模型并没有解释清楚经济增长率的变化及背后的根源。

（三）内生经济增长理论

内生经济增长理论是基于新古典模型中理论和方法的缺陷而形成的，它

---

① 杨依山：《经济增长理论的成长》，博士学位论文，山东大学，2008，第 86~88 页。
② 易纲、樊纲、李岩：《关于中国经济增长与全要素生产率的理论思考》，《经济研究》2003 年第 8 期。

认为储蓄率和技术进步并不是孤立存在的外生变量。该理论将技术进步变量内生化，认为技术进步不仅受到外部因素的影响，还受到内生因素的影响，如产业政策和市场环境。这一理论认为经济长期增长的关键因素是内生技术进步，而不是外部推动。内生经济增长理论强调劳动力的重要性，认为劳动力不仅是数量上的投入，还包括个人素质和整体素质，如受教育水平、技能水平及劳动者之间的协作能力等。

内生经济增长理论的基本模型有罗默（Romer）的知识溢出模型和卢卡斯（Lucas）的两部门模型。1986年，罗默提出了知识溢出模型，并将资本、新知识、人力资源、非技术性劳动四个变量作为经济发展的驱动因素。他认为，经济可持续增长的核心是技术创新和新知识，而它们的产生和传播具有溢出效应，使得生产呈现规模收益递增。根据罗默的理论，经济系统中的创新活动使得知识能够成为商品并可以被反复使用，其生产成本只是知识的开发成本，它可以被多次使用而无须追加额外的生产成本。同时，知识在经济中是一种非排他性的资源，一旦被创造出来，其他人也可以通过学习和模仿来受益。因此，一个国家想要长期处于高水平的增长，就应该加大对知识生产部门的投资，提高技术进步率。另一位代表人物卢卡斯在1967年提出了两部门模型，该模型是人力资本溢出效应理论的代表性理论，是从实物资本部门（代表现实世界中的实物资本生产和投资）和人力资本部门（代表人力资本的生产和投资）来研究经济增长和资源配置问题的一般均衡模型。在这个模型中，个体被分为资本拥有者和劳动者。资本拥有者通过投资实物资本和人力资本来获得收益，而劳动者通过出售劳动力来获取收入。他认为人力资本与知识有关但又有所区别。人力资本并不像知识那样以物质资本为载体，而是通过学习和教育获取，并且人力资本还具有一定的竞争性。卢卡斯认为人力资本的积累可以提高劳动者的生产力和创造力，进而推动经济增长。对人力资本的投资可以通过正规学校和非正规学校的选择来进行，即便劳动者没有接受过学校正规教育，他们也可以通过在"干中学"来进行实际训练和实践经验的积累，进而促进人力资本的提升。不管是个人还是企业，都会在权衡投入成本和未来收益后进行这项投资。卢卡斯把人力资本视为索洛-斯旺增长模型中技术进步的一种形式，向他人学习或人们之间的相互学习体现了人力资本中的溢出效应。

总的来看，内生经济增长理论把技术进步完全变为内生动力，认为技术进步和人力资本积累促使生产过程具有规模报酬递增的性质，阻止了资本边际产品的下降和资本产出比的上升。因此，政府制定公共政策应着眼于对教育和研发进行投资，通过新技术的产生来促进经济的可持续发展，而不是围绕经济周期进行宏观调控。

内生经济增长理论与新古典经济增长理论都属于现代经济增长的理论范畴，与古典经济增长理论不同，它们追求通过使用标准化及主流化的研究方法，比如将对经济增长源泉的不同解释放在生产函数中加以比较，使得不同的研究结论之间可以进行比较，或者在此基础上进行扩展及深入。内生经济增长理论为我们了解经济增长提供了新的视角和工具。它强调知识和技术在长期经济增长中的作用，但对知识的研究还远不够深入，知识仍是一个缺乏明晰界定的概念。内生经济增长理论在解释技术进步对长期经济增长的作用时，也有一定的片面性。一些经济学家认为技术进步和制度安排是一种互动关系，制度安排也是长期经济增长的重要动因。[1]

（四）马克思政治经济学理论

马克思称威廉·配第（William Petty）为"政治经济学之父"，并从他那里汲取了很多先进的思想，进而发展出马克思政治经济学一整套理论体系。马克思政治经济学确立了历史唯物主义最基本的原理，阐述了生产力和生产关系、经济基础和上层建筑、社会存在和社会意识等概念范畴及其相互关系。其中，生产力是一种现实性力量，最终实现了物的因素和人的因素的结合。生产力决定生产关系，生产关系的总和构成社会的经济结构，在经济结构之上是上层建筑，包括建立在一定经济基础之上的法律和政治制度、设

---

[1] 潘士远、史晋川：《内生经济增长理论：一个文献综述》，《经济学（季刊）》2002 年第 3 期。

施以及与之相适应的社会意识形态，这些都构成了社会有机体的基本结构。而正是由于生产力和生产关系、经济基础和上层建筑的矛盾运动决定了人类社会的不断发展。

马克思认为，物质资料的生产是整个社会生活及整个历史的基础，物质生活的生产方式制约着整个社会生活、政治生活和精神生活的过程。恩格斯认同马克思的唯物史观，认为这个原理"对于一切历史科学都是一个具有革命意义的发现"，① 因为它揭示了可以通过理解每一个与之相应的时代的物质生活条件，并且从这些物质生活条件中加以引申，就可以深入分析在历史上出现的一切社会关系和国家关系，以及一切宗教制度和法律制度。生产力和生产关系的矛盾是人类社会中最基本的矛盾。随着人们需要的变化和物质生产的发展，生产力总是处于不断发展之中，因而必然与相对稳定的生产关系发生矛盾。同理，经济基础决定上层建筑的性质和发展。当生产力的发展引起生产关系的变革时，必然要求变革建立在原有经济基础之上的上层建筑。因此，当上层建筑及其存在的生产关系变成生产力的桎梏时，就会发生社会变革。② 从唯物主义历史观来看，这一辩证运动法则和辩证分析法也是马克思透视资本主义经济理论（国民经济学）和社会现实的有力武器。此外，虽然他们强调经济因素是推动人类发展的基础，以及推动社会发展归根结底是起决定作用的各种因素间相互作用的过程，但如果将经济因素说成是唯一决定因素，则是对唯物主义历史观的曲解。

对拜物教的批判是马克思政治经济学的重要内容之一，马克思一直在强调不要使物的关系遮掩人的关系，只见"物"不见"人"，将社会生产过程中的诸多经济范畴（或经济现象）误认为一种自然物的本性，追寻或屈从商品、货币和资本，使人的存在意义和价值变成对物的占有，并以物的多少来衡量。这会带来物质世界逐渐丰腴，但是人的精神世界日渐空虚和荒芜。

---

① 《马克思恩格斯选集》（第 2 卷），人民出版社，1995，第 38 页。
② 田心铭：《历史唯物主义基本原理的经典表述——马克思〈《政治经济学批判》序言〉研读》，《思想理论教育导刊》2011 年第 2 期。

马克思的政治经济学批判思想为我国社会主义市场经济的建设指明了方向，并提供着智力支持。正是以马克思主义思想为指引，我国在对市场经济发展历程认知的基础上，结合我国社会主义现代化建设这一最大的实际，逐渐形成了独具中国特色的社会主义市场经济体制。同时，马克思对资本主义制度的批判，对经济拜物教的批判，强调以人为本，重视人的作用，尊重人的创造力，调动人的积极性和主动性也是我国社会发展的重要驱动力，是我国特色社会主义政治经济学所要贯彻的基本思路。[1]

（五）五大发展理念

党的十八届五中全会提出了"创新、协调、绿色、开放、共享"的五大发展理念，这是党中央在马克思主义思想指导下结合我国国情、世情做出的新论断，是对社会主义建设经验教训的科学总结，也是对中国特色社会主义理论体系的新发展，对推动当代中国社会主义事业的发展，特别是经济建设，起到重要的理论指导作用。[2]

一是"创新"发展。科学技术是第一生产力。坚持创新发展，就是要释放科学技术的潜能，通过技术的革新来推动生产力的发展。当然，创新发展不仅仅是技术的创新，还包括理论创新、制度创新等方方面面，不同形式的创新协同发展，才能推进社会经济高质量发展。二是坚持"协调"发展，在社会经济的建设过程中"不断增强发展整体性"，理清政治、经济、文化、生态和社会之间的关系，并妥善处理发展中的不平衡不充分问题，防止走上顾此失彼、片面发展的道路。三是"绿色"发展。社会主义建设既要满足当代社会的发展需要，又要不影响子孙后代的可持续发展，因此其核心在于要实现人与自然关系的良性运转，逐步形成人与自然和谐共生、共同发展的新格局。其中，转变经济发展方式和调整经济结构，是实现绿色发展的

---

① 付文军：《马克思政治经济学批判思想及其当代价值研究》，博士学位论文，兰州大学，2016，第422~434页。

② 付文军：《马克思政治经济学批判思想及其当代价值研究》，博士学位论文，兰州大学，2016，第435页。

重要前提。四是"开放"发展。坚持开放发展是顺应世界经济发展趋势和迎合市场经济规律的必然选择，并且市场经济本身就具有"开放"的属性。在社会主义市场经济建设中，就要依照我国现阶段的实际情况，在坚持经济规律、基本经济制度和四项基本原则的基础上，对社会主义市场经济建设发展过程进行省思与批判，妥善解决所面临的问题，并通过国内和国外联动，推进不同国家和地区间的交流与合作，共同构筑"人类命运共同体"。五是"共享"发展。使全体人民共享社会经济发展成果，不断增强"获得感"和"满足感"，从而迈向共同富裕。一些学者认为五大发展理念体现了生产力与生产关系、发展目的与发展手段、自然环境与人类社会、当前利益与长远利益、发展速度与发展动力这五个方面的统一，必将助力中国未来的发展。①

三 实践发展

国内外学者在使用指标来衡量经济发展程度时看法不一，存有一定的分歧。现有研究大部分使用综合性指标或构建不同类型的指标体系来度量经济发展。

（一）指标建立及应用

虽然单一指标可以在一定程度上量度经济发展程度，但终究因其存在片面性和局限性而在实践应用中受限，因此使用综合指标或构建广义层面多维度多指标的综合评价体系已经成为学术界关注的焦点。

综合指标方面，使用较多的指标是全要素生产率。一是通过全要素生产率研判经济态势并分析其变化规律。如学者们通过测算全要素生产率等指标对我国后疫情时代高质量发展态势进行判断，得出我国自2007年以来，全要

---

① 谷亚光、谷牧青：《论"五大发展理念"的思想创新、理论内涵与贯彻重点》，《经济问题》2016年第3期。

素生产率增速整体呈下降态势，2012 年降至 1.71%的水平，2013 年后增速逐渐恢复，2016~2019 年我国全要素生产率年均增速为 2.86%。[①] 可见，虽然我国经济增长的整体趋势逐步下行，但增长中技术进步的成分占比越来越高，这得益于供给侧结构性改革的制度红利。此外，改革开放以来的技术引进与自主创新带来技术效率提升，要素配置效率的提升对经济高速增长起到重要作用。还有基于 DEA 的 Malmquist 生产率指数对中国 30 个省（区、市）的 TFP 增长进行分析，得出中国在 1978~2001 年全要素生产率呈增长态势，主要原因在于技术进步，累计的 TFP 增长率为 57.8%，其中技术效率提高为 31.13%，技术进步率为 23%，由于技术进步减慢，1997 年之后 TFP 的增长出现递减。此外，人力资本和制度因素对于 TFP 提高以及技术进步都有显著影响。[②] 二是分析其他因素与全要素生产率之间的关系。如使用 169 个国家经济增长的面板数据，分析产业结构转变与全要素生产率之间的演变关系，得出两者之间呈现非线性的"倒 U"形关系，结构转换能加速产业结构的优化过程，可通过促进知识生产和消费来推动以全要素生产率提升为核心的集约式经济增长，但结构转换过快反而会引发产业空心化，产业资本外流和经济"脱实向虚"等会抑制全要素生产率提升。[③] 三是对具体部门全要素生产率进行研究，主要集中在工业和农业部门。如从产业融合的角度研究农业与服务业的融合对农业全要素生产率的影响，得出农业与服务业融合是推进农业现代化的重要抓手，并且可促进农业全要素生产率的提高。[④] 还有的学者使用 1998~2009 年中国工业企业数据库构建面板数据，并用 OP 和 LP 等方法计算企业层面全要素生产率，得出 1998~2009 年中国制造业全要素生产率增长速度为 2%~6%，年平均增长 3.83%。制造业生产率增长

① 汤铎铎、刘学良、倪红福、杨耀武、黄群慧、张晓晶：《全球经济大变局、中国潜在增长率与后疫情时期高质量发展》，《经济研究》2020 年第 8 期。

② 颜鹏飞、王兵：《技术效率、技术进步与生产率增长：基于 DEA 的实证分析》，《经济研究》2004 年第 12 期。

③ 刘志彪、凌永辉：《结构转换、全要素生产率与高质量发展》，《管理世界》2020 年第 7 期。

④ 孙梅：《农业与服务业融合发展对农业全要素生产率的影响——基于乡村振兴战略视角》，《经济问题》2023 年第 10 期。

的来源在于企业成长，即企业自身效率的提升，但企业增长的空间不断缩小，并且不同所有制类型企业的效率差异较大，尤其是国有企业投资效率比民企低，因而提高资源配置效率尤其是国企的资源配置效率是实现可持续内生增长的关键。[①]

在指标体系构建方面，国内学者早在1998年就对我国经济增长质量做过实证分析，并从经济增长潜能、稳定性、协调性、持续性四个方面尝试构建评价体系，其中通过计算国民收入增长率、GNP增长率来代表经济增长率，得出我国在20世纪80年代的经济增长质量总体上与发达国家还有明显的差距，未来促进经济增长的关键在于经济增长方式的转变与适度的经济政策。[②] 也有学者用经济增长结构（产业结构、投资消费结构、金融结构、国际收支）、经济增长的稳定性（产出波动、价格波动、就业波动）、经济增长的福利变化与成果分配（福利变化、成果分配）、经济增长的资源利用和生态环境代价（资源利用、生态环境代价）这4个维度11个分项指标和28个基础指标来构建经济增长质量指数，并对我国1978~2007年的经济增长进行评价，得出我国自经济转型以来，经济增长数量和质量均有所提高，而经济增长质量的提高主要源于资源利用效率的提高和生态环境的改善。[③]

目前，国内关于经济发展的综合测度大多基于新发展理念展开，但在具体维度和指标的选择上仍有一定的主观性，因此指标的选取差异性比较大。如丁涛和顾金亮构建了"5-12"体系，即五大发展理念12个二级指标，选择万人发明专利拥有量、全体常住居民人均可支配收入增长率、城镇居民登记失业率等12个二级指标。[④] 詹新宇和崔培培构建了"5-15-31"体系，即五大发展理念15个分项指标31个基础指标。他们采用主成分分析法来确

---

① 杨汝岱：《中国制造业企业全要素生产率研究》，《经济研究》2015年第2期。
② 肖红叶、李腊生：《我国经济增长质量的实证分析》，《统计研究》1998年第2期。
③ 钞小静、惠康：《中国经济增长质量的测度》，《数量经济技术经济研究》2009年第6期。
④ 丁涛、顾金亮：《科技创新驱动江苏地区经济高质量发展的路径研究》，《南通大学学报》（社会科学版）2018年第4期。

定各单项指数的权重，并通过计算总指数来对我国的经济增长质量进行测度。[①] 陈晓雪和时大红构建了"6-34"体系，即在五大发展理念中加入"有效"的维度，由34个具体指标构成。其中，将人均 GDP、人均财政收入、固定资产投资效果系数、劳动生产率、城镇登记失业率并入"有效"维度。指标采用均值法进行无量纲化和逆向指标正向化处理，再运用离散系数法对指标权重进行赋权并计算综合指数。[②]

还有一些研究并不是以测度经济发展为目标，而是重在探索其他因素与经济发展之间的关系。如魏蓉蓉主要研究金融资源配置对经济高质量发展的作用及效应，因而基于五大新发展理念构建"5-12-17"经济发展评价指标体系，即五大发展理念12个二级指标17个三级指标，包括采用环境污染、资源消耗、绿色财富、投入、产出、城乡协调、区域协调、产业协调、经济共享、社会共享、外贸开放度、金融开放度12个二级指标构建经济高质量发展综合指标体系，用因子分析法计算综合得分。[③] 华坚和胡金昕主要研究科技创新与经济高质量发展的关系，并对我国省级地区的耦合协调度进行评价。他构建了"5-13-29"评价体系，即五大发展理念13个一级指标29个二级指标。[④] 冯梅和李文华研究中国能源消费结构变迁与经济发展的关联性，将经济高质量发展作为被解释变量，并选用城镇居民人均可支配收入、全要素生产率、三产比重、万元 GDP 能源消耗分别代表质量指标、效率指标、动力指标、社会资源利用指标（详见表1）。[⑤]

---

① 詹新宇、崔培培：《中国省际经济增长质量的测度与评价——基于"五大发展理念"的实证分析》，《财政研究》2016年第8期。

② 陈晓雪、时大红：《我国30个省市社会经济高质量发展的综合评价及差异性研究》，《济南大学学报》（社会科学版）2019年第4期。

③ 魏蓉蓉：《金融资源配置对经济高质量发展的作用机理及空间溢出效应研究》，《西南民族大学学报》（人文社科版）2019年第7期。

④ 华坚、胡金昕：《中国区域科技创新与经济高质量发展耦合关系评价》，《科技进步与对策》2019年第8期。

⑤ 冯梅、李文华：《新中国70年一次能源消费结构变迁与经济高质量发展》，《经济问题》2019年第7期。

表1 不同学者基于五大发展理念构建经济发展的指标体系

五大发展理念	维度	具体指标
绿色发展	环境污染[①④] 资源消耗[①④] 绿色财富[①] 环境保护[③]	单位GDP工业固体废物产生量[①]、单位GDP电力能耗量[①③]、人均公园绿地面积[①⑤]、亿元GDP氮氧化物排放量[②]、建成区绿化覆盖率[②]、单位地区生产总值能耗[③]、单位产出大气污染程度[③]、单位产出污水排放量[③④]、单位产出固体废弃物排放量[③]、环保支出/财政支出[③⑤]、万元GDP能耗[④]、单位地区产出耗水量[④]、单位地区产出SO_2排放量[④]、人均森林面积[⑤]、天然气供应量[⑤]、环境污染治理投资占GDP比重[⑤]、城市污水治理能力[⑤]、一般工业固体废物综合利用率[⑤]、生活垃圾无害化处理率[⑤]
创新发展	投入[①] 产出[①] 研发水平[③] 经济增长的效率[③] 效率程度[④] 经济规模[④] 产业结构[④] 投资消费结构[④]	每万人R&D人员全时当量[①]、R&D经费占GDP比重[①②⑤]、每万人专利申请数[①]、技术市场交易额占GDP比重[①]、万人发明专利拥有量[②⑤]、每万人从业人员中R&D人员数[②]、科技企业孵化器面积[②]、分地区国内三种专利申请授权数[③]、科学技术支出占财政支出比重[③]、全要素生产率增长率[③]、技术变动[③]、技术效率变动[③]、资本生产率[④]、劳动生产率[④]、全要素生产率[④]、实际GDP[④]、产业结构合理化[④]、产业结构高级化[④]、投资率[④]、消费率[④]、进入世界500强企业数量[⑤]、平均受教育年限[⑤]、高新技术企业数量[⑤]、技术市场交易额[⑤]
协调发展	城乡协调[①③] 区域协调[①] 产业协调[①③] 投资消费结构[③] 金融结构[③] 经济稳定[③]	城乡居民收入比[①]、城乡居民人均可支配收入差距[②]、高新技术产值占工业总产值比重[②]、各地区人均GDP与全国人均GDP的比值[①]、第三产业增加值占GDP比重[①⑤]、二元对比系数(农业比较劳动生产率/非农业比较劳动生产率)[③④]、二元反差系数(|非农业的产值比重−非农就业比|)[③④]、工业化率(非农业就业人数/总就业人数×100%)[③]、第一产业比较劳动生产率(产值比值/就业比值)[③]、第二产业比较劳动生产率(产值比值/就业比值)[③]、第三产业比较劳动生产率(产值比值/就业比值)[③]、投资率(资本形成总额/GDP×100%)[③]、消费率(最终消费支出/GDP×100%)[③]、存款余额/GDP[③]、贷款余额/GDP[③]、经济波动率(真实GDP的增长率)[③④]、金融机构存款余额/GDP[④]、金融机构贷款余额/GDP[④]、年末城镇登记失业率[④]、消费者物价指数[④]、工业生产者出厂价格指数[④]、城乡人均消费水平差距[⑤]、服务业增加值占第三产业比重[⑤]、人口老龄化程度[⑤]

续表

五大发展理念	维度	具体指标
开放发展	外贸开放度① 金融开放度① 贸易依存度③ 外商投资③④	进出口贸易总额/GDP①③④、外商直接投资额/GDP①③④、(存款+贷款)/GDP①、外商直接投资发展速度②、对外直接投资发展速度②、地区进口总额⑤、接待外国旅游人次⑤、全社会固定资产投资额中外资占比⑤、外商投资企业法人单位数⑤
共享发展	经济共享① 社会共享① 城乡居民收入③ 省域协调③ 公共服务③ 福利变化④ 基础设施④	人均GDP①④、人均公路里程①、人均教育经费①③④、人均医疗卫生机构床位数①、全体常住居民人均可支配收入增长率②、城镇居民登记失业率②、城镇人均可支配收入/农村人均纯收入②、城镇居民家庭恩格尔系数③、农村居民家庭恩格尔系数③、城镇基尼系数③、各地区人均GDP与全国人均GDP的比值③、人均医疗卫生支出③、职工平均工资③、人均城市道路面积④、每万人拥有公共交通车辆数④⑤、建成区绿化覆盖率④、每万人拥有医疗卫生机构数④、居民人均可支配收入⑤、城镇职工基本医疗保险参保人数占总人口的比重⑤、每万人病床数⑤、人均拥有图书馆藏书量⑤、每十万人拥有艺术表演团体机构个数⑤、普通高校生师比⑤

注：表1中的指标分别来自：①魏蓉蓉：《金融资源配置对经济高质量发展的作用机理及空间溢出效应研究》，《西南民族大学学报》（人文社科版）2019年第7期。②丁涛、顾金亮：《科技创新驱动江苏地区经济高质量发展的路径研究》，《南通大学学报》（社会科学版）2018年第4期。③詹新宇、崔培培：《中国省际经济增长质量的测度与评价——基于"五大发展理念"的实证分析》，《财政研究》2016年第8期。④华坚、胡金昕：《中国区域科技创新与经济高质量发展耦合关系评价》，《科技进步与对策》2019年第8期。⑤陈晓雪、时大红：《我国30个省市社会经济高质量发展的综合评价及差异性研究》，《济南大学学报》（社会科学版）2019年第4期。

也有一些研究在以往研究基础上构建经济高质量发展指标体系。如师博和任保平在Mlachila等基础上从强度（实际人均GDP）、稳定度（增长率变异系数的倒数）、合理化（产业结构与就业结构的耦合程度）、外向性（净出口占GDP比重）四个方面构成增长的基本面和由人力资本（人均受教育年限）和生态资本（实际GDP与二氧化碳排放量比值）构成的社会成果来进行评价，综合指标计算采用"最小-最大标准化"方法以及均等权重法赋值，从而得出经济增长质量指数。① 在测度中国地级以上城市经济高质量发展时，师博和张冰瑶又根据发展基本面（包括强度、稳定性、合理化、外向性四个方面）、社会成果（涉及教育和医疗两个领域）、生态成果（涉及气体、液体、固体污染排放）三个维度来构建经济高质量发展指标体系。② 魏敏和李书昊基于经济高质量发展水平测度逻辑，同时兼顾测度指标层次性与数据可得性，构建包括经济结构优化、创新驱动发展、资源配置高效、市场机制完善、经济增长稳定、区域协调共享、产品服务优质、基础设施完善、生态文明建设和经济成果惠民十个子系统 53 个测度指标的经济高质量发展水平测度体系，采用熵权 TOPSIS 进行测度。③ 张震和刘雪梦构建"7-38"指标体系，即 7 个一级指标 38 个二级指标，一级指标为经济发展动力、经济发展开放性、经济发展协调性、经济发展共享性、新型产业结构、交通信息基础设施、绿色发展。④ 马茹等构建了"5-15-28"指标体系，一级指标为高质量供给、高质量需求、发展效率、经济运行、对外开放。其中高质量供给由动能转换（R&D 经费企业内部支出资金与政府资金比、科技进步贡献率）、人才供给（每万名劳动力中 R&D 人员占比、就业人员受过高等教育的比例）和创新能力（R&D 投入强度、万人发明专利授权量）3 个二级指标构成；高质量需求由城镇化进程（人均城市绿地面积、城镇化率）、消费水平（城镇居民人均可支配收入、农村居民人均可支配收入）和消费升级（居民人均交通通信消费支出、居民人均教育文化娱乐消费支出）3 个二级指标构成；发展效率由人力资本贡献率（劳动生产率、人才资本贡献率）、资本产出效率（单位面积土地、单位固定资产投资新增）和生态能源效率（万元 GDP 能耗、主要污染物人均排放量）3 个二级指标构成；经济

---

① 师博、任保平：《中国省际经济高质量发展的测度与分析》，《经济问题》2018 年第 4 期。
② 师博、张冰瑶：《全国地级以上城市经济高质量发展测度与分析》，《社会科学研究》2019 年第 3 期。
③ 魏敏、李书昊：《新时代中国经济高质量发展水平的测度研究》，《数量经济技术经济研究》2018 年第 11 期。
④ 张震、刘雪梦：《新时代我国 15 个副省级城市经济高质量发展评价体系构建与测度》，《经济问题探索》2019 年第 6 期。

运行由增长质量（人均 GDP、GDP 增速）、安全稳定（城镇登记失业率、居民价格消费指数）、产业升级（知识密集型服务业增加值占 GDP 比重、高技术产业主营业务收入占规上工业企业主营业务收入比重）和风险防范（规模以上企业资产负债率、政府债务余额与 GDP 之比）4 个二级指标构成；对外开放由对外贸易（货物进出口总额占 GDP 比重）和利用外资（外商直接投资占 GDP 比重）2 个二级指标构成。他们进一步得出现阶段我国经济高质量发展存在地区非均衡性——呈现东部、中部和东北部、西部依次递减态势——的结论。[1]

还有一些研究认为高质量发展指标体系只是高质量发展评判体系之一，高质量发展评判体系还应包括高质量发展评价的标准体系、政策体系、统计体系、绩效评价体系、政绩评价体系。[2]

总的来看，无论是使用综合指标还是用指标体系来进行度量，大多数研究仍会使用人均 GDP 和人均可支配收入作为重要指标进行测算，还有一些研究会将经济发展的其他内容作为分子，将 GDP 作为分母进行计算来反映经济发展某一方面的情况。

（二）指标度量评价

指标体系是客观评价经济高质量发展水平的关键。从已有研究来看，大多数研究都在理论上阐释经济高质量发展的内涵，认为经济发展内涵丰富，并在此基础上构建多维的指标体系。经济发展评价呈现由单一维度向综合性、多维度的指标体系转变，多维评价已成为研究主流。指标构建的理论基础和理论来源大多基于古典经济增长理论、新古典经济增长理论、内生经济增长理论、五大发展理念等，但学者们在具体指标选取上主观性较强，差异性较大，仍未形成一个公认的评价体系。一方面，在指标体系的构建上或许要遵循时代特征、本土化特征和系统化特征，由于不同人对经济发展的判断

---

① 马茹、罗晖、王宏伟、王铁成：《中国区域经济高质量发展评价指标体系及测度研究》，《中国软科学》2019 年第 7 期。

② 任保平：《从中国经济增长奇迹到经济高质量发展》，《政治经济学评论》2022 年第 6 期。

不尽相同，可能难以设计一套放之四海而皆准的经济发展评价指标。另一方面，部分指标选取可能受制于数据的可获得性等方面的影响，无法完全体现出经济发展的内涵及本质要求，也有部分指标建构过于复杂、指标所揭示的信息存在重复现象以及可操作性较差等问题。因此，在指标的构建上应将理论研究和实证研究相结合，这有助于构建科学合理的经济发展评价指标体系与评价方法，并进行客观公正的评价。

四　指标选择及计算

针对经济增长的研究，宏观经济学者主要使用速度和规模指标对经济增长的成效进行测度，经济史学界长期以来主要从 GDP 和人均收入的历史变化来对经济增长态势进行分析①，而在分析经济增长潜力与动力时，学者们又常使用全要素生产率这一综合性指标。本报告基于指标的权威性、可获得性、可比较性等原则，选择最广为使用的三个指标，分别是人均 GDP、全要素生产率、居民人均可支配收入来进行经济发展度量。

（一）人均 GDP

GDP 是世界上通行的用以衡量一个国家或地区经济运行规模的宏观经济指标，是指一个国家或地区所有常住单位在一定时期内生产活动的最终成果。具体指一个国家或地区包括劳动力、资本和资源等生产要素在一定时期内所生产并实现销售的最终产品和服务的价值总和。1993 年中国将 GDP 正式纳为国民经济核算的核心指标。2019 年，中国实施地区生产总值统一核算，与国内生产总值数据基本衔接。国内生产总值有价值创造、收入形成和最终使用三种表现形式，并分别通过生产法、收入法和支出法来核算，这三种方法又分别从生产、分配、使用三个方面反映生产活动的最终成果。价值创造是指所有常住单位在一定时期内生产的全部货物和服务价值与同期投入

---

① 任保平：《从中国经济增长奇迹到经济高质量发展》，《政治经济学评论》2022 年第 6 期。

的全部非固定资产货物和服务价值的差额，即所有常住单位的增加值之和。收入形成是指所有常住单位在一定时期内形成的劳动者报酬、生产税净额、固定资产折旧、营业盈余等各项收入之和。最终使用是指所有常住单位在一定时期内最终使用的货物和服务价值与货物和服务净出口价值之和。就GDP 三种核算方法而言，生产法和收入法都是先核算国民经济各行业的增加值，以增加值加总得到国内生产总值。支出法是从经济整体的角度来测算最终产品的去向，并从全社会的角度计算国内生产总值。通过三种不同方法计算的国内生产总值，在理论上应该是一致的，因此也被称为三方等值原则。从货物与服务流量的运动过程来看，三方等值原则也体现出了社会最终产品的生产及初次分配结果与社会最终使用的一致性。① 在实际计算过程中，由于资料来源和计算方法不同，所得出的结果会出现统计误差，只要统计误差在一定的可接受范围内，结果的不一致性是可被接受的。世界各国GDP 数据都不是一次核算就固定不变。在各国 GDP 核算中，GDP 的初步核算数据通常更注重时效性，需优先考虑基础数据的可获得性，从而可在一定程度上牺牲基础资料的完整性和详细性。各国主要利用进度统计资料，采用相关指标推算的方法进行 GDP 初步核算。其后，随着可以获得的基础资料的不断增加和完善，需利用更加全面、详细的基础资料对 GDP 数据进行修订，使其更加准确地反映经济发展实际情况。②

国民生产总值（Gross National Product, GNP）是指在国民经济核算体系中，一国国民所拥有的生产要素在一定时期内生产并销售的最终产品和服务的价值总和，由货币单位进行核算的使用价值。其增长即为这部分使用价值的增长，虽然概念上为使用价值，但表现形式为交换价值。在实际统计中，为了保证二者之间不发生偏离，核算体系中会采用"购买力平价""不变价格"来剔除不同货币实际购买力的差异和名义价格变动的偏差。由于它是

---

① 《领导干部统计知识问答》编写组：《什么是国内生产总值（GDP）》，https://www.stats.gov.cn/zs/tjws/tjzb/202301/t20230101_ 1903699.html，最后访问时间：2024 年 3 月 19 日。

② 《领导干部统计知识问答》编写组：《GDP 数据为什么要修订》，https://www.stats.gov.cn/zs/tjws/tjzb/202301/t20230101_ 1903737.html，最后访问时间：2024 年 3 月 19 日。

一个收入总量衡量指标，叫"生产"总值名不副实，所以联合国在1993年的国民经济核算国际标准（1993年SNA）中将其改称为国民总收入（Gross National Income，GNI）[1]。

相比GNP和人均GNP，GDP和人均GDP与这两个指标计算结果相近，而且两者都可以衡量地区或国家的经济规模和活动并进行地区间的比较，但GNP（人均GNP）基于属人原则，更关注一个国家国内和国外居民的生产活动，而GDP（人均GDP）是属地原则，更关注一个国家境内的生产活动。对于一个国家而言，当资本流出大于流入时，GDP会小于GNP；反之，当资本流入大于流出时，它的GDP会大于GNP。一些研究认为，GDP比GNP更能体现一国经济对资本的吸收能力，而将资本投入转化为有效的最大产出需要建立在相当规模的软硬件基础之上。并且，当一个国家经济发展到一定阶段后，人们会对生态环境、公平正义、社会保障等福祉提出更多更高的要求，促进经济重心从"物"到"人"的逐步转变，也促使产业结构从以制造业为主向以服务业为主逐步转变，而这需要进一步优化GDP结构（包括单位GDP能耗的降低、产业结构的调整、再分配机制的构建等）才能实现。

人均GDP是一个衡量某个国家或地区经济规模的指标，通常表示为GDP除以该国家或地区的总人口数。它是经济学中比较常用的指标之一，可以反映出一个国家或地区的整体经济水平和财富程度。该指标的应用场景十分广泛。一是可以作为衡量经济增长的指标，并能够影响一国的经济和政治利益。通常情况下，较高的增长率意味着该国家或地区的经济发展较为快速，反之则代表经济发展缓慢。这也在一定程度上决定了该国家或地区所承担的国际义务和享受的优惠待遇以及在国际社会所能发挥的作用和拥有的话语权。二是人均GDP可用来进行经济结构分析，为制定国家或地区的经济政策和发展规划提供重要依据。如通过产业结构分析可以了解一国的经济结

---

[1] 《领导干部统计知识问答》编写组：《如何理解GDP、国民总收入（GNI）的区别和联系》，https：//www.stats.gov.cn/zs/tjws/tjzb/202301/t20230101_1903832.html，最后访问日期：2024年3月19日。

构现状及其发展变化规律，对制定产业发展、消费、投资和进出口政策都具有十分重要的作用。三是该指标可以比较国家或地区的经济发展水平。不同的国家或地区的人均 GDP 不一样，通过比较可以反映出它们的经济发展水平和程度。如有学者将我国人均 GDP 进行地区和省际差异分析，得出在1978~1998 年，我国地区经济增长呈现东、中、西部内部的趋同以及地区之间差异大的趋势，即中国地区发展存在有条件的趋同，并提出加快西部地区的人力资本投资、加大开放力度和运用市场机制都有利于促进我国西部地区的开发。[①] 四是可以评估地区消费水平和人们的生活质量。五是人均 GDP可与一些指标结合，进而计算出具有重要意义的其他指标。例如，人均GDP 与能源消费量相结合可以计算人均 GDP 能耗指标，用以衡量经济增长与能源消耗的比例关系，从能源消费角度来反映人均 GDP 增长质量。

尽管 GDP 和人均 GDP 都是衡量宏观经济的重要指标，但指标所衡量的目标不同。其中，GDP 是反映国家或地区经济体量的大小，而人均 GDP 是用以衡量国家或地区居民的生活水平，更能体现国家的贫富强弱。有学者使用历史数据来比较中西方人均 GDP 差距，并认为中西方人均 GDP 的差距是工业革命的原因而非结果。[②]

（二）全要素生产率

全要素生产率（Total Factor Productivity，TFP）是评估一个国家、区域及企业生产效率的重要指标，它反映了生产要素（劳动力、资本等）综合利用效率的提升程度。具体来说，全要素生产率是指在既定的生产要素（如资本和劳动等）投入之外所达到的额外生产效率。这意味着，全要素生产率的提高不是通过增加劳动力或资本等要素的投入量，而是通过提高生产效率来实现的。在估计总量生产函数后，通常采用产出增长率扣除各要素投入增长率的产出效益后的余值来测算全要素生产率，其实质上是各要素投入

---

① 蔡昉、都阳：《中国地区经济增长的趋同与差异——对西部开发战略的启示》，《经济研究》2000 年第 10 期。

② 李桂芳、徐浩：《中西人均 GDP 的差距究竟始于何时?》，《经济社会史评论》2022 年第 3 期。

所不能解释的部分。

TFP 的优势在于能够反映一个国家或企业的全要素生产力水平，避免了仅根据单一要素生产率进行评价的缺陷，并且该指标能够帮助探究影响生产力提升的因素，包括科技进步、组织变革等，从而能够帮助国家或企业优化资源配置，提高生产力水平，进而提高社会效益。全要素生产率可以识别经济是投入型增长还是效率型增长，确定经济增长的可持续性。如果经济增长很快，但全要素生产率一直不高，甚至低于要素投入增长率，那么这种经济增长是对社会价值的破坏。如果全要素生产率提高，则可以在减少投入和降低消耗的情况下实现较快经济增长。① 特别是在经济增速放缓和要素成本提高的背景下，只有提高全要素生产率，才能对冲劳动力成本上升，投资的边际产出才能稳定增长，企业才能提高盈利水平，积累的风险才能有效化解，资源环境压力才能逐步减缓。提高全要素生产率，实现向高效增长的跃升，是转向高质量发展的主旋律。②

很多学者认为探求经济增长源泉的主要方法在于如何对经济增长进行核算，于是用全要素生产率来分析经济增长的潜力，这已成为政府制定经济政策的重要依据。③ 全要素生产率有多种计算方法，如代数指数法、索洛残差法、隐形变量法、潜在产出法，早期使用较多的方法是索洛残差法。蔡昉认为，全要素生产率在生产函数中表现为一个残差，其中分离出资源重新配置效率部分所余下的部分就是全要素生产率中的微观生产效率，而微观生产效率与体制、技术创新等相关因素有关。④ 全要素生产率的计算方法大多是建立在几个假设基础上，包括剩余生产函数假设、可被识别的产品技术等。这种方法的计算公式比较复杂，但是一般来说，可以先计算生产函数中各要素的贡献，再用实际和预期产出之间的差异去解释生产要素之间存在的瓶颈和

① 周振华：《经济高质量发展的新型结构》，《上海经济研究》2018 年第 9 期。
② 王一鸣：《百年大变局、高质量发展与构建新发展格局》，《管理世界》2020 年第 12 期。
③ 易纲、樊纲、李岩：《关于中国经济增长与全要素生产率的理论思考》，《经济研究》2003 年第 8 期。
④ 蔡昉：《中国经济增长如何转向全要素生产率驱动型》，《中国社会科学》2013 年第 1 期。

限制。这样可以更加客观地评估生产效率，并且给出指导性的措施，以实现更高的生产要素利用率和更高的全要素生产率。随着人们对地区差异及时间序列数据的整理，基于面板数据的前沿技术分析成为重要工具，其中参数 SFA 方法（stochastic frontier approach）和非参数 DEA 方法（data envelopment analysis）被越来越多的学者使用。有学者认为两种不同的测算方法和分解结果会存在巨大差异。如傅晓霞和吴利学使用我国 1978～2004 年省级面板数据，并以 SFA 和 DEA 两种方法进行全要素生产率的测算，得出如下结论：对于改革开放以来的中国经济增长用 SFA 方法分析更具有适用性，SFA 方法测算的 TFP 指数都显著高于用 DEA 方法所测算的，对经济增长和前沿技术的贡献也高于 DEA 方法所测算的。[①] 王小鲁等认为我国自改革开放以来 TFP 呈上升趋势，但 TFP 生产率的来源发生了变化，人力资本的提升代替了劳动力数量的扩展作用，技术进步以及内源性改善（如基础设施、科技研发）的因素在提升，外源性效率提高的因素如外资和外贸效应在下降。同时，他们也发现，政府管理成本增加以及持续降低的最终消费率会对经济效率产生负向影响。[②]

　　TFP 通过效率改革、技术进步、规模效应的提高来推动经济高质量发展。但 TFP 指标考虑的是产出和投入的关系，只考虑到劳动力在内的一些生产要素，并没有注意到其他非生产要素，诸如环境对经济发展质量和水平的影响。如果投入的过程对环境产生了负面作用，那么该指标可能会存在高估的情况。郑玉歆认为不能简单地根据 TFP 对经济增长的贡献程度来判断经济增长的质量，尤其是不能对不同发展阶段的国家进行简单的比较。他提出了以下几个理由：一是按照目前的测算方法，TFP 所反映的是生产要素即期的经济效果，资本投入到生产过程中的仅是资本即期的服务流，而非存量，TFP 不能全面反映投入到生产过程中的固定资产的经济效

---

①　傅晓霞、吴利学：《前沿分析方法在中国经济增长核算中的适用性》，《世界经济》2007 年第 7 期。

②　王小鲁、樊纲、刘鹏：《中国经济增长方式转换和增长可持续性》，《经济研究》2009 年第 1 期。

果。TFP 测算由于没有考虑到要素的长期影响，也会存在投入和产出数据的不一致问题，可能会带来比较大的偏差。二是 TFP 不能反映出非有效的投入，因而不能全面反映资源配置的状况。三是 TFP 研究容易使人们低估资本累积的重要性。技术进步和创新是以一定资本累积为前提的，无论是要素投入还是技术进步，其决定因素都是投资，这也正是影响发展中国家与发达国家在经济上存在差距的因素。[①] 另外，TFP 计算不像 GDP 和人均可支配收入那样直观，计算方法和研究假设也比较复杂，不同的计算方法和假设会导致结果上的较大差异。因此，有学者提出不同方法测算出的全要素生产率具有不可比性，如果使用相同的方法来测算国家间的全要素生产率还得考虑不同经济体在技术进步机制及投资方向上的不同。[②] 而且，全要素生产率需要考虑多种生产要素的投入，如劳动力、资本、土地等的投入，这都需要比较精细的数据和指标作为基础。

本报告中的 TFP 数据并非由国家公开资料直接获得，而是根据各个省份历年的存量资本数据并依据已有研究进行测算而获得。[③] 具体计算步骤如下。

1. 数据来源

首先，向复旦大学申请"中国各省资本存量数据（1952~2005）"中的数据作为基础。然后，依据国家统计局官网提供的数据，进行了调整与补充测算。

除了"中国各省资本存量数据（1952~2005）"中的数据之外，TFP测算使用的数据均查询自国家统计局官网，包含了地区生产总值、地区生产总值指数、固定资产形成总额、固定资产折旧额等。

---

① 郑玉歆：《全要素生产率的再认识——用 TFP 分析经济增长质量存在的若干局限》，《数量经济技术经济研究》2007 年第 9 期。

② 易纲、樊纲、李岩：《关于中国经济增长与全要素生产率的理论思考》，《经济研究》2003 年第 8 期。

③ 张军、吴桂英、张吉鹏：《中国省际物质资本存量估算：1952—2000》，《经济研究》2004 年第 10 期；单豪杰：《中国资本存量 K 的再估算：1952~2006 年》，《数量经济技术经济研究》2008 年第 10 期。

经过数据整理和存量资本测算后，最终形成了 2002~2021 年共 20 个年度且包含 31 个省级行政单元的面板数据。

2. 存量资本测算

续盘存法是资本存量估计的主流方法，该方法的公式如下所示。

$$K_{it} = K_{it-1}(1 - \delta_{it}) + I_{it} \qquad 式（1）$$

K_{it} 代表省份 t 在第 i 年的资本存量，K_{it-1} 则代表上一年的资本存量。根据公式可知，当年的存量资本等于上一年存量资本扣除折旧比例 δ_{it} 后，加上当年新增投资 I_{it}。本报告中，使用固定资本形成额来代表当年新增投资 I_{it}。对于资本折旧，在张军等的经典研究中，将各省历年折旧率统一定义为 9.6%[①]；单豪杰将各省历年折旧率统一定义为 10.96%。[②] 国家统计局公布了分省的固定资产折旧数据，数据公布的起始和停止年份分别为 1992 年与 2017 年。所以，在本报告中，资本存量计算的时间范围为 1952~2021 年，其中，在 1992 年之前和 2018 年开始，采用张军等的方法，各省历年折旧率统一定义为 9.6%，1992~2017 年，则采用上一年存量资本减去本年固定资产折旧并加上当年固定资本形成总额，从而求得当年存量资本。

为了保障进入 TFP 计算中的省级单位完整，本报告将重庆和四川分开计算。从时间上看，1997 年 3 月 14 日，八届全国人大五次会议批准设立重庆直辖市，撤销原重庆市。1997 年 6 月 18 日，重庆直辖市政府机构正式挂牌。理论上，重庆市在统计上的独立始于 1997 年。但是，国家统计局从 1996 年就开始提供重庆市固定资本形成额的数据，因而重庆市数据的独立计算可以从 1996 年开始。然而，还需要解决的问题是，1995 年结束的时候，重庆市已有的存量资本数据不可知。所以，本研究中，对于重庆市在 1995 年结束时剩余的存量资本，采取重庆市 GDP 占重庆与四川合计 GDP 的比重来做权重，分解四川（含重庆）的存量资本，从而来求解重庆市在 1995 年底的存量

---

① 张军、吴桂英、张吉鹏：《中国省际物质资本存量估算：1952—2000》，《经济研究》2004 年第 10 期。

② 单豪杰：《中国资本存量 K 的再估算：1952—2006 年》，《数量经济技术经济研究》2008 年第 10 期。

资本规模，并获得 1996 年重庆市在脱离四川省时的起始存量资本规模。

3. TFP 测算

TFP 计算使用 2002～2021 年共 20 个年度的省级面板数据，通过双向固定效应模型进行模型估计。对于 TFP 的计算依据，如式（2）所示。在式（2）中，Y_{it} 表示产出，L_{it} 和 K_{it} 分别表示劳动和资本的投入。A_{it} 即通常所说的全要素生产率（TFP），它能够同时提高各种要素的边际产出水平。通过对式（2）取对数可以将其转化为如式（3）的线性形式。其中，残差项 μ_{it} 包含了全要素生产率对数形式的信息。所以，在完成模型估计后，可以采用式（4）求解得到绝对水平值。[①]

$$Y_{it} = A_{it}L_{it}^{\alpha}K_{it}^{\beta} \qquad \text{式（2）}$$

$$y_{it} = \alpha l_{it} + \beta k_{it} + \mu_{it} \qquad \text{式（3）}$$

$$TFP_{it} = \ln Y_{it} - \beta_k \ln K_{it} - \beta_l \ln L_{it} \qquad \text{式（4）}$$

（三）居民人均可支配收入

现代经济增长理论研究的焦点在人均实际收入或实际总收入的增长，以及分析影响它们增长的各种因素，而经济发展应具有包容性，是为了实现发展成果更多更公平惠及全体人民。中国共产党始终坚持人民至上，践行以人民为中心的发展思想。提高人民群众的生活水平和生活质量是经济发展的关键目标，推进中国式现代化的重要目标也是实现人民共同富裕，让人民享受更加幸福安康的生活。一些研究认为人均 GDP 水平并不能够代表国家或地区的福利水平。如有学者对我国各省份的福利增长进行测度，得出福利增长都不同程度地低于其人均 GDP 增长的结论，认为其中消费水平降低是导致福利水平增长低于人均 GDP 增长的主要原因。[②] 也有研究通过比较人均

---

① 鲁晓东、连玉君：《中国工业企业全要素生产率估计：1999—2007》，《经济学（季刊）》2012 年第 2 期。

② 赵鑫铖、梁双陆：《中国区域经济福利的水平测度与增长测度研究》，《数量经济技术经济研究》2020 年第 7 期。

GDP 和人均可支配收入的增长幅度来解释中国居民消费需求不足的原因，并认为居民消费需求不足并不是偶然的现象，而是由于居民人均可支配收入增长落后于人均 GDP 的增长，这背后又是国民收入分配格局不断向政府倾斜的结果。① 因此，增加人均实际收入成为经济发展的目标。居民人均可支配收入能够在某种程度上反映一个国家或地区的人民的收入水平和生活水平，人均可支配收入的增加会导致从追求数量到追求质量、从满足温饱到追求美好生活的消费升级。

居民人均可支配收入是指一个国家或地区的居民在一定时期内经过缴纳个人应承担税费后，剩余可以自由支配的平均收入。按照国家统计局给出的定义，居民人均可支配收入是居民可支配收入除以常住人口数后得到的平均数，是居民可用于最终消费支出和储蓄的总和。按照收入来源，居民可支配收入为工资性收入、经营净收入、财产净收入和转移净收入四项的总计。中国的居民可支配收入数据来源于国家统计局开展的全国住户收支与生活状况调查。该调查是一项抽样调查，首先采用分层、多阶段、与人口规模大小成比例和随机等距抽样相结合的科学方法抽选调查户，然后请调查户把家庭日常收支逐笔进行登记，最后根据分户基础数据加权汇总生成全国居民的人均可支配收入。该调查在全国 31 个省（区、市）抽选了 1800 多个调查县（市、区）的 16 万调查户。

居民人均可支配收入是反映一个国家或地区居民收入水平和生活水平的重要指标之一，通常也被用来评估一个国家或地区的经济发展水平和福利政策，为制定保障和改善民生的政策提供重要参考。通常情况下，居民人均可支配收入越高，代表着该国家或地区的生产技术水平越高、社会福利政策越完善、积极的就业创造更多的就业机会以及更好的社会经济环境。此外，居民人均可支配收入还为计算一些反映收入分配状况的指标提供相关数据，为制定收入分配相关政策，解决不平衡、不充分发展问题提供数据支撑。如计

---

① 方福前：《中国居民消费需求不足原因研究——基于中国城乡分省数据》，《中国社会科学》2009 年第 2 期。

算城乡居民收入差距、基尼系数等数据都需要在居民人均可支配收入的基础上进行衍生计算。

在比较世界各国的经济发展水平时，基于数据的可获得性及可比性，我们选用世界银行数据库中调整后的人均国民净收入来替代居民人均可支配收入指标。调整后的人均国民净收入指标是基于国家的总收入减去一些特定因素后计算的。这些因素可能包括财产损耗、环境破坏和资源耗尽等，从而得到更准确的国民收入数据。根据世界银行的《国家财富的变迁：测量新千年可持续发展》（2011 年）中的来源和方法，世界银行的工作人员进行了估算，旨在提供一个更真实地反映国家人均收入水平的指标。

五　人口经济发展评价

（一）数据来源

世界层面的人均 GDP 和调整后的人均国民净收入的数据都来自世界银行公布的数据。人均 GDP 数据，最新公布数据的年份为 2022 年，其中有部分数据缺失并通过其他年份进行填补。其中，阿鲁巴（荷兰）、阿富汗、美属萨摩亚、不丹、海峡群岛、库拉索（荷兰）、开曼群岛（英国）、法罗群岛（丹麦）、格陵兰（丹麦）、关岛（美国）、黎巴嫩、列支敦士登、摩纳哥、新喀里多尼亚（法国）、帕劳、法属波利尼西亚（法国）、圣马力诺、汤加 18 个国家或地区数据为 2021 年，古巴、马恩岛（英国）、北马里亚纳群岛（美国）、叙利亚、土库曼斯坦、美属维尔京群岛（美国）6 个国家或地区的数据为 2020 年，南苏丹数据为 2015 年，法属圣马丁（法国）、委内瑞拉数据为 2014 年。调整后的人均国民净收入数据中，科威特、阿曼、叙利亚、特克斯和凯科斯群岛（美国）、土库曼斯坦 5 个国家和地区数据为 2019 年，阿鲁巴（荷兰）、古巴、也门数据为 2018 年。

中国省级层面人均 GDP、居民人均可支配收入数据来自 2022 年各个省份公布的统计公报数据，全要素生产率是根据公式自行计算的。地市层面人均 GDP 为各个地级市 2022 年统计公报数据。人均 GDP 和居民可支配收入数据中，辽宁省阜新、黑龙江省鹤岗、双鸭山、七台河、广东省揭阳、广西北海、西藏昌都、青海海西州为 2021 年数据。由于部分地级市统计公报没有公布人均地区生产总值数据，因而根据地区生产总值和人口数进行计算。计算公式为：人均地区生产总值=地区生产总值/常住人口数或户籍人口数。还有部分地级市没有公布居民人均可支配收入，但公布了城镇和农村居民的人均可支配收入，本文通过农村和城市人口数加权平均计算居民人均可支配收入。计算公式为：居民人均可支配收入=农村居民人口数占比×农村居民人均可支配收入+城市居民人口数占比×城市居民人均可支配收入。

（二）国际层面人口经济发展评价

国际上人口经济发展指标主要选取人均 GDP 和调整后的人均国民净收入。就人均 GDP 这一指标来看，210 个国家和地区的人均 GDP 平均值为 20638 美元，其中 2022 年中国人均 GDP 为 12720 美元，位列第 84 位。2010 年到 2022 年，中国人均 GDP 从 4551 美元提高至 12720 美元，十二年间增长幅度为 8169 美元，增速较显著（见图 1）。

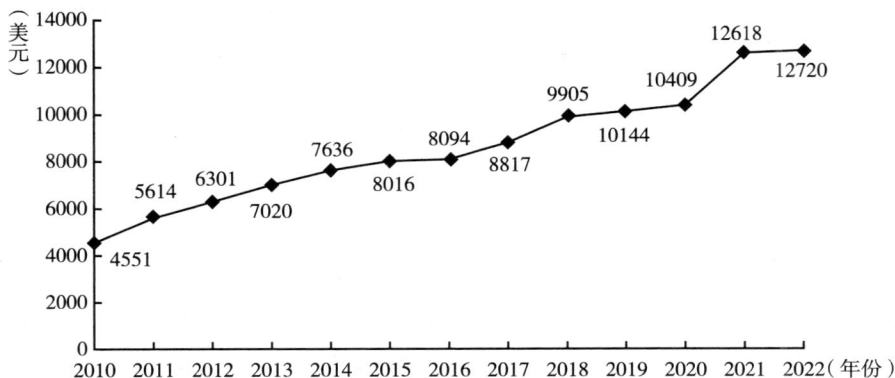

图 1　2010~2022 年中国人均 GDP 变动趋势

资料来源：世界银行数据库，https：//databank.worldbank.org/indicator/NY.GDP.PCAP.CD/1ff4a498/Popular-Indicators，最后访问日期：2024 年 8 月 1 日。

从不同收入类型国家来看，它们在人均 GDP 上存在较大差异（见图2）。高收入国家内部的人均 GDP 差异最大，人均 GDP 最高的国家为摩纳哥，其人均 GDP 为 234317 美元，比瑙鲁共和国人均 GDP 高出 222403 美元，高收入的 78 个国家的平均人均 GDP 为 47477 美元；53 个中高等收入国家的平均人均 GDP 为 8731 美元，其中人均 GDP 排名最高的国家为圭亚那，其人均 GDP 为 18990 美元；54 个中低等收入国家平均人均 GDP 为 2773 美元，其中人均 GDP 最高的国家为萨尔瓦多；低收入国家中各个国家间人均 GDP 差距较小，人均 GDP 最高的国家为赞比亚，比布隆迪人均 GDP 高出 1250 美元，25 个低收入类型国家中平均人均 GDP 为 731 美元。

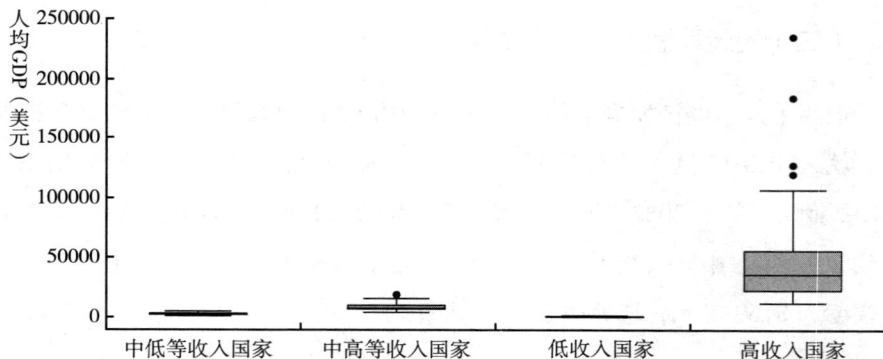

图2 2022 年世界上不同类型国家的人均 GDP 差异

资料来源：世界银行数据库，https：//databank. worldbank. org/indicator/NY. GDP. PCAP. CD/1ff4a498/Popular-Indicators，最后访问日期：2024 年 8 月 1 日。

从不同国家来看，人均 GDP 排名靠前的国家有摩纳哥、列支敦士登、卢森堡、百慕大（英国）、挪威、爱尔兰、瑞士、开曼群岛（英国）、卡塔尔、新加坡等。摩纳哥是一个人口很少的国家，截至 2022 年 12 月，该国总人口为 39050 人。摩纳哥国土面积狭小，政府采取多元化、高附加值和无污染的经济发展方针，其中尤以金融业和旅游业最为突出，直接推动了该国的人均 GDP 增长。摩纳哥也是世界著名的赌城，吸引了众多富豪和名人到此消费，为该国带来了巨大的经济收入。摩纳哥的税收政策相对宽松，对企业和个人征税较低，这也吸引了大量的高净值个人和跨国公司来摩纳哥投资和创业，为该国的经济增长提供了动力。此外，摩纳哥政府长期以来一直致力于发展高端产业，提倡科技创新和环境保护等现代化产业发展方向。列支敦士登的经济发展模式与摩纳哥有些类似，该国是一个金融中心和国际投资与贸易中心，拥有发达的金融服务业。同时，该国作为一个税收优惠的国家吸引了大量国际企业在此注册和设立分支机构。

就调整后的人均国民净收入这一指标排名来看，排名靠前的国家有卢森堡、瑞士、挪威、美国、丹麦、冰岛、瑞典、荷兰、新加坡和爱尔兰等。这些国家都是高度发达的经济体，拥有先进的经济体制和产业结构，包括金融、科技、物流等多个领域都处于国际领先地位，这为它们创造极高的国民收入提供了丰厚的物质条件。其中，瑞典、挪威、丹麦、冰岛属于北欧国家，北欧国家以其广泛和慷慨的福利体系而闻名，这些福利制度旨在保障国民的基本需求，提供高质量的医疗、教育和养老金等社会服务。

本报告还采用专家打分和熵权法相结合的方式确定指标权重，并用人均GDP和调整后的人均国民净收入两个指标综合计算得出人口经济发展指数的排名，排名靠前的国家有卢森堡、瑞士、挪威、爱尔兰、美国、丹麦、澳大利亚、瑞典、荷兰、芬兰，这些国家主要分布在欧洲、北美洲和大洋洲。总体来看，人口经济发展指数排名前100的国家中，发达国家数量为30个，发展中国家为52个，最不发达国家为18个。从所属大洲来看，有10个国家地处北美洲，2个国家在大洋洲，30个在非洲地区，7个在南美洲，22个在亚洲，29个在欧洲。例如卢森堡，其排名靠前，主要归功于其先进的金融服务业、强大的全球物流中心、优惠的税收政策、高薪工作机会和优质的生活环境，这也使卢森堡成为一个广受欢迎的移民国家，吸引了许多外国人前往这里生活和工作。

人口经济发展排名靠后的国家主要聚集在非洲地区。从内因来看，这些国家由于内战、政变或是长期的独裁统治等，长期经历政治不稳定，这也导致了其国家治理结构的脆弱，影响了社会经济的稳定发展。它们大多依赖农业，工业基础薄弱，缺乏多样化的经济结构。此外，还缺乏足够的资金和资源来促进经济发展，从而导致这些国家的交通、通信、能源和水利等基础设施不足，教育和卫生系统发展相对滞后，普遍存在饥饿和营养不良等问题，尤其影响妇女和儿童的生存与发展权利。从外因来看，世界经济是一个不平等的系统，其中发达国家（中心国家）利用发展中国家（边缘国家）的资源和劳动力，使后者陷入经济依赖和发展滞后的状态。许多非洲国家的经济高度依赖于如石油、金属、矿石、农产品等单一的或少数几种出口产品。这种单一经济结构使它们易受国际市场价格波动的影响，难以实现经济多元化及自给自足。同时，这种依赖关系限制了它们在国际市场上的谈判和控制能力，导致资源被不公平地交换，带来资源流失和环境破坏，同时也忽视了当地民众的福祉和发展需求。在历史上，一些非洲国家的冲突和战乱常受到外部势力的干预和利益驱动，而这种干预往往是为了维护发达国家的经济利益。

中国的发展经验表明，政治稳定、综合施策、持续投资是实现人口经济长期和可持续发展的关键。同时，在中国提出的共建"一带一路"倡议下，中国不仅能寻求更深层次和更广泛的国际合作与交流，以促进经济增长，而且也能通过自身及共建国家的经济拉动作用，进而对促进地区一体化方面产生积极作用。中国在与发展中国家的长期合作中，也探索出了以共同发展为根本属性、以平等互利为原则、以务实合作为导向的具有中国特色的共同发展模式。[1] 这种发展模式不同于西方国家带有附加条件的模式，是平等协商基础上的互利合作，综合利用援助、投资和贸易手段，破除制约非洲国家和其他第三世界国家发展的基础设施瓶颈，显著提升其物流、运输和通信能力，为经济发展奠定基础。并且，共建"一带一路"倡议通过建立更紧密的贸易联系，为非洲国家和其他第三世界国家开拓新的市场和经济增长点。这有助于这些国家多样化出口，减少对单一出口产品的依赖，从而增强经济稳定性。共建"一带一路"倡议鼓励多边合作，有

---

① 金玲：《"一带一路"：中国的马歇尔计划？》，《国际问题研究》2015 年第 1 期。

助于促进区域稳定与和平，这对于经常受到冲突和不稳定困扰的非洲国家和其他第三世界国家尤为重要。

（三）中国省级层面人口经济发展评价

中国省级层面人口经济发展指标主要选取全要素生产率和人均居民可支配收入两个指标。就全要素生产率这一指标来看，2021年各地区平均全要素生产率从高到低排序依次为华东地区（7.49）、华中地区（7.31）、华南地区（6.85）、华北地区（6.80）、东北地区（6.68）、西南地区（6.44）、西北地区（5.89）。全要素生产率排名靠前的省份有广东省、江苏省、山东省、浙江省和上海市等，这些省份地处东部沿海，主要分布在长三角和珠三角经济带（见图3）。广东省之所以在全要素生产率方面排名最靠前，是其多元化的产业结构、发达的制造业、对外开放及政府政策的支持等因素共同作用的结果。2017年，中国政府发布《粤港澳大湾区发展规划纲要》，更是推动了这一区域的一体化发展。大湾区建设作为国家战略，对广东的全要素生产率有着积极的影响。一是促进产业协同发展。大湾区建设将加强广东与香港、澳门等地区的合作，促进跨境生产要素的流动，优化资源配置，提高生产率水平。二是提升创新能力。大湾区建设将促进科技创新和人才交流，在数字经济、生物医药、人工智能等领域进行合作与创新，进而提高全要素生产率。三是优化区域布局。大湾区建设将优化广东省的区域布局，推动交通基础设施建设和优化资源配置，提高生产要素的流动性，促进经济发展和全要素生产率的提高。

从居民人均可支配收入这一指标来看，相比其他地区，华东地区和华北地区居民人均可支配收入相对较高，2022年华东地区各个省市平均居民人均可支配收入为47945元，其中上海市的居民人均可支配收入最高，为79610元。华北地区次之，平均居民人均可支配收入为44471元，其中北京市的居民人均可支配收入最高，为77415元。此外，华南地区平均居民人均可支配收入为35334元，东北地区为30803元，华中地区为31724元，西南地区为30173元，西北地区为27410元（见图4）。

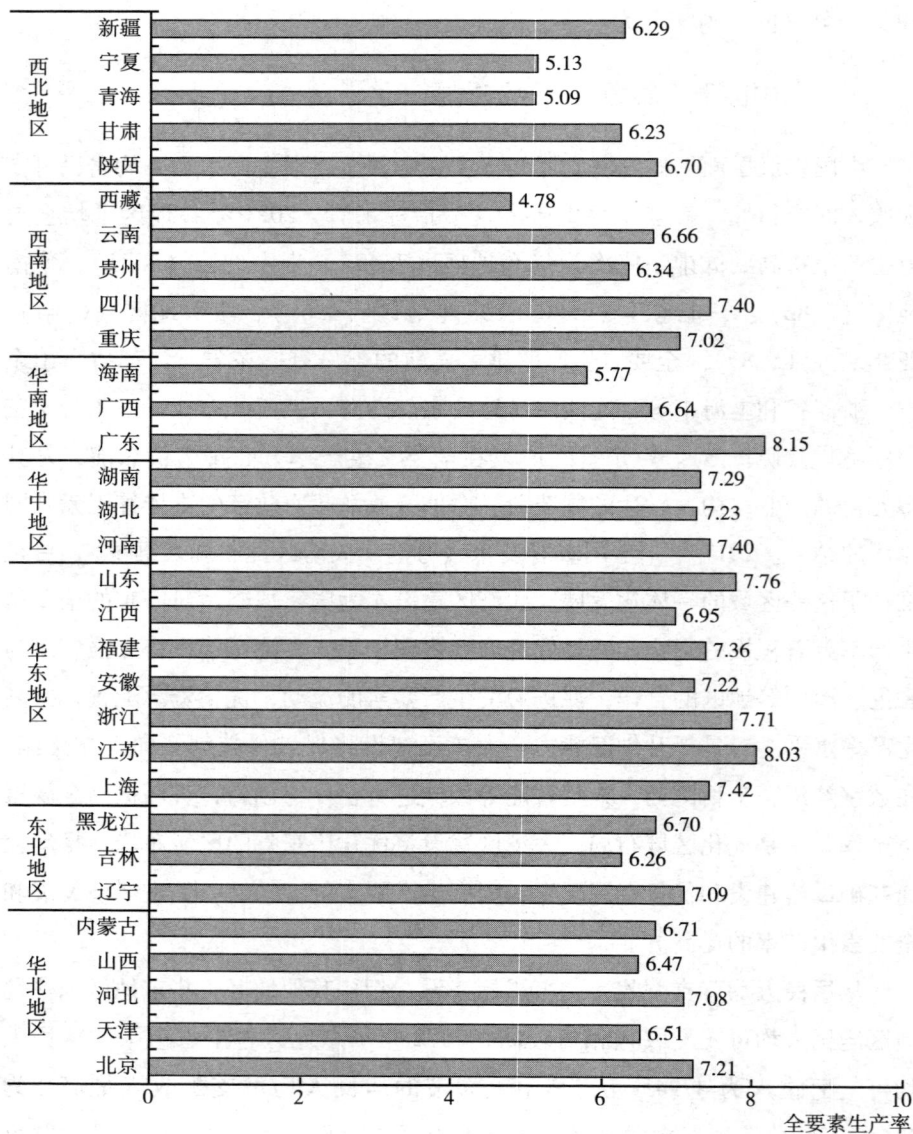

图 3　2021 年中国 31 个省份全要素生产率

数据来源：根据各省份数据自行计算。

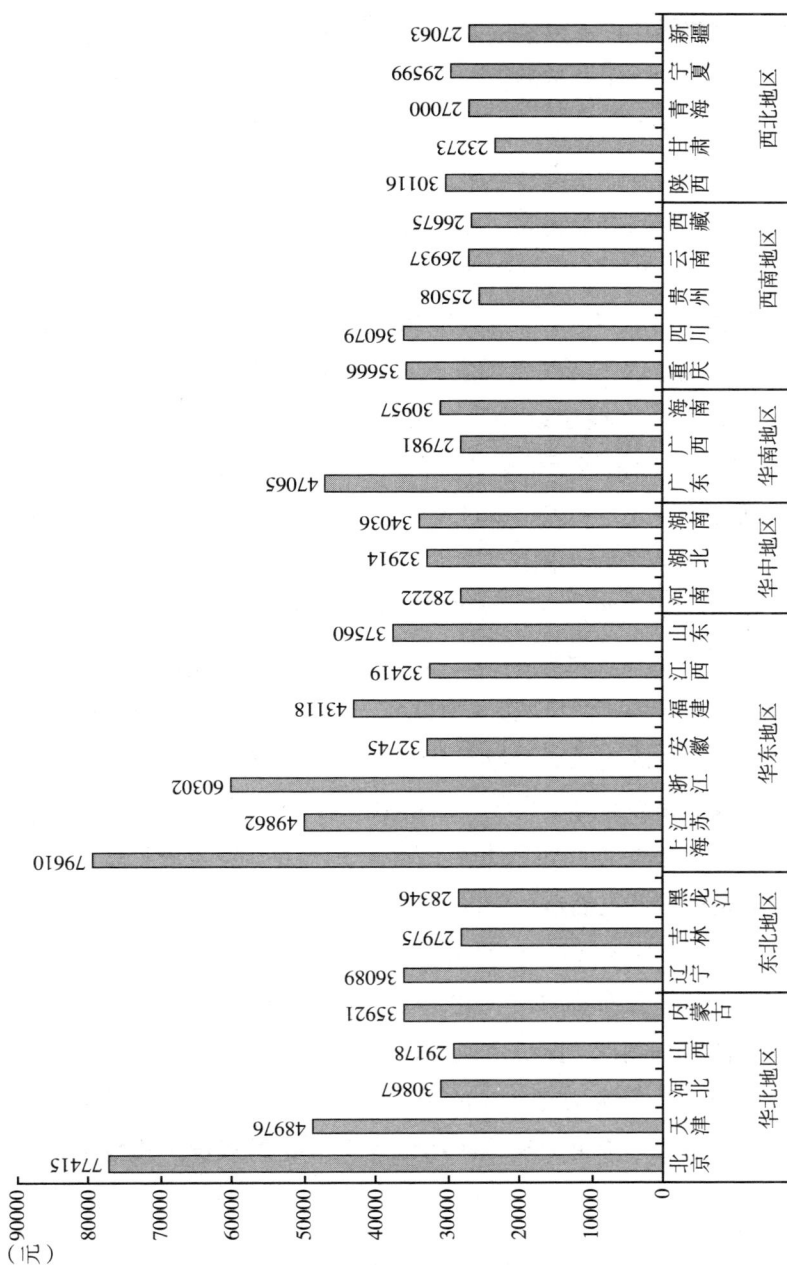

图 4 **2022 年中国 31 个省份居民人均可支配收入**

地区	省份	数值
华北地区	北京	77415
	天津	48976
	河北	30867
	山西	29178
	内蒙古	35921
东北地区	辽宁	36089
	吉林	27975
	黑龙江	28346
华东地区	上海	79610
	江苏	49862
	浙江	60302
	安徽	32745
	福建	43118
	江西	32419
	山东	37560
华中地区	河南	28222
	湖北	32914
	湖南	34036
华南地区	广东	47065
	广西	27981
	海南	30957
西南地区	重庆	35666
	四川	36079
	贵州	25508
	云南	26937
	西藏	26675
西北地区	陕西	30116
	甘肃	23273
	青海	27000
	宁夏	29599
	新疆	27063

（元）纵轴刻度：0、10000、20000、30000、40000、50000、60000、70000、80000、90000

数据来源：2022 年各省份统计公报数据。

排名靠前的省份为上海市、北京市、浙江省、江苏省和天津市等。这些省份经济发展水平高，拥有发达的制造业、金融业、服务业、高技术产业和创新型企业，进而带动了整体的人均收入水平。上海市作为中国的金融中心之一，通过经济结构升级、高新产业发展、优质教育资源以及一系列的对外开放政策和人才政策推动了经济发展、提升了居民人均可支配收入。此外，上海不断加大对农村地区的投入，提高农民的收入水平，缩小城乡差距，进一步促进了城乡一体化发展。浙江省作为共同富裕示范区，在扎实推动人口经济高质量发展方面取得了巨大成绩。2021年6月，浙江省第十四届委员会第九次全体会议通过了《关于忠实践行"八八战略"奋力打造"重要窗口"扎实推动高质量发展建设共同富裕示范区的决议》。该次会议指出，"十四五"时期是共同富裕示范区建设的"第一程"，是更宽领域更高层次转入创新驱动发展模式，实现高质量发展、竞争力提升、现代化先行的关键期。2022年，浙江省旨在从制度、实践、理论和数字化支撑四个方面来建设共同富裕现代化基本单元，并取得了一系列成果。制度方面，2022年浙江省制定《共同富裕现代化基本单元规划建设集成改革方案》明确基本单元建设"1352+N"总体架构；推动《浙江省未来社区建设条例》立法工作，并形成条例草案；制定《关于全域推进未来社区建设的指导意见》《关于开展未来乡村建设的指导意见》《关于全面推进浙派民居建设的指导意见》等文件，谋篇布局全域推进。实践方面，浙江省力开展未来社区、未来乡村、城乡风貌样板区试点创建和建设，计划创建未来社区783个、未来乡村378个、城乡风貌样板区试点建设212个；通过打造1058个城乡社区"一老一小"服务场景来提升浙江"一老一小"群体服务供给水平。[①] 理论方面，推进未来社区/未来乡村/城乡风貌样板区相关技术体系研究，从"普惠型"和"引领型"分类构建相应的指标体系、工作体系、评价体系。数字化支撑方面，推动"浙里未来社区在线"重大应用建设，并整合"浙里

---

① 《浙江共同富裕现代化基本单元建设超额完成目标 未来社区未来乡村建设提速》，https：//www.zj.gov.cn/art/2023/1/7/art_ 1554467_ 60025991.html，最后访问日期：2024年6月17日。

康养"和"浙有善育"等数字化社会场景应用,面向政府侧及社区侧打造两个通用版系统,贯通人房关系、公共服务设施等基础数据库。开发上线"浙里未来乡村在线"应用,构建并完善未来乡村创建全程管控机制。构建城乡风貌数字化体系构架,建成"省-市-县"三级贯通的城乡风貌整治提升管理系统并投入运用。①

本报告用全要素生产率和居民人均可支配收入两个指标综合计算得出中国省级人口经济发展指数,排名靠前的省份有上海市、北京市、浙江省、江苏省和广东省。在"十四五"规划中北京明确提出要建设国际科创中心、数字经济标杆城市、国际消费中心城市、京津冀协同发展桥头堡、轨道微中心、韧性城市和智慧城市,并加大先行先试力度,推动一批有突破、有活力、有实效的制度创新成果落地,形成"北京规则""北京标准"。在"十四五"中期评估的基础上,北京又提出要全面统筹推进乡村振兴各项工作,逐步实现首都乡村由表及里、形神兼备的全面提升,率先基本实现农业农村现代化。

人口经济发展排名靠后的省份主要集中在西部地区。西部地区经济发展落后有其地理、历史等多方面的客观原因。从地理条件来看,西部地区多山地、高原,自然条件复杂,交通不便,这对基础设施建设和资源开发构成了较大挑战。地理上的区隔导致与外界的经济交流相对受限,很多资源开发难度大、成本高。长期以来,中国的发展政策和资本投资更多地倾向于东部沿海地区,东部沿海地区由于地理位置优越,更早地开展对外贸易和推动工业化。而西部地区由于各种因素,发展起步晚,工业基础薄弱,同时环境保护等方面的制约也在一定程度上限制了该地区的资源开采和工业发展。为了加快西部地区的发展,早在1999年,中共十五届四中全会通过的《中共中央关于国有企业改革和发展若干重大问题的决定》就明确提出国家要实施西部大开发战略。2000年1月,国务院成立了西部地区开发领导小组。2006

---

① 《硕果累累!浙江通报共同富裕现代化基本单元建设成果》,https://www.zj.gov.cn/art/2023/1/9/art_ 1229559827_ 60026183.html,最后访问日期:2024年3月19日。

年 12 月 8 日，国务院常务会议审议并原则通过《西部大开发"十一五"规划》，目标是努力实现西部地区经济又好又快发展，人民生活水平持续稳定提高。西部大开发战略实施 20 多年来，在经济发展、公共服务、生活水平等方面取得了巨大成就，有学者对西部大开发战略的实施效果进行了研究。朱承亮等基于 TFP 视角对西部大开发战略实施进行绩效评价，他认为西部大开发战略的实施，使西部地区的全要素生产率的增长率有所提升并且远高于全国平均水平，有利于缩小地区差距。[①] 林建华等通过对 GDP 及人均 GDP 的变动情况、生产总值的增长速度、工业化水平、居民收入水平等的统计分析发现，西部大开发战略确实带动其经济发展，但从东西部地区比较来看，两者之间的差距在扩大，并将其归因于改革滞后带来的市场化程度低、投资不足带来的工业化水平低、区域分工不合理带来的产业结构优化水平低，提出仍要深化改革，调整产业分工，并加大对西部地区政策扶持的力度等政策建议。[②] 2020 年 5 月印发的《中共中央 国务院关于新时代推进西部大开发形成新格局的指导意见》明确提出，到 2035 年，西部地区基本实现社会主义现代化，基本公共服务、基础设施通达程度、人民生活水平与东部地区大体相当，努力实现不同类型地区互补发展，这也标志着西部大开发战略迈入了新阶段。有学者从价值取向、内容分布、工具选择三个方面对西部大开发的相关政策的演变进行了系统分析，发现其政策演变逻辑有价值形塑化、区域联动化、议题序构化、工具协同化和工具调适化五个方面的特点。价值形塑化指的是党对西部大开发战略的价值取向起着主导、核心作用，并通过价值生产、价值整合和价值传递机制介入政策议程，实现对西部大开发战略的有效推动。区域联动化旨在构建互济性合作网络，在不断推进国内各个区域协调发展的基础上，加速国际循环，将区域联动发展向纵深全域推进。从议题序构化来看，政策议题发生了次序重构，在"经济开发"

---

① 朱承亮、岳宏志、李婷：《基于 TFP 视角的西部大开发战略实施绩效评价》，《科学学研究》2009 年第 11 期。

② 林建华、任保平：《西部大开发战略 10 年绩效评价：1999～2008》，《开发研究》2009 年第 1 期。

的基础上更强调"社会共享"，以满足人民对美好生活的需要。工具协同化在于打好政策组合拳来消解对单一政策工具的过度依赖及政策效用递减的潜在风险，并促进政策工具的叠加效应。工具调适化在于以政策工具作用机制转换来实现内生性发展。内生能力不足是制约我国西部地区整体相对落后的根源，随着西部地区整体要素禀赋的持续增加，西部大开发战略更应着力于人才培养和市场培育，这些内生性政策工具持续将有助于提升西部地区的内生性发展能力。[①]

（四）中国地级市人口经济发展评价

中国地级市人口经济发展指标主要选取人均 GDP 和居民人均可支配收入两个指标。2022 年人均 GDP 排名靠前的地级市为鄂尔多斯、克拉玛依、无锡、苏州、深圳、榆林、南京、常州、海西州和舟山（见图 5）。其中，鄂尔多斯、克拉玛依、榆林、海西州和舟山都属于自然资源禀赋较好的城市。2022 年鄂尔多斯人均 GDP 已突破 25 万元，已经超越北上广等一线城市，是上海和北京的 1.4 倍左右。鄂尔多斯资源富集且人口数量较少，使得人均地区生产总值稳居全国第一，220 万人的鄂尔多斯拥有全国 1/6 的煤炭、1/3 的天然气储量，并且还有稀土、羊绒等资源。同时，鄂尔多斯经济的快速发展还得益于整体投资环境、营商环境的改善，以及在产业升级、产业链延伸、新兴产业上的发力。同样是能源资源城市，克拉玛依得天独厚的石油资源是其经济发展的直接驱动力，也是整个城市的经济支柱，大部分劳动者就职于以石油为依托的企业。2023 年以来，克拉玛依市将现代化产业体系发展定位为"两区建设"和"一主多元"，一方面，以"为油服务"为发展理念，利用石油资源优势来延伸石油工业链条长度，加快构建现代化石油石化工业体系；另一方面，加快推动数字经济、新能源等新兴产业发展，以此赋能克拉玛依市工业经济的高质量发展。

---

① 单菲菲、石浩：《面向共同富裕的西部大开发：政策嬗变与推进路径》，《山东行政学院学报》2023 年第 1 期。

（元）

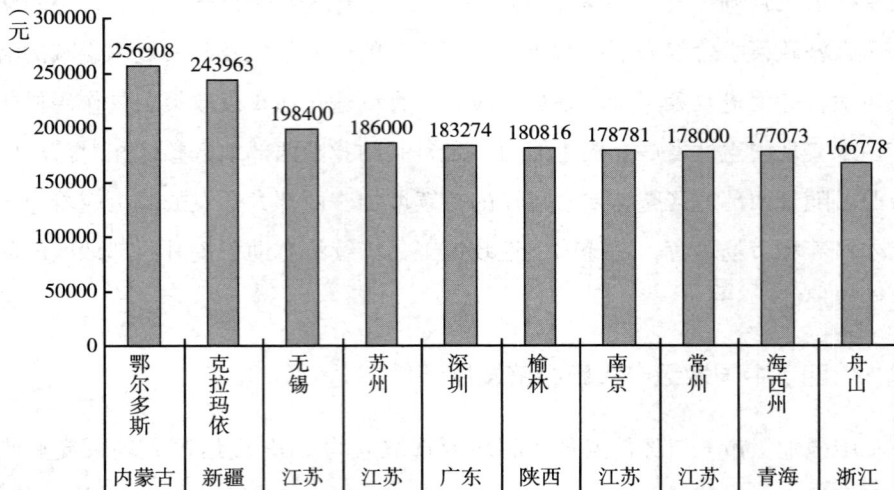

图 5 2022 年中国部分地级市人均 GDP

数据来源：中国各地级市 2022 年国民经济和社会发展统计公报，其中鄂尔多斯市：https：//www.ordos.gov.cn/gk_128120/tjxx/tjgb/202308/t20230804_3457969.html，克拉玛依市：https：//www.klmy.gov.cn/klmys/tjgb/202304/65b5feaed4bd420caf6bdbba43cfb2cf.shtml，无锡市：https：//tj.wuxi.gov.cn/doc/2023/02/27/3896361.shtml，苏州市：https：//www.suzhou.gov.cn/szsrmzf/ndgmjjhshfztjsjfb/202303/cb4c9f0a234e453f8a2fc19a5049475c.shtml，深圳市：https：//www.sz.gov.cn/cn/xxgk/zfxxgj/tjsj/tjgb/content/post_10578003.html，榆林市：http：//www.shaanxi.gov.cn/zfxxgk/fdzdgknr/tjxx/tjgb_240/sqgb/202307/t20230710_2293229.html，南京市：https：//tjj.nanjing.gov.cn/bmfw/njsj/202303/t20230324_3871176.html，常州市：https：//tjj.changzhou.gov.cn/html/tjj/2023/OEJQMFCO_0303/27475.html，海西州：http：//tjj.qinghai.gov.cn/tjData/cityBulletin/202401/t20240112_313542.html，舟山市：http：//zstj.zhoushan.gov.cn/art/2023/3/16/art_1229339440_3789240.html，最后访问日期：2024 年 8 月 1 日。

从居民人均可支配收入这一指标来看，排名靠前的地级市为深圳、广州、苏州、杭州、南京、宁波、厦门、无锡、绍兴、佛山，这些地级市都是东部沿海城市，分布在长三角和珠三角地区。2022 年江苏省的苏州市、南京市、无锡市的居民人均可支配收入分别为 70819 元、69039 元、65823 元，浙江省的杭州市、宁波市、绍兴市的居民人均可支配收入分别为 70281 元、68348 元、65760 元。深圳市是国务院批复确定的经济特区、全国性经济中心城市和国家创新型城市，粤港澳大湾区核心引擎城市之一。截至 2022 年末，全市下辖 9 个区，常住人口为 1766.18 万人，居民人均可支配收入为

72718 元。为了促进经济发展，深圳市政府通过政策扶持、基础设施建设等提供积极的支持。同时，深圳市政府也鼓励创新和高新技术产业的发展，注重人才引进和科研投入。2022 年，深圳新增独角兽企业 13 家，新增国家级高新技术企业 2043 家，新增境内外上市公司 42 家。①

本报告用人均 GDP 和居民人均可支配收入两个指标综合计算得出中国地级市人口经济发展指数，排名前 50 的地级市中有 30 个在华东地区，9 个在中南地区，5 个在西北地区，3 个在华北地区，2 个在西南地区，1 个在东北地区。排名靠前的地级市各有优势。例如，"十四五"期间，苏州将科技创新摆到更加突出的位置。截至 2023 年 6 月，苏州科创板上市企业增至 50 家，数量仅次于上海、北京，位列全国第三，约占江苏省的 50%、全国的 10%。苏州境内外上市公司为 247 家，其中境内 A 股上市企业 204 家，位列全国第五。《2023 胡润全球猎豹企业榜》中，苏州有 24 家企业上榜，主要集中在生物科技、健康科技领域，包括机器人、半导体、智能制造、大数据、航空航天等高新技术产业。② 2022 年《无锡市政府工作报告》显示，无锡市经济社会高质量发展迈上了新台阶，城市现代化、国际化水平达到新高度，共同富裕取得实质性进展，成为现代化建设先行示范区、践行新发展理念高质量发展示范区，在服务构建新发展格局中贡献更多无锡智慧和无锡力量，并在融入长三角一体化、长江经济带和"一带一路"建设中取得高显示度标志性成果。③

---

① 《2023 年深圳市政府工作报告》，http://szwb.sz.gov.cn/gkmlpt/content/10/10438/mpost_10438371.html#3235，最后访问日期：2024 年 6 月 17 日。

② 《苏州上市板块不断扩容》，https://www.jiangsu.gov.cn/art/2023/7/5/art_65450_10943813.html，最后访问日期：2024 年 6 月 17 日。

③ 《无锡市政府工作报告》，https://www.zgjssw.gov.cn/shixianchuanzhen/wuxi/202203/t20220321_7471384.shtml，最后访问日期：2024 年 3 月 19 日。

B.5
人口生活质量发展报告

王　宇*

摘　要： 本报告阐述了生活质量概念内涵以及高质量生活的多个方面，从不同角度和层面全面概括了生活质量相关理论，系统梳理了当前国内外关于生活质量的评价指标体系构建原则、指标选取及综合评价方法。本报告基于指标科学性、指标客观现实性以及指标可获取性，力图构建出一套科学合理的人口生活高质量发展评价指标体系。运用熵权法、专家打分法等计算出世界、中国省级和中国地级市人口生活质量指数。结果显示，国际层面，立陶宛、法国、俄罗斯、葡萄牙等国家的排名较为靠前；中国国内省级层面，山东、河南、山西、内蒙古等地区居民生活质量整体较高；中国国内地市层面，长沙、临汾、郑州、苏州等城市居民生活质量较高。

关键词： 生活质量　人口生活质量　WHO 生活质量模型

党的二十大报告提出，增进民生福祉，提高人民生活品质，必须坚持在发展中保障和改善民生，鼓励共同奋斗创造美好生活，不断实现人民对美好生活的向往。习近平总书记在党的二十大报告中指出高质量发展必须"以满足人民日益增长的美好生活需要为出发点和落脚点"，既对新发展阶段我国经济社会工作提出了明确要求，也指明了高质量发展的方向。我们要在新发展阶段深入贯彻落实以人民为中心的发展思想，科学把握新时代社会主要矛盾的变化，深刻洞悉社会发展形势之变，以高质量发展托起人民的美好生活。

---
* 王宇，博士，南京邮电大学人口研究院讲师，主要从事老年社会学、人口经济学等方面的研究。

一 概念内涵

生活质量（Quality of Life），又称生活素质、生命质量、生存质量等，是一个多方面的概念。生活质量涵盖经济、消费水平等物质生活条件，以及政治、思想、文化等精神生活条件和环境条件等，是一个综合性概念。学界普遍认同的观点为，以生活质量指代社会成员生活好坏程度。英国剑桥学派福利经济学家庇古（Pigou）在1920年首次在福利经济学研究中明确使用生活质量这一概念来描述非经济方面。然而，庇古的这一提法当时并没有引起广泛关注。直到1958年，美国著名经济学家加尔布雷思（Galbraith）在《丰裕社会》一书中提出生活质量的概念才真正开启了生活质量领域的研究。他认为，生活质量的本质是一种主观体验，主要包括个人对其人生际遇的满意程度，以及在社会中实现自我价值的体验等。[①] 半个多世纪以来，生活质量研究逐渐引起各国社会学、经济学、心理学、医学、哲学等学科学者的关注。高质量的生活是指在物质、精神、社交等各个方面都得到充分满足，生活富足、舒适等。

高质量的生活需要有足够的物质保障。在百忙之中，人们需要有一个舒适的家和足够的食物及各种日常必需品，这些是生活所需的基本条件。只有在基本保障需求满足的情况下，人们才能真正地放松身心，追求更高层次的幸福。生活囊括物质与精神，包括衣食住行欲（包括精神）。其中，衣，指的是衣物，即人们所穿的服装。衣物不仅是基本的保护层，还可以反映个人的文化、个性和社会地位。满足基本的穿着需求有助于个人的自尊和社会交往。食，指的是食物，即人们所需的食品和饮品。食物是维持生命所必需的，为个体提供能量和营养，支持人体的生理功能。健康的饮食对于身体健康和生活质量至关重要。住，指的是居住环境，即人们的住宅。住所不仅是避风遮雨的场所，还是个人和家庭的生活空间，影响着居住者的舒适感和生

---

① 加耳布雷思：《丰裕社会》，徐世平译，上海人民出版社，1965。

活品质。行，指的是出行方式，即人们的交通工具。能够方便地出行有助于个人参与社会、工作和娱乐活动，提高生活的便利性和效率。这四个方面构成了人类的基本生活需要，也是社会生活的基石。满足衣食住行的需求有助于提高生活质量，使个体能够更好地参与社会、追求自己的目标，并享受丰富多彩的生活。而精神层面的高质量发展涵盖了个体的心理、情感、精神健康及对生活意义的体验。它强调的是超越物质层面的幸福感、满足感和内在的成长等。

二 理论基础

早在 20 世纪西方学者就对生活高质量进行了不同方面的研究，并通过更深入的研究来修正或检验自己的理论。

（一）罗斯托的生活质量理论

沃尔特·罗斯托（Walter Rostow）在 20 世纪提出了现代化阶段理论[①]，其中包括生活质量的提升。他的理论主要集中在国家的经济发展和社会变革方面，强调经济增长和现代化对于提高人民生活质量的作用。一般来说，这些阶段的转变是一个渐进的过程，而且在不同国家或地区可能会有不同发展速度和时间跨度。主要包括以下几个阶段。

第一，传统社会阶段。这个阶段是指国家处于低水平的农业和手工业经济发展阶段。人们的生活质量主要依赖于基本农业生产和手工业生产，生活水平相对较低。

第二，前工业阶段。在这个阶段，国家开始进行工业化，建立基础工业体系，改善基础设施和交通运输条件。经济增长带来了就业机会的增加和工资水平的上升，人们的生活质量逐渐有所提升。

---

① Walter Rostow, "The Stages of Economic Growth: A Non-Communist Manifesto," *The Slavic and East European Journal* 131（1960）.

第三，起飞阶段。在这个阶段，国家的经济增长进一步加速，工业化程度不断提高。新的产业部门涌现，技术创新和科技进步推动经济发展，人们的收入水平显著提高，社会福利也有所增加，人们的生活质量进一步提升。

第四，成熟阶段。在这个阶段，国家的经济已经高度工业化，经济增长相对稳定。人们的收入水平相对较高，社会福利体系更加完善，教育和医疗水平提高，人民的生活质量显著提升。

第五，质量的持续增长阶段。在这个阶段，国家经济高速发展，人们的生活质量得到了全面提升。教育、医疗、社会保障等方面投资进一步加强，人民享受高水平的社会福利和生活条件。

罗斯托的生活质量理论强调了经济发展和现代化对于提高人民生活水平和质量的重要性。然而，这个理论也受到一些批评，因为它可能忽略了社会不平等、环境可持续性等方面的问题。不同国家的发展道路也可能因历史、文化和社会背景的差异而有所不同。

（二）马斯洛的需求层次理论

亚伯拉罕·马斯洛提出了这一理论，将人类需求分为生理需求、安全需求、社交需求、尊重需求和自我实现需求。[①] 人们的生活质量随着这些需求逐渐得到满足而提高。马斯洛的需求层次理论是一个关于人类需求层次结构的心理学理论，它将人类的需求分为不同的层次，并认为满足这些需求是人类追求幸福和获得满足感的驱动力。这个理论通常被描绘为一个金字塔，从基本的生理需求开始，逐渐上升到更高级别的需求。以下是马斯洛需求层次理论的具体内容。

第一，生理需求（Physiological Needs）。这是最基本的需求层次，包括人们生存所必需的物理需求，如食物、水、空气、睡眠和庇护。如果这些需求没有得到满足，其他更高级别的需求就会受到影响。

---

① Abraham Harold Maslow, "A Theory of Human Motivation," *Psychological Review* 50（1943）: 370-396.

第二，安全需求（Safety Needs）。在基本的生理需求得到满足后，人们开始关注自己的安全和稳定。这包括对于身体、职业、财务、健康和家庭的安全感。

第三，社交需求（Social Needs）。一旦生理和安全需求得到满足，人们就寻求与他人建立联系、归属感和社会关系。这包括友谊、家庭、爱情和社会互动。

第四，尊重需求（Esteem Needs）。在满足了基本社交需求后，人们开始渴望获得他人的认可、尊重和自尊。这也包括实现个人成就、获得地位和荣誉。

第五，自我实现需求（Self-Actualization Needs）。在满足了前面的需求后，人们渴望追求个人的潜力和自我实现。这涉及实现个人目标、寻找生活的意义、发展创造性思维和创新能力。

（三）WHO 生活质量模型

世界卫生组织（WHO）提出了一个综合的生活质量模型，用于评估人类整体福祉和生活质量。该模型涵盖了生理、心理、社会和环境等多个领域，旨在全面理解人们的生活体验。该模型通常被称为"WHO 生活质量模型"或"WHO-QOL 模型"[①]，包括以下四个主要领域。

第一，生理领域。生理领域涉及身体健康和生理状况，包括身体疼痛、能量水平、睡眠质量、健康状况和生活活力等方面。

第二，心理/心境领域。心理/心境领域涉及个体的情绪、认知和心理状况，包括情感、思维、自尊心、幸福感和心理健康等方面。

第三，社交/社会领域。社交/社会领域关注个体与社会环境和他人的互动，包括人际关系、社会支持、社会交往、孤独感等方面。

第四，环境领域。环境领域涉及个体所处的物理和社会环境，包括居住环境、工作环境、交通状况、财务状况、安全感等方面。

该模型强调了生活质量是一个多维度的概念，受到生理、心理、社会和环境等多个因素的影响。评估生活质量时，不仅要关注身体健康，还要考虑情感

---

① WHOQOL Group, "The World Health Organization Quality of Life Assessment（WHOQOL）: Position Paper from the World Health Organization," *Social Science & Medicine* 41（10）（1995）: 1403-1409.

状态、社会关系和环境条件等。该模型的应用可以帮助研究人员和政策制定者更全面地了解人们的生活满意度，从而制定适合的干预措施来提升生活质量。

（四）生活满意度理论

生活满意度理论是关于个体对自身生活状况的主观评价和情感反应的理论。它涉及个体对生活的整体满意程度以及与生活相关的感受和情感。该理论强调人们如何主观地感受和评价他们的生活，不仅考虑物质条件，还包括情感、社会关系、心理状态等因素。该理论的主要观点包括以下五个方面。

第一，主观性和个体差异。生活满意度是主观的，每个人的评价可能不同。不同的个体因其价值观、经历、期望等因素而有不同的生活满意度。

第二，多维度性。生活满意度包含多个维度，不仅仅是物质层面的满足，情感、社会关系、健康状况、工作满意度等都可以影响个体的生活满意度。

第三，相对性。生活满意度通常是相对的，是与他人相比较后的结论。个体会将自己的生活与周围的人进行比较，从而评价自己的满意度。

第四，适应性。人们在面对不同情境时会适应自己的生活满意度。这意味着随着环境变化，个体的生活满意度可能会重新调整。

第五，期望的影响。生活满意度通常受到期望的影响。如果个体的实际状况与期望相符，满意度可能较高；如果实际状况低于期望，满意度可能较低。

生活满意度理论在社会科学、心理学、经济学等领域得到广泛的研究和应用。政府、研究机构和组织常常使用生活满意度调查来了解公众的幸福感和生活质量，以指导政策制定和资源分配。生活满意度理论帮助我们更深入地理解人们的主观感受，促进人类幸福和生活质量的研究。

三 实践发展

（一）国际实践发展

Greg Bognar 指出，生活质量研究的动力来自人们对社会福利经济指标的明显局限性的不满。首先，经济指标往往是宏观层面的指标，尽管它们可能对大规模规划和分析社会趋势有用，但它们在社会的更具体方面告诉我们的很少。其次，人们也认识到，经济福利的多少取决于经济收入的高低，并与经济活动有关，不足以描述和评估一个人的整体生活状况。于是，后来的学者们开始系统收集社会指标，用来评价一个社会中人们的生活过得有多好。一个适当的通用社会指标可能与社会所有成员的福利相关，甚至可能与生活在不同社会中的人们的福利相关，更狭隘的指标可能与社会内特定群体的福利相关。①总的来看，典型的西方国家在关注生活质量时通常会重视以下几个方面。

第一，教育和知识。西方国家注重教育体系的发展，提供高质量的教育机会，以培养人们的知识和技能。② 教育不仅仅是知识的传递，还包括技能和适应能力的培养。更多的教育投入可以提高教育质量和可及性，帮助更多人获得高质量的教育。这将提高人们的技能水平，增加他们的就业机会，使他们更容易找到稳定和高薪的工作，从而改善经济状况，提高生活质量。高水平的教育可以为个体提供更多的机会，提高就业竞争力，也有助于人们更好地理解世界和参与社会。③

第二，健康保障和医疗。西方国家通常拥有健全的医疗保障体系，提供高质量的医疗服务。④ 健康保障可以减轻个体因医疗问题造成的负担，保障人们的身体健康。良好的保健习惯有助于增强免疫力，使身体更能抵抗感染和疾病。这将减少患病的机会，让人们更加健康和有活力。保健措施也包括对心理健康的关注。情感健康的管理和心理疾病的预防有助于降低应激水

---

① Greg Bognar, "The Concept of Quality of Life," *Social Theory and Practice* 31 (4) (2005): 561-580.

② Ross, Catherine E., and Marieke Van Willigen, "Education and the Subjective Quality of Life," *Journal of Health and Social Behavior* 38 (1997): 275-297.

③ Flanagan, John C., "Measurement of Quality of Life: Current State of the Art," *Archives of Physical Medicine and Rehabilitation* 63 (2) (1982): 56-59. West, Colin P., Tait D. Shanafelt, and Joseph C. Kolars., "Quality of Life, Burnout, Educational Debt, and Medical Knowledge Among Internal Medicine Residents," *Jama* 306 (9) (2011): 952-960.

④ Cristea, Mirela, et al. "Insurance Development and Life Quality in the European Union countries. An Empirical Assessment," *Facta Universitatis*, Series: *Economics and Organization* 1 (2021): 313-324.

平，改善情绪状况和增强生活满足感。

第三，社会福利和社会支持。[①] 一方面，社会福利体系在西方国家是一个重要的受关注的领域，包括失业救济、老年人福利、住房补助等。这些措施可以减轻人们生活中的经济压力，为他们提供社会支持，提高人们的生活质量。具体来讲，社会福利有助于减少社会不平等，提供机会和资源，以确保更多的人能够享受基本福祉，从而有助于提高整体社会的公平性和生活质量。特别是对于那些面临经济困难、健康问题、失业、残疾或其他挑战的个体。它提供了安全网，确保人们能够满足基本需求，并享有更健康、更有机会、更有尊严的生活。因此，社会福利在社会中起着至关重要的作用。

另一方面，社会支持提供了一个能够与他人建立联系和互动的渠道。这有助于减轻孤独感，改善个人的心理健康状况，增强生活满足感。在面临压力、挫折和困难时，社会支持可以提供情感上的支持和鼓励。知道有人可以倾诉和共享问题，有助于减轻心理负担，增强应对压力的能力。与此同时，社会支持与身体健康状况也相关。有人提供关心和鼓励，有助于遵循健康的生活方式，如定期锻炼和健康饮食，从而提高生活质量。

第四，个人权利和自由。个人权利和自由是现代社会中不可或缺的价值观，它们直接影响着生活质量。尊重个人权利和自由可以提高人们的生活满意度，使人们有更大的自主权和决策权。这些权利和自由赋予人们自主权、尊严和机会，有助于提高个体和社会的福祉，促进社会和政治稳定。维护和尊重这些权利对于提高人们的生活质量至关重要。

第五，注重均衡的饮食。均衡的饮食有助于维护身体健康、提高免疫力，预防慢性疾病，改善精神状况，以及增强整体生活满意度。欧洲人普遍倡导多样化和均衡的饮食，以摄入来自各类食物的营养物质，包括碳水化合物、蛋白质、脂肪、维生素和矿物质。在饮食中，高质量的蛋白质有助于维持肌肉和组织的健康。

---

① Testa, Marcia A., and Donald C. Simonson, "Assessment of Quality-of-life Outcomes," *New England Journal of Medicine* 334 (13) (1996): 835–840.

第六，文化和娱乐。世界各国都非常注重文化和娱乐的发展，提供多样化的文化活动、艺术表演和娱乐选择，以丰富人们的生活体验。首先，文化活动、艺术展览、音乐会和文化节等提供了机会，让人们了解和欣赏不同文化。这有助于促进文化交流、跨文化理解和尊重，提高文化多样性的认可度，从而丰富了生活。

其次，文化和娱乐活动可以激发人们对旅行和探索的兴趣。旅游和探索不仅提供了新的经历，还拓宽了个人的视野，从而可以提高生活满意度。最后，文化和娱乐活动常常是社交的场合，让人们与家人和朋友互动，建立联系。这有助于减轻孤独感，增加社交支持，增强社会满意度。

国际上通常使用多维度的方法来评价生活质量，这些维度包括经济、社会、健康、教育和环境等，旨在全面了解国家和社区的福祉。这些评价指标有助于政府和国际组织更好地理解生活质量，并制定政策来满足人们的需要，提高人们的幸福感和福祉。以下是一些常见的西方生活质量评价体系的要点。

第一，国民幸福指数（Gross National Happiness Index，GNH）。与传统的用国内生产总值来衡量国家综合生活质量的方式不同，不丹是第一个引入GNH 的国家，用于衡量综合生活质量。GNH 考虑社会、环境、文化和心理层面的因素，以评估国家的整体幸福度。

第二，人类发展指数（Human Development Index，HDI）。HDI 由联合国开发计划署制定，是一个综合指标，充分考虑到国家的平均预期寿命、教育水平和国民收入等。HDI 提供了一个更全面的视角，以评估人类的发展水平。

第三，贫困率和社会不平等指标。这些指标包括人口中生活在贫困线以下的人口比例、收入和财富分配不平等，用于评估社会和经济的公平性。减少贫困和社会不平等是提高生活质量的重要目标。

第四，生活满意度调查。调查居民对生活的满意程度，包括工作满意度、家庭幸福感、社会关系等。这些调查可以提供有关人们主观感受的信息，帮助政府了解人们的需求和关切。

自 20 世纪 70 年代开始，欧美国家开始开展生活质量的定量研究，并形成了多套公认的指标体系。美国海外发展委员会提出了生活质量指数（Physical Quality of Life Index，PQLI）的测定方法，这是用以评估一个国家或地区居民的营养状况、卫生保健情况和国民教育水平等方面的综合指标。其包括物质生活条件、经济和人身安全、健康等方面，用来反映人们的生存条件、自然环境和生活环境，以及对整体生活的感受等，可被视作人们的享受维度，而教育和基本权利则属于人们的发展范畴。生活质量指数的评判标准是：PQLI大于80代表人口生活质量较高，而PQLI小于60则表示人口生活质量较低。此外，美国社会卫生组织（American Soeial Heedtth Associati-oh，ASHA）提出了ASHA指数，用来衡量一个国家，特别是发展中国家的社会经济发展水平以及在满足人民基本需求方面所取得的成就。ASHA指数由六个指标构成，分别是就业率、识字率、平均预期寿命、人均国民生产总值增长率、人口出生率和婴儿死亡率，这六项指标的目标数值分别为85%、85%、70岁、3.5%、25‰和50‰。与PQLI不同的是，ASHA指标不仅反映了"满足人民基本需求方面的成就"，还测量了社会经济发展水平，因为其增加了就业率、人均国民生产总值增长率和人口出生率三个指标。

（二）国内实践发展

新中国成立初期我国经济发展薄弱，国内需要建立强大的经济体系，在制定政策时，国家始终将经济建设置于核心地位，但社会发展水平尚未达到相应高度，人们生活水平较低，解决温饱问题是重心，"生活质量"一词对大众来说极为陌生。改革开放以后，人们的生活水平大幅提高，个体生活内容逐渐丰富，"生活质量"一词常出现在人们的日常生活中。例如学者赵彦云和李静萍[1]、彭念一和李丽[2]、穆广杰[3]等，主要通过客观指标对生活质量进行评估研究，研究内容大多集中在经济领域，更多关注宏观层面的全体国民的生活质量。

---

[1] 赵彦云、李静萍：《中国生活质量评价、分析和预测》，《管理世界》2000年第3期。

[2] 彭念一、李丽：《我国居民生活质量评价指标与综合评价研究》，《湖南大学学报》（社会科学版）2003年第5期。

[3] 穆广杰：《居民生活质量评价指标体系的完善》，《郑州航空工业管理学院学报》（社会科学版）2004年第6期。

随着我国经济社会不断发展，国内生活质量研究也逐步深化，主观评价被纳入考量范围，并且研究对象更具体化，生活质量指标的选择领域更广泛，呈现跨学科趋势。比如，张润清和谢艳辉比较分析了国内外多种生活质量评价体系，指出中国农村居民的生活质量评价须考虑物质与精神两个层面。在物质层面，应包括国内生产总值（GDP）、恩格尔系数、非农业劳动力比例、每万人医疗资源配备情况、平均受教育年限、平均预期寿命、人口自然增长率、电脑普及率、农村商业服务网点配备情况等。[①] 而在精神层面，通过调查精神生活满意度，设立了七个不同程度的满意度水平，包括对地方政府官员的满意度、对政府农村政策的满意度、生活环境满意度、社会安全满意度、个人生活条件满意度、企业娱乐生活满意度及婚姻家庭生活满意度。陈宁和孙兴全对人类生活系统进行了细致分解，将其划分为人类生活需求系统和人类生活供给系统两大子系统，并选择评价指标来反映两个系统之间的关联。[②] 这些评价指标包括人力资源发展、物品与劳务、社会关系和社会参与、人与自然和谐度、社会公平、社会保障等六大类共 26 项主客观指标。北京国际城市发展研究院推出了《中国城市生活质量评价指标体系》，涵盖了衣食住行等12 个方面的评价指标，如消费结构、居民收入、居住质量、交通状况、社会保障、教育投入、医疗卫生、公共安全、生命健康、人居环境、就业机会、文化休闲等。[③] 这些指标构建的模型在中国生活质量研究领域得到了广泛应用。

范柏乃构建了我国城市生活质量评价指标体系，涵盖了经济学、心理学和社会学三个方面，最初涉及 64 个相关指标。[④] 在相关分析、隶属度分析和鉴别力分析的基础上，剔除了部分指标，更加注重评价指标的合理性、科学性和可操作性。最终建立的评价指标体系包括 10 个主观指标和 20 个客观

① 张润清、谢艳辉：《中国农村居民生活质量评价指标体系研究》，《经济论坛》2004 年第4 期。
② 陈宁、孙兴全：《人类生活大系统与居民生活质量评价指标体系的基本结构》，《科技进步与对策》2005 年第 10 期。
③ 《北京国际城市发展研究院在国内首家推出——中国城市生活质量评价指标体系》，《领导决策信息》2005 年第 34 期，第 12~13 页。
④ 范柏乃：《我国城市居民生活质量评价体系的构建与实际测度》，《浙江大学学报》2006 年第 4 期。

指标，主要涵盖消费、收入、居住、教育、健康、生态环境、生活设施、社会治安、社会保障和文化休闲等 10 个方面。采用层次分析法对全国 31 个省会城市的生活质量进行测量，将城市的生活质量分为满足型、不足型和优质型三种基本类型。此外，薛兴华和王运泉从地理学的角度评价了全国 30 个省会城市的生活质量，结果显示气候资源禀赋是影响城市生活质量差异的首要因素，客观指标（如住房、收入）和基本生活资源消费方面在很大程度上决定了我国城市居民的生活质量差异。①

　　除了在全国范围内进行生活质量评价，许多学者也开始进行区域性的研究。例如，蔡继梅和顾平利用 18 个指标建立了江苏省的生活质量评价体系，并对 13 个城市的生活质量进行了测量，其中涵盖消费、住房、收入、就业等多个方面，所用数据均来源于统计年鉴。② 而茅媛媛则选择了苏州、扬州和淮安三个城市作为研究对象，选取 11 个指标，涵盖了衣食住行、文教、娱乐和服务等方面综合评价三个城市的生活质量情况。③ 张婷婷系统地对江苏省农民生活质量评价指标进行了构建和评价。④ 而查奇芬、张奇宝则选取人口、经济、社会和环境四个层次的指标，对江苏省城镇居民生活质量进行了评价。⑤ 邵法焕、田彩霞借鉴斯堪的纳维亚模式，建立了主要以客观指标为基础的评价体系，对广西各市的生活质量进行了评价。⑥ 彭浩、曾刚和徐中民则以"Calvert-Henderson 生活质量指标"理论为指导，选择的指标包括教育、失业、健康、收入、公平性、基础设施、公共安全、休闲娱乐和住房。⑦ 而王云翠、王云松则以经济发展与收入水平、文化教育、居住生活条

---

① 薛兴华、王运泉：《中国 30 个省会城市居民生活质量评价与分类》，《洛阳师范学院学报》2004 年第 5 期。

② 蔡继梅、顾平：《基于主成分分析法的江苏省居民生活质量评价》，《价值工程》2009 年第 6 期。

③ 茅媛媛：《江苏省城市居民生活质量综合评价分析——以苏州、扬州、淮安为例》，《北方经贸》2010 年第 3 期。

④ 张婷婷：《构建江苏省农村居民生活质量评价指标体系》，《统计科学与实践》2010 年第 4 期。

⑤ 查奇芬、张奇宝：《江苏省城镇居民生活质量评价分析》，《商业时代》2010 年第 9 期。

⑥ 邵法焕、田彩霞：《广西各地区居民生活质量评价实证研究》，《时代金融》2010 年第 12 期。

⑦ 彭浩、曾刚、徐中民：《黑河流域居民生活质量研究》，《人文地理》2009 年第 4 期。

件、健康状况、社会保障、资源环境等六个子体系为基础，构建了内蒙古的生活质量评价指标体系。[①]

以上研究评价区域生活质量的指标体系忽略了人们对幸福感的主观体验，而对社会、文化等与生活质量息息相关的领域缺乏评价，具有较大的局限性。在探讨生活质量方面，我国学者不仅进行了区域研究，还取得了群体生活质量研究的重要进展，在社会学和医学领域分别对老年人、高知女性和农民工的生活质量进行了评价研究。刘渝琳、王路和赵卿主张老年生活质量包括健康、物质、家庭、精神和生活环境五个方面，通过比较老年人与其他人口群体的生活质量，发现老年人特别关注和需求健康，因此建立了包含23项内容的评价指标体系。[②]

四　指标选择

（一）基于指标科学性

建立科学合理的生活质量评价指标体系，可以全面测量人民的生活条件和水平，有助于有效评估社会发展，也可将其作为国家政策和发展战略制定的重要依据，或检验各项政策实施效果的重要参考。因此，我国在生活质量指标体系设计时要与社会发展和国家政策更紧密地结合，及时反映生活领域的变化，确保所包含的指标能够反映当前和未来的需求。同时，增强我国生活质量评价指标与国际社会的兼容性和可比性，也是我国生活质量研究应该关注的关键方面。下面将从具体指标的科学性层面进行剖析。

从物质生活层面来看。食物作为生命质量及生活质量的重要因素，直接影响人们的健康、体力、精神状态和整体福祉，并且，提供了身体所需的营养素，如维生素、矿物质、蛋白质、脂肪和碳水化合物。适当的饮食有助于

---

① 王云翠、王云松：《内蒙古人力资源对经济增长贡献的实证分析》，《内蒙古科技与经济》2010年第17期。

② 刘渝琳、王路、赵卿：《中国老年人口生活质量评价指标体系的构造》，《重庆大学学报》（自然科学版）2005年第8期。

维持身体各个系统的健康，降低慢性疾病的风险，如心脏病、糖尿病、高血压和癌症。其中，蛋白质摄入作为首要的影响人体生命质量的重要物质之一，对于维持身体组织的健康至关重要。足够的蛋白质摄入有助于维护肌肉、骨骼、皮肤和其他重要器官的健康。其中，蛋白质在免疫系统中扮演重要角色，有助于抵御感染和疾病。足够的蛋白质摄入可以增强免疫系统的功能，提高身体的抵抗力。适量的蛋白质摄入有助于控制体重，因为它可以增加饱腹感，减少食欲，从而有助于预防过度进食。蛋白质中的氨基酸是大脑化学物质的前体，对于维持良好的大脑功能至关重要。足够的蛋白质摄入有助于提高注意力、思考能力和维持情感健康。适量的蛋白质摄入有助于保持饮食的平衡。蛋白质通常与碳水化合物和脂肪一起构成健康的饮食，确保获得各种营养素。

从另一角度来看，家庭食品支出决定了家庭成员的饮食品质。购买新鲜、均衡、富含营养的食物有助于维持健康，降低慢性疾病的风险，如心脏病、糖尿病和肥胖。充足的食品支出可以保证多样化的饮食，包括各种水果、蔬菜、蛋白质和谷物。这有助于确保获得各种营养素，维持身体的平衡和营养供给多样性。合理的食品支出有助于家庭成员的健康和幸福，提高其生活质量。同时，家庭也应该在食品支出方面有明智的预算，以确保经济可持续性。

从精神生活层面来看。当前，人们崇尚自由的生活，能够自主决定自己的行动和生活方式。这种自主性使人们感到更有价值和自尊。并且，自由使个体能够追求幸福，提高满意度。拥有更多的自主权和控制权通常会使人感到更满足和幸福。其中，休闲度假提供了机会，使人们能够远离工作和日常生活中的压力，可以放松身心，恢复精力。这有助于减轻压力和焦虑，提高心理健康水平。一是休假可以提供与家人和朋友共度时光的机会，这对幸福感有积极的影响。社交互动可以增强关系和增加幸福感。二是休假的主要目的之一是放松和减轻压力。度假是否真正能够帮助人们摆脱工作和日常生活的压力对幸福感至关重要。

与此同时，家庭在教育和娱乐方面的支出有助于提高生活的品质，丰富生活体验，增强满足感，促进个人成长和家庭互动。这些支出在提高家庭成员的生活质量和幸福感方面发挥着重要作用。

（二）基于指标客观现实性

上述关于国外和国内对于高质量生活的界定及其衡量指标虽然有所差别，但总的来看，现代社会已经发展到一个更为多元化和工业化的阶段，只是"民以食为天"这句话仍然反映了食品在人们生活中的重要地位。无论是古代还是现代，人们都需要足够的食物来维持生命和健康。饮食安全和供应对于社会的稳定和人民的福祉都具有不可替代的重要性。随着生活水平的提高，中国居民对健康的关注逐渐增加。人们开始更加重视饮食对健康的影响，注重摄入营养均衡的食物以维持身体健康。随着对健康的重视，人们对饮食多样性的需求也增加。越来越多的中国居民开始关注各类营养的摄入，不仅仅是主食，还包括蛋白质、蔬菜、水果等。

比较近 20 年的数据可以发现，中国居民越来越热衷于旅游，国内外旅游目的地受到广泛关注。人们愿意投入时间和金钱来探索不同的地方，体验不同的文化和风景。中国居民越来越重视休闲和娱乐，从户外活动、健身运动到观看电影、参加音乐会等各种形式的娱乐活动都受到欢迎。总体来说，中国居民对旅游、教育和娱乐的注重反映了社会的发展、人们对多样化体验的追求及对个人成长和幸福感的关注。这些趋势为人们提供了更加丰富多彩的选择，提高了他们的生活质量。

下面将描述我国 2014~2023 年居民生活食品支出方面的变化情况。

首先，2014~2023 年我国居民人均可支配收入呈现阶梯式上升的趋势，从 2014 年的 1.96 万元增长到 2023 年的 3.94 万元，约增长了一倍（见图1）。

其中，恩格尔系数表示食品支出总额占个人消费支出总额的比重，一个家庭收入越少，家庭中用来购买食品的支出所占比例就越大。如图2所示，2014~2023 年，我国城乡居民在食物支出方面，在 2018~2019 年出现拐点，2018 年以前恩格尔系数呈现直线下降趋势，而 2019 年之后，出现大幅上升，2020 年后趋于平稳，2022 年后又出现小幅下降。因此，分析食物支出可以直观地反映居民生活质量的高低起伏变化。

其中，对于粮食安全的理解应当是多维角度的，不只是要保证每个人吃

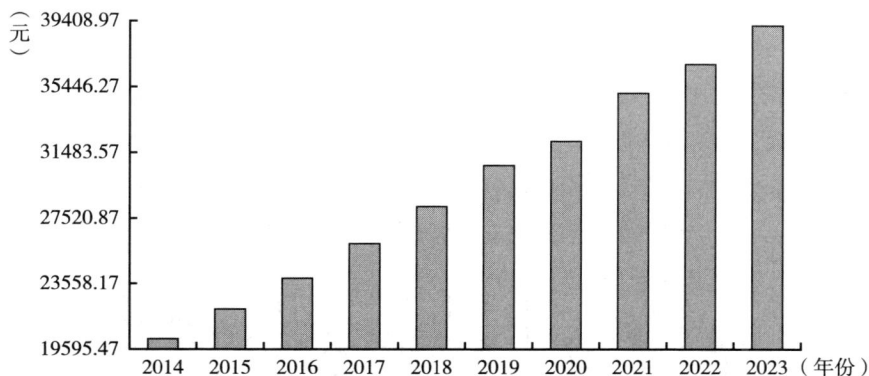

图1 2014~2023年我国居民人均可支配收入变化情况

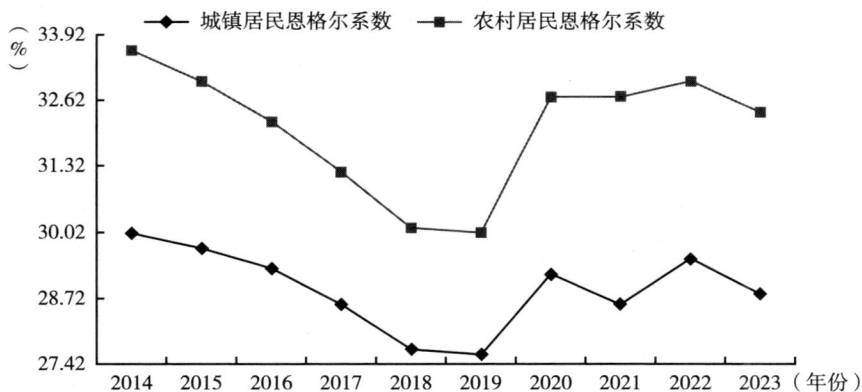

图2 2014~2023年我国城乡居民恩格尔系数变化情况

得上饭和吃得饱，而且要吃得好和吃得有营养，从而在饮食和能量供应上维持人的正常生理和工作需求。因此，肉蛋奶作为居民日常生活必需品，和粮食、蔬菜一样，关系着民生。图3为我国2014~2022年，居民肉类、蛋类和奶制品的消费变化情况。其中，居民人均蛋类消费量几乎一直处于上升趋势，居民人均奶类消费量变化幅度不大，而肉类消费量在2021年、2022年有所提升。

随着城乡居民收入水平的提高、生活观念的转变及生活节奏的加快，人

图例：
☐ 居民人均肉类消费量　▨ 居民人均蛋类消费量
▦ 居民人均奶类消费量

（千克）

纵轴刻度：35.32　29.82　24.32　18.82　13.32　7.82

横轴：2014　2015　2016　2017　2018　2019　2020　2021　2022（年份）

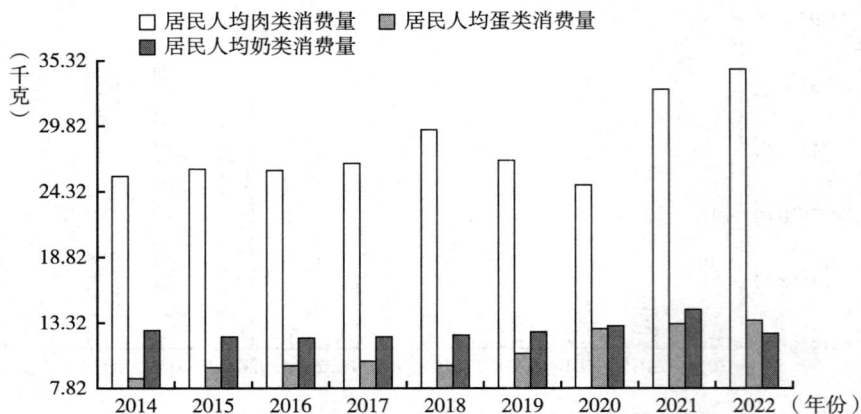

图3　2014~2022年我国居民人均肉蛋奶消费变化

们在外就餐的次数明显增加，消费金额急速上升，占食品支出的比重也不断增加。2020年我国居民外出餐饮占饮食全部支出的比例高达49.59%，[①] 可见，我国居民在饮食消费中的升级，以及人们开始追求食品消费的享受性和饮食质量。中国经济快速发展，随着居民收入增加，居民饮食结构也快速发生改变。《中国居民膳食指南（2022）》中提到，随着我国社会经济的发展，居民的饮食习惯发生了巨大变化，其中最明显的是随着收入水平的提高，人们更倾向于食用动物来源食物，尤其是畜肉类食品。[②] 肉类消费急剧增加。中国消费者的饮食结构正在从"吃饱"向"吃好"和"吃精"转变。从以上变化可以看出，高品质的生活与对食物的要求有着密切的联系，人们越来越重视食物的品质、健康性和可持续性。

文化精神生活日益充实。旅游已成为城镇居民放松和度假的新途径。随着人们生活水平的提高和生活理念的转变，尤其是自1994年决定实行五天工作制及1999年决定开始实行"五一""十一"长假后，居民外出旅游越来越成为度假的首选方式。旅游方式也日益多样化，从短途的城市周

---

① 《3.5万人研究显示：每天外食超过2顿，死亡风险增49%》，https：//m. thepaper. cn/newsDetail_ forward_ 22094678，最后访问日期：2024年7月25日。

② 参见国家统计局官网，https：//data. stats. gov. cn/search. htm？ s＝%E5%9B%BD%E5%86%85%E6%97%85%E6%B8%B8%E4%BA%BA%E6%95%B0。

边游、周末的国内游，到长途的国内游和出境游。游客们不再仅限于简单的跟团游，而是逐渐转向自助游。城乡居民用于旅游的支出逐年增长，旅游人次不断攀升。2023 年，国内居民出境人数 100096 万人次，国内旅游人均花费 1004.6 元。[①] 旅游受到越来越多居民的喜爱和推崇，已成为人们陶冶情操、增长见识的重要途径。文化设施不断增加，娱乐方式趋于多样化。随着城乡居民物质生活水平的不断提高，人们开始不断追求精神文化生活，文娱类消费日益受到居民的青睐。人们的休闲活动方式已经发生了巨大变化，不再仅限于过去简单的"待在家里看电视，出门看电影"。如今，茶楼、酒吧、咖啡馆、书店、度假村等众多的休闲场所如春笋般迅速涌现，为人们提供了更加丰富多彩的休闲选择。人们的闲暇生活变得更加多姿多彩。此外，随着运动场所不断增加，社区健身角随处可见，各类体育馆、游泳池、健身房及瑜伽馆等更是成为人们喜爱的锻炼场所。居民家庭的教育投资理念也不断增强，无论是成人工作之余的充电，还是子女的课外兴趣班，居民的教育支出大幅增长。

（三）基于指标数据可获取性

国际与国内在测算生活质量时，所用到的数据来源不同。不可避免地存在的现象是，不同数据来源可能采用不同的样本选择方法，这可能会导致结果的偏差。但是为了在满足数据可获得性的前提下，最大限度地保持指标的一致性，所用指标通常被学术界广泛应用。

首先，对于国别指标来说。国际指标通常依赖于各个国家主动提供数据，而且国际指标通常需要跨国数据比较，因此需要确保不同国家的数据具有一定的可比性。这可能需要国际组织或标准制定机构制定数据收集和报告标准，以确保数据的一致性和质量。

其中，蛋白质摄入量是健康饮食的一部分，蛋白质是身体所需的重要营养素之一。联合国粮食及农业组织（FAO）通常会发布有关蛋白质摄入量

---

① 《中国居民膳食指南》，http://dg.cnsoc.org/，最后访问日期：2024 年 7 月 25 日。

的数据，这些数据可用于监测全球各国的营养状况和饮食趋势，也可用于评估不同国家和地区的蛋白质摄入水平，以帮助政府和国际组织了解饮食质量与人口的营养状况。这些数据通常在 FAO 的官方网站上发布，并可能包括年度或定期更新的统计信息。我们可以在 FAO 的网站上查找相关报告、数据库或数据集，以获取最新的蛋白质摄入量数据和相关信息。

除此之外，带薪休假天数（也称全球度假天数或年度休假天数）是一个反映不同国家和地区对员工休假权利保护的数据。带薪休假天数是一个重要的参考数据，是衡量生活质量的重要指标。许多国家的统计部门和劳动部门会发布这一数据。这些数据通常可以在各国政府官方网站上找到。一些国际研究机构和非政府组织会进行有关休假权利和度假时间的研究，并发布相关数据和报告。国际层面选取带薪休假天数作为评价指标。

其次，对于国内数据来说。国家统计局官网数据（国家统计年鉴）可以通过对其真实性、准确性、完整性、及时性、适用性、经济性、可比性、协调性和可获得性等方面展开综合评价，以评估统计数据的质量。且这类数据较为容易获取，从而保证了数据的便捷性和清晰度。

其中，对于国内指标来说，省际分析选取家庭人均日蛋、奶制品消费量作为衡量指标，肉、蛋、奶是人类的重要蛋白质来源，其摄入量也是衡量一个国家和地区营养水平与生活质量的重要指标。蛋、奶制品对于生活质量是重要的，但它们应该与其他食物一起构成均衡的饮食，以确保获得全面的营养供应。选取该指标对应国际评价的人均蛋白质摄入量指标，也是基于数据可获得性方面（数据来源为国家统计年鉴）的考虑。

选取教育文化娱乐消费占比作为指标。生活质量是一个多维度的概念，涵盖教育、文化、娱乐及许多其他因素。教育、文化和娱乐占比可以提供许多信息。随着时间的推移，居民文化和娱乐消费规模不断扩大，对满足人民日益增长的美好生活需要起着越来越明显的作用，反映了个体对发展、学习和娱乐的重视。高水平的教育支出通常有助于提高人们的知识水平、技能和增加职业机会，从而提高生活质量；文化领域的支出可以促进文化活动、艺术、文化遗产保护和文化参与。这有助于增强文化生活的多样性,实现娱乐和精神满足,增强社会互动;娱乐支出可能包括体育、休闲活动和娱乐场所的资金支出。它可以提供娱乐和休闲机会,有助于减轻压力、增加生活乐趣。三种消费数据均可从国家或各地官方统计网站获得(数据来源为各省、市的统计年鉴),并进行汇总,保证了数据的质量。为与省级指标有效衔接,地市级均选取可在官方数据渠道获取的同类型指标。

综合以上几点原因,本报告关于人口生活高质量的指标选取从两个大的维度出发,一是食物维度,二是休闲、教育、文化、娱乐维度。表1为指标具体名称、定义与内涵。

表1 人口生活质量指标

	指标名称	定义	内涵
食物维度	人均蛋白质摄入量	国家每人每年平均蛋白质摄入量(kg)	测度个体摄入食物品质
	家庭人均日蛋、奶制品消费量	各个省份家庭人均日蛋、奶制品消费量(kg)	可反映蛋、奶制品在日常饮食中所占比重
	恩格尔系数	食品支出总额/支出总额(%)	用来衡量一个家庭在消费中用于购买食品和非食品比例的指标
休闲、教育、文化娱乐维度	人均带薪休假天数	每人在一定时间内用于旅游度假的平均天数(天)	用来衡量一个国家或地区人们的旅游度假活动的频繁程度和普及程度,反映了该国家或地区的旅游文化和生活方式
	教育、文化、娱乐消费占比	通常是通过将教育、文化和娱乐方面的支出总额除以总支出来计算得出(%)	反映了一个地区或家庭在日常消费中对于教育、文化和娱乐的重视程度

五 人口生活质量评价结果分析

(一)国际评价结果分析

根据多种指标评价方法计算出的人口生活质量排名结果中,图4呈现了国际人口生活质量排名前 100 的国家的区域分布情况。如图 4 中所示，欧洲国家的生活质量指数得分远远高于其他大洲，其中位数为 7.48 分。南美洲国家与大洋洲国家的生活质量指数得分中位数较为接近，分别为 5.77 分和 5.66 分。亚洲国家的生活质量指数得分中位数为 6.70 分，非洲国家的为 4.96 分，北美洲国家的为 4.61 分。下面将重点分析人口生活质量、排名靠前的国家的情况。

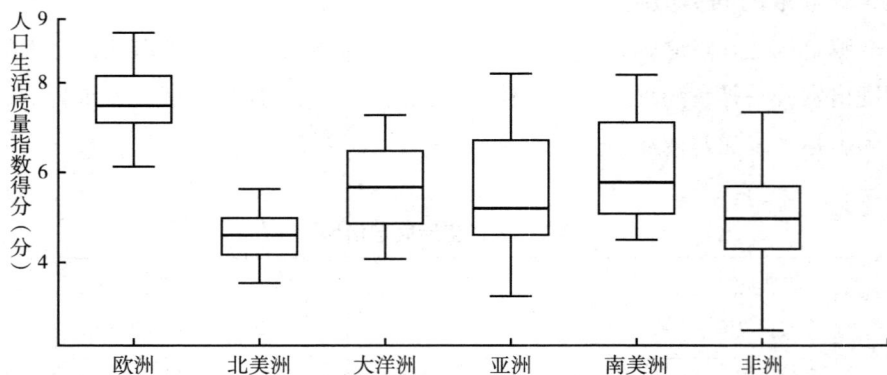

图 4　国际人口生活质量洲际比较

　　根据三种方法计算的人口生活质量综合得分，立陶宛为 9.11 分。之所以有如此高分，主要可能因为该国位于东欧，其经济状况、地理位置等因素具有优势。立陶宛在过去几年里经济表现良好，有一定的经济稳定性。该国在加入欧盟后，也受益于欧洲经济整体发展。首先，立陶宛拥有丰富而多样的传统食物，如奶酪和肉类等。食物往往是以当地原材料制成，保留了丰富的口味和营养价值。而且作为波罗的海国家之一，立陶宛位于波罗的海地区，周围环境适宜发展农业和渔业。新鲜的海产品也是立陶宛食物中的一部分，为当地提供了多样化的口味选择。在当地，人们注重新鲜、本地和有机食物，这有助于提供更高品质的食品。其次，立陶宛国民在度假方面有着一定的习惯和偏好。尽管立陶宛是一个小国，但其居民普遍重视休闲和度假，尤其是在夏季，许多人会选择前往波罗的海海岸或者国内的度假胜地放松和享受假期。克莱佩达和帕尔努等波罗的海沿岸城市是热门的夏季度假目的地，吸引了大量的立陶宛国民和国际游客。此外，立陶宛还有许多自然风光优美的地区，如特拉凯湖区和科尔纳托尔沙丘，这些地方也是居民喜爱的度假胜地之一。许多人选择在夏天前往海滩、湖泊或乡村地区度过休闲时光，如徒步旅行、骑自行车、划船、露营和钓鱼等野外活动是常见的选择。更值得一提的是，立陶宛节庆和传统活动在人民生活中扮演重要的角色，例如，约翰节、维尔纽斯市庆祝日、卡斯米耶尔卡节日等传统节日。而且，这些传统节日通常伴随着丰富的食物。人们经常通过传统的烹饪方法庆祝节日，强调食物的品质和地道性。总的来看，在以上多方面因素的影响下，该国的居民生活品质较高。

法国人口生活质量的综合得分为 8.85 分。从休闲度假方面来看，众所周知，法国人通常享有较长的年假，这使得他们有更多的时间用于度假。首先，法国有浓厚的度假文化，法国人民对于度假有着积极的态度，喜欢通过旅行来放松身心、体验文化和探索新地方。这种对休闲的重视也反映了法国社会中对生活质量和健康平衡的关注。其次，法国有着较长的假日，全职工作人员每年享有至少 5 周（25 个工作日）的带薪假期。这使得法国人有充足的时间可以安排长期度假或分散在一年中的多个短期假期，这为人们提供了更多的休闲和度假机会。再次，法国人有多种度假方式，包括国内旅行、海滨度假、山区度假（特别是阿尔卑斯山脉和皮埃尔山脉等滑雪胜地）、农村度假（如普罗旺斯地区），以及出国旅行（例如到意大利、西班牙等欧洲国家旅行）。除了法定的带薪假期外，法国还有一些公共假期，人们经常利用这些时间安排短途度假。此外，法国也有一些被称为"桥接假期"的现象，即人们将公共假期与周末连接起来，形成较长的休息时间。最后，法国人有幸生活在一个多样化而美丽的国家，他们可以选择在国内的各个地方度假，包括阿尔卑斯山、普罗旺斯、地中海沿岸、大西洋沿岸等。这使得他们可以在自己的国家内体验多样化的风景和文化。从以上多方面因素可以看出法国国民把休闲和享受生活看作生活的一部分，这种对度假的态度反映在他们的日常生活中，也在法国的度假文化中得以体现。

在居民饮食方面，法国人在食物品质方面有着极高的追求，这反映了法国文化对美食和饮食传统的深刻关注。首先，法国以其丰富的美食传统而闻名。法国菜在国际上享有盛誉，被认为是世界上最精致和高雅的烹饪之一。传统的法国料理注重新鲜、优质的原材料和复杂的烹饪技巧。其次，法国人通常喜欢食用本地和季节性的食材。他们对食材的选择非常挑剔，追求新鲜、有机、天然的食品，以保证食物的口感和品质。再次，法国人普遍对烹饪和烹饪技巧有着浓厚的兴趣。他们重视烹饪的过程和技艺，尊重传统的烹饪方法，从而确保每一道菜都具有最佳的味道和质感。最后，在法国，传统市场是购买食材的重要场所。法国人习惯在市场上挑选新鲜的食材，与当地农民和商贩建立联系，以确保食物的品质和来源。总体而言，法国人在食物品质方面的高追求反映了他们对美食、烹饪艺术和食物的文化价值的关注。这种追求不仅体现在高级餐厅中，也贯穿于他们日常生活中的家庭烹饪和用餐文化。

俄罗斯人口生活质量高主要体现在其饮食方面。一是由于俄罗斯气候寒冷，特别是在冬季，人们可能更倾向于食用能提供能量和热量的食物，如肉类。肉类被认为是一种高能量的食物，有助于抵御寒冷天气。二是俄罗斯拥有广阔的农业和畜牧业领域，养殖业发达。这提供了丰富的肉类资源，使肉类在俄罗斯的食物体系中占有重要地位。而且，由于农业和畜牧业的发展，肉类在俄罗斯是相对便宜和易得的食材。这使得肉类对许多人来说是一种负担得起的食物选择。三是俄罗斯文化中有许多与肉类相关的传统美食，如俄式烤肉、肉饼、香肠和肉汤。这些传统美食在俄罗斯家庭和餐馆中很受欢迎，成为人们日常饮食的一部分。以上几点因素均决定了俄罗斯国民肉类消费占比超高。

上述几个国家均有着较高的人口生活质量，除了受地域因素的影响，饮食文化和度假文化均起到关键性作用。以上国家人口数量较少，生活压力较低，社会福利体系较为完善，均为其高品质的生活提供了有利条件。

（二）中国省际评价结果分析

根据我国 31 个省份的生活质量指标得分情况，按照 7 个行政区域分类进行划分，其中，华北地区各省份的人口生活质量指数排名整体较为靠前，其中位数为 11.24，高于其他行政区域的中位数。而华东地区个别省份的数值较高，例如上海市。从整体来看，我国 31 个省份中人口生活质量较高地区多数集中在华北地区，个别为华东地区（见图 5）。

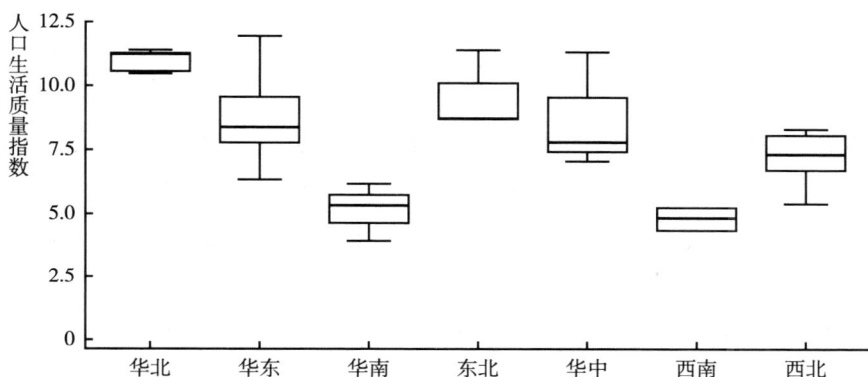

图 5　中国省级人口生活质量行政区域分布

山东人口生活质量靠前，经过指标计算的生活质量得分为 11.96 分。山东省是中国的一个沿海省份，地处黄河下游，胶东半岛东伸入海。土地肥沃，资源丰富，为山东人民较高的生活质量奠定了基础。一是山东省是蔬菜种植大省，蔬菜价格相对较低。二是山东的产业集聚形成了规模经济与产业链，农产品成本降低。

此外，山东省一直以来以其深厚的教育传统和先进的现代教育理念而闻名，是全国最重视孩子教育的省份之一。在家庭教育指导方面，山东省更是走在全国前列。山东重视家校合作，倡导家长与学校共同参与孩子的教育过程，通过各种家校活动，提供家庭教育的方法和技巧，使家庭成为孩子成长的重要场所。

内蒙古自治区人口生活质量得分为 11.24 分。内蒙古是一个多民族聚居地，地广人稀、拥有面积辽阔的草地，草资源丰富，是我国重要的畜牧业生产基地之一，有着丰富的畜牧品种。加之，内蒙古的气候干燥寒冷，适宜畜牧业的发展。因此，牲畜养殖在这里是一项重要的经济活动，而畜牧业的主要产品就是肉类。此外，由于内蒙古地区牛羊众多，奶制品也在饮食中占有一席之地，如乳酪和奶茶等。因此，肉奶类消费占家庭全部消费的比重也较高。以上可能是导致该地区人口生活质量较高的主要原因。

北京和上海作为我国超大城市，经计算的人口生活质量得分分别为11.28 分和 10.35 分。它们是中国较发达的城市，拥有强大的经济实力。城市中有众多国际公司和金融机构，从而提供了丰富的就业机会，也带动了较高的薪资水平。两个城市都拥有一流的高等教育机构和优质的中小学，教育资源相对充裕。也拥有先进的医疗设施和医疗资源，可提供高水平的医疗服务。居民可以享受到相对较好的医疗保障。两个超大城市有着丰富多彩的文化和娱乐活动。人们可以参与各种艺术展览、音乐会、戏剧演出等，可享受多元化的文化生活。因此，以上几点为生活在以上城市的居民提供了较好的精神和物质条件。

（三）中国地市评价结果分析

从全国 250 个地级市的人口生活质量评价结果中可以看出，排名靠前的城市主要集中在我国的东北地区、东部地区、西部地区与中部地区。排名前30 的地级市中，东北地区有 2 个，东部地区有 11 个，西部地区有 4 个，中部地区有 13 个。可见，中部地区与东部地区城市居民的生活质量普遍偏高。下面列举一些典型城市进行逐一分析。

山西省临汾市的人口生活质量得分为 9.03 分。该城市位于山西省西南部，历史悠久，是中华民族的重要发源地之一，也是黄河文明的发祥地，被誉为"华夏第一都"。这个城市在华北地区是重要的粮棉生产基地，主要种植小麦、棉花等农作物，被誉为"棉麦之乡"和"膏腴之地"。这座城市的产业体系已经多元化发展，成为山西省重要的新能源和工业基地之一。该市拥有丰富的自然资源，是中国三大高质量焦煤主产区之一。此外，该市拥有丰富多样的非物质文化遗产，包括多种民间艺术表现形式。

通过发布的各种信息，可以发现，临汾市近年来稳步推进各级各类教育协调发展，在学前教育方面，普惠性幼儿园占比不断提升。在基础教育方面，加强教育质量监管，全面提升学生综合素质。在高等教育方面，突出抓好高校毕业生就业服务。在终身教育方面，为乡村振兴等培养了一大批人才。此外，该市卫生体系也把保障人民健康作为增进民生福祉的重要内容，不断提高医疗卫生服务质量和水平。为了维护全体居民的全生命周期健康，有效预防和控制重大疾病，该市正采取多种形式、从不同角度进行健康行为干预，大力提升广大群众的健康素养。有了健康的保障，人民生活质量不断提升，幸福感逐渐增强。还有，该市将就业创业作为民生之本，充分做好稳就业、惠民生工作。利用当地以面食著称的优势，该市在餐饮方面培养了一大批人才，重点打造品牌劳务，源源不断地注入"就业岗位"，让更多的临汾百姓有活干、有钱赚、有奔头。

湖南省长沙市的人口生活质量得分为 8.52 分。该城市素有"楚汉名城""屈贾之乡"的美誉，具有深厚的文化底蕴，旅游资源极其丰富，是一座传统与现代、典雅与时尚交相辉映的城市。在教育发展方面，凭借基础教育品牌、拥有众多中小学百年名校的优势，长沙市深入推进基础教育集团办学，实施新品牌学校培育计划，并优化资源配置，让薄弱学校快速补短，努力让优质的教育惠及更广泛的人群，这也是长沙品质教育的重要内容。此外，长沙的饮食和娱乐也是当地特色之一。近年来，长沙市深入洞察年轻人消费需求，通过营造良好的营商环境和创新氛围，激发了经营主体在"餐饮+文化旅游"方面的前沿探索，为居民和游客提供了享受美食的体验空间。既吸引了大量外地游客前来体验和消费，也丰富了当地年轻人的日常娱乐生活、使人们感受到对真实生活的尊重和脚踏实地的幸福。最后，值得一提的是，尽管长沙作为新一线城市，发展速度较快，但其居民生活成本较低，这也是造就该城市人口生活质量较高的重要因素之一。

河南省郑州市的人口生活质量得分为 8.55 分。郑州作为河南省的省会城市，拥有良好的生活环境和丰富的资源，被认为是宜居城市。首先，郑州拥有便捷的交通网络，包括高速公路、铁路和航空等，交通便利，方便居民出行。郑州还有完善的公共服务设施，包括医疗、教育、文化等方面，为居民提供了舒适和便利。近年来，该市每年都会推出一批民生实事，不断增进民生福祉、提高人民生活品质。郑州市从人民群众最关心、最直接、最现实的利益问题方面着手，重点解决群众关注度高、民生关联度大的问题。这主要体现在以下几个方面。在养老服务方面，该市重点关注养老服务问题，为社区老年人提供助餐服务。推进居家环境适老化改造，完成特殊困难老人家庭适老化改造。在托育服务方面，让居民在家门口就能享受到普惠、科学的托育服务，政府逐年加大普惠托育服务力度。持续实施普惠托育服务专项行动，为3岁以下婴幼儿家庭提供方便可及的托育服务，进一步提升普惠托育水平。在支持青年人才就业方面，该市引进大批青年人才留在郑州创业就业，做好青年人才驿站运营管理工作，努力营造"建设青年之城塑造活力之都"的青年发展氛围。

此外，河南省洛阳市的人口生活质量综合排名也较为靠前，经计算的该市人口生活质量得分为7.21分。该市位于河南省西部，作为中国历史文化名城，不仅拥有悠久的历史和丰富的文化底蕴，也在经济、交通、旅游等方面有着良好的发展基础，是河南省乃至全国重要的城市之一。首先，洛阳市经济结构不断优化，经济发展从规模速度型转向质量效率型，创新驱动发展，居民收入持续提高，消费供给不断增加，居民消费能力增强，消费领域持续拓展，消费水平不断升级。随着洛阳市城乡居民收入的不断提高和消费品市场的日益繁荣，居民消费选择不断多元化，生活质量有了显著的提高。消费的模式和方式发生了很大转变，个性化服务、多元化服务产品越来越盛行，居民消费结构不断升级。其次，随着洛阳经济持续稳定增长，洛阳着力打造"居者心怡、来者心悦"的宜居宜业现代化城市，以项目为载体推进城市更新，带动城市基础设施建设，优化城市现代化功能实现城市与人的良性互动。再次，教育文化生活多姿多彩。随着生活品质的不断提高，人们对精神消费需求和教育消费需求更加迫切。洛阳积极推动文化繁荣兴盛，主动融入黄河文化带、大运河文化带建设，深化提升文化传承创新体系，加快建设文化强市，描绘"古今辉映、诗和远方"新画卷。争创国家文化产业和旅游产业融合发展示范区。大力弘扬社会主义核心价值观，完善公共文化服务体系，深化"书香洛阳"建设，坚持建管并重，建成城市书房、小游园、洛阳"乐道"等，实现了惠民利民、温暖民心，15 分钟"阅读圈""健身圈"基本建成，群众获得感、幸福感、安全感更加充实。另外，从婴幼儿早期教育到课业丰富的老年大学，从在校学生的各种艺体特长班再到成年人提升岗位竞争力的在职教育，教育已经成为居民家庭的一项刚性支出且增长迅速。洛阳居民的文化娱乐生活从去电影院、游公园等较单一的娱乐活动向旅游、健身、K 歌以及种花、养鸟、钓鱼等丰富多彩的文化娱乐生活转变。

江苏省苏州市是人口生活质量较高的城市，得分为 7.00 分。该城市作为中国经济发达的城市之一，拥有发达的制造业、服务业和外贸业，人均GDP 较高，居民收入水平相对较高，这为居民提供了良好的生活条件。其人口生活质量较高主要由于以下几点。第一，在教育方面，苏州拥有多元化的教育机构。包括多所知名高等教育机构，如苏州大学、东吴大学、苏州科技大学等，以及一批优质的中小学，中小学普遍具有较高的教学水平和较多的教育资源投入，教师队伍素质高、教学设施完善，教学质量得到了保障。而且，苏州市政府高度重视教育事业发展，加大了对教育的投入，提升了教育资源的配置和利用效率，促进了教育事业的发展。此外，苏州市教育部门积极引进国外先进的教育理念和教育资源，推动了教育的国际化发展，为学生提供了更广阔的学习空间和更多的发展机会。第二，在居民饮食方面，悠久的历史文化造就了苏州人民的饮食文化传统，其独特的地理环境和历史文化底蕴，孕育了多种具有地方特色的美食和烹饪技艺。丰富优质的食材，如太湖大闸蟹、吴中猪肉等，为苏州饮食文化提供了前提。因此，人们可获得较高品质的食物。第三，苏州作为历史悠久的文化名城，拥有丰富的文化遗产，如苏州园林、传统建筑、传统手工艺等，这些文化资源为居民提供了丰富的文化体验和参与机会。

此外，江苏省南京市人口生活质量水平也较高，该市人口生活质量得分为 7.51 分。南京市作为江苏省会城市，也是中国东部地区的重要城市之一。南京在历史、文化和经济上都有着重要地位。它以其悠久的历史、丰富的文化遗产和美丽的风景而闻名于世。同时，南京也是中国现代化进程中的重要城市之一，拥有发达的经济、教育、科技和文化产业。南京的经济发展值得称赞，服务业发达，生活便利。新中国成立后，南京在石化、机械、电子、钢铁、汽车、军工等领域发展迅速，是重要的工业基地，生物医药、半导体、电子通信等新兴产业也在南京迎来大发展。如今的南京，第三产业发展迅速，新街口商圈被誉为中华第一商圈；河西、仙林、江宁等副城已经发展成为现代化新城；作为国家级新区的江北新区已经进入大发展时期，未来将成为整个江苏的亮点。近年来，南京市聚力提升民生福祉，不断创造人民期盼的高品质生活。南京市不断提升教育发展质量，大力实施学前教育提升计划。促进普通高中增量提质。在提升城市"硬件"的同时，南京还扎实推进文化强市建设，更好满足群众精神文化需求，让更多历史文化资源亮出来、活起来。南京加大力度保护传承弘扬长江文化，努力将南京打造成为长江国家文化公园江苏段核心示范区和长江流域的璀璨明珠。

上述人口生活质量较高的城市存在着多处共性。第一，在经济层面，鼓励产业结构优化升级，培育发展新兴产业和高技术产业，增加就业机会和提高人民收入水平。同时，加强对小微企业和农村经济的扶持，推动农村产业转型升级，增加农民收入。第二，在教育层面，增加教育资源投入，提升教育质量，改善学校基础设施和增强师资力量。推动教育均衡发展，包括提供更多的教育机会和学习资源。第三，在基建层面，投资兴建基础设施，包括道路、桥梁、交通、供水、供电、通信等，改善交通条件，提高公共服务水平，增强地区的整体竞争力和吸引力。第四，在政府层面，加强社会管理和公共安全建设，维护社会和谐稳定，提供更多的民生服务，包括社会救助、就业培训、文化体育、社区服务等，满足人民多样化的需求。

B.6
人口宜居环境发展报告

江天河*

摘　要：　本报告关注宜居环境对人口高质量发展的影响。基于环境质量、人口-环境系统与人居环境的基本概念，参考环境权、生态文明、低碳发展等相关理论，分析了人口宜居环境和人口高质量发展的内在联系。基于上述理论和权威数据集的匹配，依据多学科专家建议，最终选择空气质量、碳排放、废弃物处理（生活垃圾无害化处理率）作为核心指标，反映人口高质量发展的宜居环境水平。统计分析数据显示，人口宜居环境与当地自然资源禀赋、经济发展水平和产业结构有关。自然资源优势区域的人口宜居环境较好，但无明显自然资源优势的区域在高质量、非能源依赖型的经济发展支撑下，也有较好的人口宜居环境。其中，在国际层面，西方发达国家人口宜居环境的排名总体较靠前，这与环境保护政策、环境管理支付能力、绿色技术水平有关。在国内层面，区域发展不均衡导致部分重工业化地区的人口宜居环境水平较低，具有较大的提升潜力；而经济水平限制了一些地区应对自然条件劣势并实现人口宜居环境建设。本报告发现，人口宜居环境发展水平是人口高质量发展的关键要素，不论是在全球还是在我国的地方层面。因此，人口宜居环境不仅需要进行专项整治和建设，也应与区域经济发展的实际条件相结合，使之成为人口高质量发展的坚实基础。

关键词：　人口宜居环境　空气质量　碳排放　固体废弃物处理　生活垃圾处理

---

* 江天河，博士，南京邮电大学人口研究院讲师，从事人口流动与发展、环境与社会评价等方面的研究。

一 概念界定

（一）环境质量

环境是人类生存的空间及其中可以直接或间接影响人类生活和发展的各种自然因素①，而环境质量是环境系统所固有的重要属性之一，它客观地反映了在一定环境条件下，人类群体的生存、繁衍和社会经济发展所需的适宜程度。在人口发展的议题下，环境质量是充分联系了人类对环境的具体需求，并由此发展形成的概念。②

当评估一个地区的环境质量时，现有研究除了考虑诸如气候、绿化程度和工业布局等具体的自然环境因素，也会将该地区的社会经济发展程度和审美状况等社会文化环境纳入考虑。这就构建出了两类主要的环境质量：自然环境质量和社会环境质量。二者共同反映了环境对人类的影响程度及人类对宜居环境的需求。

自然环境质量是指自然环境的总体及内部各要素对人群宜居程度的影响。人类的生存、繁衍、宜居和社会经济高质量发展的具体需求反过来促使人们构建出了完整的关于环境质量的评价体系和评价标准。社会环境质量是指社区结构、资源和人们为安排自己的生活而制定的政策等，具体涉及高质量的居民、社会包容、城市特征、历史文化的保护及归属感等内涵。

一般而言，人们对环境的感官感知和经验判断偏向于定性描述，而通过科学方法和标准量化的指标来进行的定量描述，有助于我们更全面、准确地理解和评价人口高质量发展中涉及的自然环境质量要素。

（二）人口-环境系统

人口-环境系统是一个以人类为核心的复杂系统，它是由人类群体与其

---

① 陈德第、李轴、库桂生：《国防经济大辞典》，军事科学出版社，2001，第443页。
② 陈静生、蔡运龙、王学军：《人类-环境系统及其可持续性》，商务印书馆，2001。

所处生存环境之间的长期互动而形成的。这个系统在考虑人口数量、密度和分布的同时，也涉及人类对自然资源的利用及对环境的影响，它反映了人类与环境之间不断变化的关系，是人类社会可持续发展的重要基础。由于人类社会已经进入"人类世"（anthropocene），其基本特征是人类活动已经成为全球环境变化的主要驱动力，这进一步体现出，相较于其他生物与环境组成的系统，人口-环境系统更具影响力和研究价值。①

在人口-环境系统中，人口与周围环境发生的联系在于，人能动地、有组织和有目的地改造自然，创造适合于自身生存、宜居和发展的新环境，使之更适合于人口发展的需要。这种能动的行为同时受社会经济规律和自然规律的双重约束。人口-环境系统的可持续性主要是指，无论是人口数量、社会经济结构的变迁，还是自然环境的演变，该系统的稳定性都能够为人类社会带来重要的保障，确保人类能够继续得到必需的生态系统服务，以维持其生存和发展的需要。同时，人口-环境系统也反映了人类与自然环境之间的相互依存、和谐共生，强调了人类与环境之间平衡和协调的重要性。

人口-环境系统的客观存在，决定了在探讨人口高质量发展这一议题时，我们必须充分考虑环境要素。环境对人口质量（包括健康、教育、经济状况等多个维度）的提升起到基础性作用。一个优良的自然环境，可以为人口提供适宜的气候、洁净的空气和水，从而保障人口的各类活动、宜居性与发展路径。反之，过度的人口聚集会造成环境资源过度利用，导致环境质量下降，对人口的宜居性和发展潜力造成限制，进而约束人口的行为和决策。例如，在自然环境恶劣的地方，人口生存压力较大，人口的生育、迁移等决策随之变化，表征为人口数量少，人口-环境不协调等特点。

（三）人居环境

人居环境是人聚居生活的地方，也是与人的生存活动密切相关的地表空

---

① Rockstrm J., Steffen W. Noone K., et al., "A Safe Operating Space for Humanity," *Nature* 461（2009）：472-475.

间，是人在大自然中赖以生存和满足人的宜居性的基地，也是人利用自然、改造自然的主要场所。

21世纪初，吴良镛院士提出了"人居环境科学"的概念。这一研究领域是以人类聚居为研究对象，重点探讨人与环境关系的科学体系。人居环境科学在较大程度上拓展了我国建筑学与城乡规划学等专业的研究视野。在《人居环境科学导论》一书中，吴良镛院士将"人居环境"定义为："在自然环境及区域景观生态格局大背景下，人们在生活、生产、交通、娱乐、交往等各项行为环境中，在开发与利用自然的过程中围绕多层空间层级而形成的居住环境。"① 人居环境规划与建设既要遵守自然环境的生态规律和生态适应性，也要满足人的居住及其服务功能的各种需求，并传承地域文化脉络。②

需要说明的是，从不同的角度来看，人居环境可以分为宏观层面的区域景观生态环境、中观层面的社区环境以及微观层面的居住环境。而从内涵来说，人居环境是由物质要素和非物质要素构成的综合体，包括自然生态环境、人工建成环境和社会人文环境等方面。

二　理论基础

（一）环境权理论

1972年的人类环境会议，标志着人权发展的制度建设进入历史升华期，即"环境权"概念的确立。这一时期的标志性文件是《人类环境宣言》以及1992年联合国环境与发展大会通过的《里约环境与发展宣言》（简称《里约宣言》）。从两份宣言中能够看出，它们所关心的环境利益享有者是人类而不是个人，它要"保护和改善"的环境是"人类环境"，

① 吴良镛：《人居环境科学导论》，中国建筑工业出版社，2001。
② 张洪祥、李慧峰、刘明波：《新乡村建设中改善乡村人居环境的策略》，《现代农业科技》2009年第24期。

而不是具体的个人"房前屋后"的环境。这种大视野和共同体的思维，在当时引起了广泛的国际影响与思考。

在学术界，20 世纪 70 年代初，美国学者萨克斯针对美国政府行为中存在的环境管理行政决定过程公众参与程度低、环境行政诉讼中存在的当事人资格等问题，根据公共信托原理，从民主主义的立场提出了"环境权"的理论。① 萨克斯认为，用"在不侵害他人财产的前提下使用自己的财产"这句古老的法格言作为环境品质之公共权利的理念基础极其具有意义。他指出，第一，像大气、水这样具有一定利益的环境对于市民全体来说是极其重要的，因此将其作为私人所有权的对象是不明智的。第二，由于人类蒙受自然的恩惠是极大的，因此与各个企业相比，大气及水与个人的经济地位无关，所有市民应当自由地利用。第三，增进一般公共利益是政府的主要目的，就连公共物也不能为了私的利益将其从可以广泛、一般使用的状态而予以限制或改变分配形式。②

环境权理论一经提出，率先在美国社会上引起了强烈反响。受萨克斯环境权理论的影响，在欧洲及日本都于 20 世纪 70 年代展开了有关环境权问题的讨论。事实上，环境权是属于人类的，这种权利的内容是自得，我们可以把这种权利称为"自得权"，是保有和维护适宜人类生存繁衍的自然环境的人类权利。人类的环境权是指向不可分的环境权益，是人类所享有的整体环境权利。张文显先生在对权利义务做分类时曾把环境权列为人类权。③ 环境权作为一种自得权，它的实现完全依赖于个体自身，与外在因素无关。这种权利不是通过其他有义务的个体履行责任或者义务来实现的，相反，它需要权利主体的努力来实现。

从环境权理论，我们可以更好地理解《里约宣言》为何是一份具备了充分考虑地球环境整体性及人口发展整体利益的宣言，因为它准确地反映

---

① Joseph L. Sax，"Defending the Environment：A Strategy for Citizen Action，" *Harvard Law Review* 84（6）（1971）：1562.

② 汪劲：《环境法律的理念与价值追求》，法律出版社，2000，第 240～241 页。

③ 张文显：《法学基本范畴研究》，中国政法大学出版社，1993，第 103 页。

了人类对环境的权利和义务。其典型体现是，《里约宣言》等人权文件关心如何"满足今世后代在发展与环境方面的需要"，而不只是"今世"人口发展的需要。《里约宣言》提及的"可持续发展"成为一种应对生态环境难题的新思维。在中国政府准备和参加1992年联合国环境与发展大会期间，其被明确接纳为一种国家战略，并很快获得了广泛的媒体关注与公众支持。可持续发展在当代中国从一开始就被理解为环境与发展的相容性或"共赢"（在大多数发展中国家也是如此），即经济现代化的发展目标可以通过一种环境友好的方式来实现，而不是严格意义上的如何保持或增进生态可持续性。①

（二）生态文明相关理论

近年来，生态问题已成为世界各国普遍关注的焦点。随着人类社会的不断发展，生态环境与其之间的矛盾也日益凸显，这种矛盾不仅对全球经济的可持续发展造成了直接的负面影响，而且对人类的生存产生了严重的威胁。我们迫切需要采取措施来保护和改善我们的生态环境，以确保我们的地球能够继续为我们提供良好的生存条件。生态文明是一种文明理念、一种社会形态和一种文明制度，其有深厚的理论根据，主要包括马克思主义关于人与自然的世界观和方法论，"以人为本"与全面、协调、可持续的发展理论，人地系统理论和生态经济系统的生态阈限理论，物质长链利用和循环再生理论，以及产业结构演进规律理论，等等。②

马克思主义生态思想是经典的、被实践充分论证的理论体系，涉及相互关联的三个基本原则。③ 其一，人类要与自然共同进化，协调发展。人类是生长在自然界之中，并以类的形式与自然打交道，因此，就形成了"人-社会-自然"系统。许多年来人类与自然长期和谐相处。但随着工业革命的到来，由于人类征服自然的能力提高，破坏自然的现象越来越严重，人类已经

---

① 郇庆治：《生态文明理论及其绿色变革意蕴》，《马克思主义与现实》2015年第5期。
② 廖才茂：《生态文明的内涵与理论依据》，《中共浙江省委党校学报》2004年第6期。
③ 杨继平：《谈生态文明》，《中国绿色时报》2007年11月26日。

陷入危险境地，需要采取相应措施以保护生态环境并应对环境问题。其二，人类要爱护自然、赞助自然，而不要破坏自然。人是自然的一部分，人应该像爱护自己的身体一样爱护自然，同自然共生共长。马克思说："在实践上，人的普遍性正表现在把整个自然界——首先作为人的直接的生活资料，其次作为人的生命活动的材料、对象和工具——变成人的无机的身体。自然界，就它本身是人的身体而言，是人的无机的身体。人靠自然界生活。这就是说，自然是人们为了不致死亡而必须与之不断交往的人的身体。"[①] 其三，人类要按客观自然规律办事，从必然王国走向自由王国。人类对自然规律是一个由无知到知之，由知之甚少到知之较多，由不会利用到科学利用的过程。人类只有认识自然规律，遵循自然规律，按自然规律办事，自然才会向着利于人类社会的方向发展。否则，人类就会受到自然的报复。马克思说："不以伟大的自然规律为依据的人类计划，只会带来灾难。"[②]

就我国而言，中国共产党正是以马克思主义生态思想为基础，实现了习近平生态文明思想的重大创新。这种理论创新主要体现在如下五个方面。第一，党的十八大以来中国共产党以历史唯物主义为基础，在生态本体论上先后创造性地提出了"生命共同体"、"人与自然生命共同体"及"地球生命共同体"概念。第二，强调生态整体的和谐与生态优先原则的理念。扬弃西方"深绿"和"浅绿"生态思潮的价值立场，立足于中国生态文明建设的现实，成为指导我国生态治理和生态文明建设的辩证统一理论。第三，坚持生态文明建设与发展是不可分离的辩证关系，只不过这种发展不是传统的以劳动要素投入为主的粗放型发展，而是以科技创新为主导的生态文明发展方式。第四，强调用最严格的制度、最严密的法治保护生态环境，把生态文明制度体系建设与培育生态价值观和生态文化建设有机结合起来，使外在的制度强制规范转化为内在的道德自觉的"德法兼备"的社会主义生态治理观。第五，"人民性"的价值追求和"人类情怀"的主张已成为党的十八

---

① 《马克思恩格斯全集》（第 42 卷），人民出版社，1979，第 128、95 页。

② 《马克思恩格斯全集》（第 20 卷），人民出版社，1971，第 519~520 页。

大以来生态文明建设思想的价值归宿，这主要体现在"以人民为中心"的发展思想、"环境民生论"及共谋全球生态文明建设三个命题上。[①]

（三）低碳发展理论

低碳经济的发展理念与可持续发展理论具有相近的理论渊源，后者很大程度上是前者的理论基础。可持续发展理论是20世纪80年代，人类反思资源与环境危机后形成并很快达成共识的发展理念。可持续发展理论，深刻解释"自然-社会-经济"复杂巨系统的运行机理，其思想核心在于正确辨识人与自然和人与人之间的关系，要求人以最高的智力水准与泛爱精神的责任感，去规范自己的行为，创造公平、理性与和谐的世界。[②]

可持续发展的最终目的包括以下几点。[③] 其一，不断满足当代和后代人的生产和生活对于物质、能量与信息的需求，即从物质或能量等硬件角度予以不断地提供，也从信息、文化等软件的角度予以不断地满足。其二，代际应遵循公平、合理的原则去使用和管理属于人类总体的资源与环境；同时，每代人也要以公正、合理的原则来承担自己的责任。当代人的发展不能以牺牲后代人的发展为代价。其三，创造"自然-社会-经济"支持系统的外部适宜条件，使人类生活在一种更规范、更稳定、更健康、更愉悦的环境之中，即要求系统的组织结构和运行机制，不断地予以优化。其四，"人口、资源、环境、发展"四位一体的总协调，永远被可持续发展视为政策依据的标准。无论上述任何要求被实现，都毫无例外地与人的需求、人的感应、人的行为、人的发展分不开。"只有当人类向自然的索取被人类对自然的回馈所补偿时，可持续发展才能被认为达到了它的既定要求。"[④]

---

① 王雨辰、彭奕为：《十八大以来党领导生态文明建设的理论创新和实践创新及其当代价值》，《兰州大学学报》（社会科学版）2022年第2期。

② 鲁丰先、王喜、秦耀辰、闫卫阳：《低碳发展研究的理论基础》，《中国人口·资源与环境》2012年第9期。

③ 牛文元：《中国可持续发展总论》，科学出版社，2007，第4页。

④ Niu, Wen Yuan, J. J. Lu, and A. A. Khan, "Spatial Systems Approach to Sustainable Development: A Conceptual Framework," *Environmental Management* 17 (1993): 179-186.

从最初的生态环境治理到绿色经济及低碳经济的提出，都体现了可持续发展理念随着人类对生态环境认识的不断深化。在发展中，既要考虑传统的局部环境问题，也应正确审视待解决的区域性及全球性问题。1989年，英国环境经济学家大卫·皮尔斯教授提出了"绿色经济"的概念，推动不断提高生态环境质量和生活水平质量，实现人与自然的和谐共处。1994年，《联合国气候变化框架公约》正式生效，开启了全球应对气候变化进程。2003年，英国政府发布了能源白皮书《我们能源的未来：创建低碳经济》，首次提出要发展"低碳经济"，并加快了全球低碳发展转型进程。在2015年，联合国将应对气候变化作为重要目标之一纳入《改变我们的世界——2030年可持续发展议程》，全球各国一致呼吁采取行动以实现可持续发展目标。

低碳发展理论的发展涉及国家、区域和实践等多个层面。在宏观的国别层面上，低碳发展理论多关注国际谈判中的维护国家利益以及国内宏观政策等分析框架，这包括在国际谈判中探讨如何确保国家在碳减排协议中公平地获得利益，并保护国家经济发展的利益。同时，该理论指导了各国宏观政策的制定和执行，包括通过扶持新能源、减少碳排放等措施来减少碳足迹。在区域层面，则多关注碳源/碳汇的核算、预测、驱动因素分析方法等，这包括对区域内碳排放来源和吸收的准确测算，以及预测未来碳排放趋势。同时，驱动因素分析可以帮助确定影响碳排放的因素，如能源消耗模式、产业结构等，从而制定相应的政策措施来减少碳排放和提升碳汇能力。在微观的实践层面，国内外的城市规划积极拥抱低碳发展目标，并做出适应性的调整和完善。我国对低碳经济研究多关注发展低碳经济的意义[①]、途径与模式[②]、概念与内涵[③]，也有关于低碳城市理论的论述。[④] 但达成的一个基本共识是，鉴于理论应具有普适性和规律性，是解释性的也是规范性的，低碳发展理论

[①] 张坤民、潘家华、崔大鹏：《低碳经济论》，中国环境科学出版社，2008。

[②] 付允、马永欢、刘怡君、牛文元：《低碳经济的发展模式研究》，《中国人口·资源与环境》2008年第3期。

[③] 郑志国：《低碳经济概念的科学性质疑》，《理论月刊》2009年第11期。

[④] 秦耀辰、张丽君、鲁丰先、闫卫阳、王喜：《国外低碳城市研究进展》，《地理科学进展》2010年第12期。

的发展应当同时适用于低碳经济、低碳社会、低碳城市等相关各领域。

随着我国生态文明建设理论的不断完善，推动低碳发展成为从理论向实践迈进的着力点。党的二十大报告提出，推动经济社会发展绿色化、低碳化是实现高质量发展的关键环节。从新的战略机遇来看，进入中国特色社会主义新时代十年以来，我国在经济实力、科技实力和综合国力方面取得了巨大的突破，达到了新的高度。与此同时，全球正在经历一轮新的科技革命和产业变革，这一变革的推进力量越来越强，并推动绿色低碳发展成为国际方向，使之成为无法逆转的大趋势。

三 实践发展

（一）国外研究与应用

人居环境是一个较为热门的研究话题，国外对此做了大量研究，研究主题总体可以分为以下几个方面。

首先，在人居环境的评价体系方面，国外学者对人居环境从多维度提出了多种衡量和评价指标，Knox 等把这些要素分为几大类（美学、邻居、通达性、安全、噪声及令人烦恼的事情），开创了系统调查评价的先例。[①]《美国城市文化》评价"城市宜人性"涉及良好的自然条件、良好的人工环境、丰富的文化传统及设施。同时，1997 年，美国在对 301 个都市区评选"居家最佳地区"时确定了相应的评价指标。英国"城市设计小组"的"好的城市设计"的概念中包含了城市最佳人居环境的要素。[②]

其次，社区是人居环境的载体，而可持续发展的评价指标更引起了学者的关注。如 Singh 等认为可持续发展指标和综合指数越来越被认为是政策制

[①] Knox，Paul L.，and S. Pinch.，"Urban Social Geography：An Introduction，" *Enseignement Math* 13（1987）：1-24.

[②] 邓茂林、张斌、余波、周旭、刘丽君：《城市人居环境评价的综述与展望》，《统计与决策》2008 年第 23 期。

定和公众沟通的有力工具，可以提供有关国家和公司在环境、经济、社会或
技术改进等领域的绩效的信息。他们更是细致区分了可持续性领域中应用的
各种可持续性指标，如创新、知识和技术指标，发展指标，基于市场和经济
的指标，生态系统指标，工业可持续发展综合绩效指标，基于产品的可持续
发展指标，城市可持续发展指标，环境质量指标，工业环境指标，社会和生
活质量指标及能源指标，等等。① 申立银（Shen Liyin）等认为世界上许多
城市都制订了可持续城市发展计划，以使其城市化进程朝着城市可持续性的
理想状态发展。将城市可持续性指标作为实践过程的主要框架，有助于推动
可持续战略目标的实现和政策的成功执行。据此，申立银团队考察了9种不
同的实践方式，并提出了一个比较基础清单，即国际城市可持续发展指标清
单（IUSIL），以便更好地理解每种实践的驱动因素和目标，并确定各种实
践在什么情况下选择了它们的指标。他们还从四个不同的维度如环境、经
济、社会和治理等进行了分析讨论。② Verma 和 Raghubanshi 的研究超越了
指标清单本身，认为城市化已成为界定人类与生态系统关系的最重要问题之
一，衡量实现可持续或不可持续城市发展的进展需要借助适当的可持续性指
标进行量化，但以往的研究普遍忽视了语境和对可持续性概念的理解，而这
一概念因国家和社会的经济阶层而异。他们通过确定城市可持续发展指标制
定和实施中面临的主要问题弥补了这一空白，根据其发展和实施阶段分别确
定了两大类挑战，并在将其应用于城市可持续性评价指标方面确定了三个初
步标准。③

最后，学界对人居环境的可持续实现路径进行了探讨。Magis 认为社区

① Singh, Rajesh Kumar, et al., " An Overview of Sustainability Assessment Methodologies," *Ecological Indicators*: *Integrating*, *Monitoring*, *Assessment and Management* 15 （2012）: 281 - 299.

② Shen Li-Yin, J. Jorge Ochoa, Mona N. Shah, and Xiaoling Zhang, "The Application of Urban Sustainability Indicators-A Comparison between Various Practices," *Habitat International* 35 （1） （2011）: 17-29.

③ Pramit Verma, and A. S. Raghubanshi, " Urban Sustainability Indicators: Challenges and Opportunities," *Ecological Indicators* 93 （2018）: 282-291.

可以通过积极建设和参与来增强在以变化为特征的环境中茁壮成长的能力，从而发展社区韧性。"韧性"是指一个系统通过适应和偶尔的转变来维持自身变化的能力，社区韧性是社会可持续性的重要指标。对应地，"社区韧性"是指社区成员在一个以变化、不确定性、不可预测性和惊喜为特征的环境中，对社区资源的存在、开发和参与。[1] Hutchins 和 Sutherland 认为可持续发展认识到生态、社会和经济系统之间的相互依存，这是可持续发展的三大支柱。他们回顾了与评估供应链社会可持续性能力相关的社会影响和倡议的度量、指标与框架。然后，探讨了企业决策与社会可持续性之间的关系，最初关注的重点是直接影响国家层面的措施，提出了考虑社会可持续性措施的一般策略，并描述了企业社会责任的各种指标。然后将其中几个指标应用于一个例子，以演示如何将它们应用于供应链决策。[2] Yigitcanlar 和 Teriman 认为可持续城市发展（SUD）可以最大限度地减少由广泛的人类活动对环境造成的外部性破坏。他们认为，SUD 的概念已经存在了相当长的一段时间，然而，迄今为止，这种发展在全球任何地方都没有大规模实现。因此，他们从城市规划、生态规划、城市发展、可持续发展的角度出发，提出了一个考虑韧性的整合规划方式来推动实现可持续发展。[3]

西方的社会组织和团体也在实践上对人居环境有诸多有意义的探索，如美国著名的默瑟人力资源咨询公司（Mercer Human Resource Consulting）提出了城市生活质量评价标准。然而，这种用"质量"来评价人居环境的话语在早期未被广泛接受。从国内对国外的研究综述可以看出，"宜居性"作

① Magis，K.，"Community Resilience：An Indicator of Social Sustainability，" *Society & Natural Resources* 23（2010）：401-416.

② Margot J. Hutchins，and J. W. Sutherland，"An Exploration of Measures of Social Sustainability and Their Application to Supply Chain Decisions，" *Journal of Cleaner Production* 16（15）（2008）：1688-1698.

③ Yigitcanlar，T.，and S. Teriman，"Rethinking Sustainable Urban Development：Towards an Integrated Planning and Development Process，" *International Journal of Environmental Science and Technology* 12（1）（2014）：341-352.

为重要指标并指导城市人居环境的建设逐渐成为主流。① 2004 年，英国经济学家智囊团（Economy Intelligence Unit）在其先前"居住困难度"的调查方法基础上，较早地对全球城市"宜居性"展开排名，选取 5 个不同维度的40 余项因子，为城市宜居性提供评价的指标。② 历经十余年的发展，联合国人居大会于 2018 年 12 月由联合国大会决议成立，旨在加强联合国人居署作用。该大会每 4 年举办一次，主要聚焦相关政策执行情况，研究影响人居环境和城市化进展的重要事项。2023 年 6 月 5 日至 9 日，第二届联合国人居大会在肯尼亚内罗毕召开，主题为"通过包容和有效的多边主义实现可持续的城市未来：在全球危机时代实现可持续发展目标"。大会审议了联合国人居署的活动，审查了《新城市议程》和《2030 年可持续发展议程》的执行进展，审议了世界城市论坛的报告，并展开了会议特别主题对话，还讨论了联合国人居署新一期战略计划。③

（二）国内研究与应用

随着国内经济快速发展和城市化进程的加快，城市居民对生活质量的要求日益提高，宜居环境成为衡量城市可持续发展的重要指标。环境评价能够为城市规划、资源配置、环境保护等提供科学指标依据，帮助政府制定更有效的政策和措施，从而提高居民的生活质量，促进社会和谐与经济发展。我国在环境评价与改善方面取得了显著的进展，主要体现在以下几个方面。

首先，我国政府高度重视宜居环境的研究与建设，出台了一系列相关政策和规划。《国家新型城镇化规划（2014—2020 年）》《国家新型城镇化规划（2021—2035 年）》《生态文明体制改革总体方案》等，明确了宜居环境建设的目标和措施。党的二十大报告从全面建设社会主义现代化国家、推

---

① 邓茂林、张斌、余波、周旭、刘丽君：《城市人居环境评价的综述与展望》，《统计与决策》2008 年第 23 期。
② 何永：《理解生态城市与宜居城市》，《北京规划建设》2005 年第 2 期。
③ 《第二届联合国人居大会召开 关注可持续的城市未来》，http://www.news.cn/world/2023-06/06/c_1129671656.htm，最后访问日期：2024 年 3 月 5 日。

进人与自然和谐共生的现代化的战略高度，将"城乡人居环境明显改善，美丽中国建设成效显著"列入主要目标任务。这些政策不仅提供了宜居环境改善的方向，也确保了必要的资源和支持。

其次，在环境评价体系的构建上，学者们综合考虑了自然环境、社会经济、文化生活、城市服务等多方面因素，在取长补短、包容并蓄中逐步形成了较为全面的评价指标体系。周志田等提出了中国适宜人居城市评价指标体系、零点研究咨询集团与第一财经年度合作编制发布了"中国公众城市宜居指数"、中国城市科学研究会主持的"宜居城市科学评价指标体系研究"等为我国城市人居环境的"宜居性"评价提供了较为科学的依据。[①] 陈仲常等引入 1997~2005 年全国 31 个省份人口发展相关指标的时间序列数据和截面数据，对人口监测评价模型进行了实证检验，发现平均预期寿命，第二、三产业人口比等指标对人口发展的影响作用显著，而且人口发展综合水平总体上呈现东、中、西逐渐下降的状况，体现了其与经济社会发展、地理自然环境的密切关系。[②] 马红旗与陈仲常根据国内外评价人口发展的运动历程和变化趋势，以及国家人口发展战略的指导思想，从人自身发展、人口与经济社会和人口与资源环境三大方面构建了我国人口发展综合评价指标体系，其中一级指标 3 项、二级指标 8 项、三级指标 22 项、四级指标 42 项，较全面地体现了我国人口发展战略思想。[③] 此外，在技术和方法方面，相关研究应用 GIS、大数据分析等现代技术手段，提高了评价的准确性和效率。这一步骤不仅深化了对环境评价的理解，也为具体的改善措施提供了科学依据。[④]

---

① 周志田、王海燕、杨多贵：《中国适宜人居城市研究与评价》，《中国人口·资源与环境》2004 年第 1 期。

② 陈仲常、张翠姣、章翔：《中国人口发展监测评价模型研究——基于全国 31 个省份人口发展的实证分析》，《中国人口科学》2007 年第 5 期。

③ 马红旗、陈仲常：《我国人口发展的指标体系建设及综合评价》，《南方人口》2012 年第 3 期。

④ 杨俊、李雪铭、孙才志、徐惠民：《基于 DPRSC 模型的大连城市环境空间分异》，《中国人口·资源与环境》2008 年第 5 期；蒋云志、蒋宇星：《基于资源环境调查评价的全域空间综合规划体系构建》，《资源开发与市场》2015 年第 6 期。

最后，在考虑宜居环境的各个维度时，学者们进一步探讨了人口因素如何作用于环境指标。一个重要的议题是，人口发展和消费模式如何影响碳排放与大气环境容量，以及这些关系如何影响宜居环境的质量。朱勤等构建了人口-消费-碳排放系统动力学模型，对 21 世纪上半叶我国人口发展、经济增长、居民消费及碳排放进行动态仿真，定量考察未来我国人口发展与居民消费对碳排放的影响。他们发现在基准情景下，我国人口总数将于 2032 年达到峰值 14.6 亿人；一次能源消费总量将于 2044 年左右达到峰值 63.6 亿吨标准煤，碳排放总量将于 2038 年左右达到峰值约 31.3 亿吨碳；2050 年我国人均碳排放量约为 2.2 吨碳，低于日本、欧洲 20 世纪 80 年代以来的最低水平；居民消费碳排放的人均需求约为 1.3 吨碳，相当于美国居民 90 年代后期排放水平的 1/5。他们认为从满足人口发展与居民基本生活需求的角度争取合理的碳排放空间，是我国争取国际气候谈判话语权的有力支撑点。[①] 李怡涵等认为人口发展是影响家庭生活基本能耗及碳排放的重要因素，而生活用能作为终端能源消费对总能源的消费结构、供求关系和节能减排具有重要影响，并基于 STIRPAT 模型，运用中国 1997~2010 年 30 个省份的动态及静态面板数据，分析了城镇化进程中不同地区人口发展与家庭生活基本能耗及碳排放的关系，发现人均消费水平成为导致家庭生活基本能耗和碳排放升高的主要影响因子，而提高电力使用百分比和城镇化率可抑制其增长。他们还发现，老龄化率及家庭规模在城镇化过程中对家庭生活基本能耗及碳排放的影响有着不同的作用。[②] 与之相似的，段海燕等认为近年来发达国家的统计数据显示，居民生活消费的直接与间接能源消耗已超过产业部门，成为碳排放的主要增长点。基于 STIRPAT 模型，该研究指出了日本工业化进程中人口因素对碳排放的影响，从人口与消费视角深入探讨了碳排放问题。该研究认为这一研究对我国工业化阶段的碳减排起到一定的指导作

---

① 朱勤、彭希哲、傅雪：《我国未来人口发展与碳排放变动的模拟分析》，《人口与发展》2011 年第 1 期。

② 李怡涵、牛叔文、沈义、胡莉莉：《中国人口发展对家庭生活基本能耗及碳排放的影响分析》，《资源科学》2014 年第 5 期。

用，并认为提高低碳技术水平、控制人口规模、引导居民消费模式的合理转变将成为控制工业化进程中碳排放的有效手段。[①]

另一个重要的议题是，大气环境容量与人口发展规模的关系。具有典型性的研究有，董玉娇认为大学城区域人口数量急剧增加，大气环境质量持续恶化，环境承载力严重下降，人们的环保意识逐渐增强，对生活环境质量的要求越来越高，并根据大学城现有用地规划及环境质量现状，结合区域气象资料，运用数学建模估算了区域常规污染因子大气环境容量；根据人均资源消耗调查资料，统计分析了单位污染物排放量及区域污染物排放情况；根据环境容量估算结果，论证了大学城现有规划的合理性，并从大气环境保护角度对大学城人口规模控制提出了建议。[②]

在行业与部门的工作进展方面，近年来，中国在提升宜居环境方面取得了显著成就，不仅城市规划更加人性化，还加大了对环境保护的投入。中国环保部门每年都会发布《中国环境状况公报》《中国生态环境统计年报》，对全国的环境质量状况进行综合评价和分析。通过这些数据，可以评估中国环境保护政策的效果，监测环境质量变化趋势，并为进一步的环境政策制定提供科学依据。例如，2023年的《中国环境状况公报》包括以下内容：空气质量、水环境、土壤污染、生物多样性与自然保护区、环境监管与执法及国际合作与应对气候变化等。

四　指标选择

鉴于我们在人口高质量评价时将整体人口作为分析对象，而且本报告评价人口高质量发展的环境要素，我们在指标选择中需要统筹借鉴和考虑城市、乡村人口发展的环境指标，特别是人居环境相关要素（前文理论部分

---

① 段海燕、刘红琴、王宪恩：《日本工业化进程中人口因素对碳排放影响研究》，《人口学刊》2012年第5期。

② 董玉娇：《重庆市大学城区域大气环境容量与人口发展规模关系研究》，《土木建筑与环境工程》2012年第S1期。

已有说明）。

在既有的聚焦城市人口发展的评价性研究中，城市居民的生活、休闲活动所涉及的环境质量受到关注。一些大城市因存在资源环境承载力约束导致的水、空气、固体废弃物、噪声等环境污染问题，人口生活质量受到不同程度的影响。因此，这些维度是城市人居环境建设的基础性指标。此外，人居空间与自然环境的适宜度在近年来被视为探索人居环境高质量发展的新型指标，包括地形地貌、气候水文、土地覆被以及其与人居环境联通性的关系等。

在以农村人口高质量发展为目标的评价体系中，农村居民生活空间与农业生产环境交织，人的生产生活行为与环境产生的交互作用是构建评价指标的思路。大自然是人居环境的基础，人的生产生活及具体的人居环境建设活动都离不开更为广阔的自然环境。自然系统中重要的基础性资源包括土地资源保护与利用、生物多样性、自然环境保护及水资源利用四个方面，以土地资源、生物资源、空气质量和水资源作为衡量自然系统的指标。

综合城乡和农村的相关评价研究，空气、水、固体废弃物为普遍认可的关键指标。但由于水指标在国家级、省市级统计口径中差别明显、获取难度较大、数据断层严重，故考虑采用更为通用性的碳排放指标作为补充，具体原因在后续对应内容中陈述。人口宜居环境指标如表1所示。

表1　人口宜居环境指标

指标名称	定义	内涵
空气质量	大气中各类主要污染物指数之和	反映人居环境中吸入空气的质量
固体废弃物可控率	按照最小可能风险处理固体废弃物的比例	—
生活垃圾无害化处理率	生活垃圾处理过程中无害化处理率	反映人居环境中垃圾处理情况
碳排放量	单位时间内释放到大气中的二氧化碳量	反映人居环境的气候风险

注：生活垃圾无害化处理率为国内专用指标，替代国际指标"固体废弃物可控率"。

（一）空气质量

空气质量是一项可直接感知的人居环境指标，直接关系到人们的健康和福祉。本研究中国省级数据、地市级数据的空气质量指标来自中国空气质量在线监测分析平台 2021 年的数据，国别数据来源于 2021 年美国环境保护署的数据。[①]

高水平的空气质量指数（Air Quality Index，AQI）表示空气中污染物的浓度相对较低，有利于减少呼吸系统疾病的发生率，降低早逝风险，改善居民的身体健康状况。通过监测空气质量指数，政府能够及时采取有效的措施，如减少工业排放、控制机动车尾气排放等，以保护环境和公众健康，促进生态环境的持续改善。对于雾霾天气的预测，空气质量指数可以为气象预测模型提供关键的参数，从而辅助管理者制定相应的健康管理和防护措施，减少人群的污染物暴露，降低与空气污染相关的呼吸系统疾病的发生率。此外，提高对雾霾天气发生和演变的预测能力，为公众提供更准确的气象预报和预警信息，有助于人们采取相应的措施做好防护。因此，空气质量指数是从生态环境维度体现人口高质量发展的重要指标。

AQI 是一个综合性指标，用于测量和评估特定地区的空气质量状况。该指数基于特定空气污染物的浓度，将其转化为一个易于理解的数值，以便公众和决策者了解当前的空气质量水平。AQI 的计算基于多个相关空气污染物，包括颗粒物（如 $PM_{2.5}$ 和 PM_{10}）、臭氧（O_3）、二氧化硫（SO_2）、二氧化氮（NO_2）和一氧化碳（CO）等。这些污染物通常与工业排放、交通尾气、燃烧过程和天然灾害等因素相关。

AQI 旨在提供一个简单直观的方式，使公众能够了解空气质量的整体状况，并根据 AQI 值采取必要的措施来保护健康。AQI 的值通常为 0~500，可将不同的 AQI 值划分为不同的级别（通常是 6 个级别），例如优、良、轻度

---

① 国别数据参见 Air Quality-Cities and Counties，https：//www.epa.gov/air-trends/air-quality-cities-and-counties。

污染、中度污染、重度污染和严重污染。通过根据监测数据计算并更新 AQI 值，公众可以及时了解当前的空气质量情况，并基于 AQI 提供的建议，选择合适的防护措施，例如减少户外活动时间、佩戴口罩、通风或选择净化设备等，以减少对污染物的暴露。

截至目前，关于评估人类发展或福祉的多项报告已采用空气质量指数这一重要参数作为依据。（1）联合国可持续发展目标报告。该报告旨在追求经济、社会和环境的可持续性。这些报告涵盖了包括空气质量在内的各种指标，如环境污染、气候变化、生态系统破坏等。它们提供了全球各国政府、决策者和研究人员所需的数据和分析，以促进可持续发展和人口发展之间的关联。（2）世界银行空气质量管理报告。该报告关注全球环境及可持续发展议题，并发布空气质量状况分析。空气质量管理报告分析了不同国家和地区的空气质量状况，重点关注空气污染对经济和人口发展的影响，还提供了政策建议，以改善空气质量和促进可持续发展。（3）国际能源署（IEA）能源与空气质量特别报告。IEA 发布关于全球能源和环境问题的报告，其中包括与空气质量相关的数据和分析。能源与空气质量特别报告探讨了能源消耗对空气质量的影响，以及与人口发展和经济增长之间的关系。IEA 还提供政策建议，以实现可持续能源发展和改善空气质量。（4）世界卫生组织（WHO）全球空气质量报告。WHO 发布关于全球空气质量的报告，旨在提高人们对空气污染对健康的影响的认识。全球空气质量报告提供了与人口发展和环境潜在风险相关的数据及分析。它们还探讨了改善空气质量的政策和行动，以保障人类健康和可持续发展。国际能源署与国际银行联盟（UNEP-FI）的气候变化与空气质量风险报告重点评估了气候变化对空气质量的影响，以及这种影响与人口发展和可持续发展目标之间的关系，还探讨了减少温室气体排放和改善空气质量的政策与措施。（5）欧盟环境署（EEA）欧洲空气质量评估报告。欧洲空气质量评估报告提供了欧洲各国空气质量状况的数据和分析，涵盖了与人口发展和城市化过程相关的环境问题，旨在促进可持续发展和环境保护。（6）中国生态环境保护部的空气质量发布与评价。中国生态环境保护部定期发布中国各城市和地区的空气质量状况，提供了与人口发展和城市化相关的数据与分析，为中国政府、研究人员和公众提供了相应的信息，以促进空气质量改善和可持续发展。

空气质量指数的计算要建立在准确的监测数据基础上。空气质量指数与气象因素密切相关，如风速、湿度和温度等。通过对大气环境和空气质量指数的综合分析，可以提高气象预测的准确性和可靠性。因此，需要保证数据的质量和监测站点的合理密度。计算空气质量指数时，可以使用常规监测数据和即时监测数据。即时监测数据可以提供更准确和实时的空气质量情况。另外，空气质量指数的计算还要考虑到不同污染物的排放源和移动性，以更好地反映污染物的影响。

需要注意的是，AQI 的计算和标准可能因地区和国家而异，因为地理、气候和环境条件的不同可能导致不同的空气污染物浓度和相应的健康影响。因此，各地区和国家都可能制定适应自身情况的 AQI 标准，并通过公共信息渠道向公众提供有关当前 AQI 值和健康建议的更新信息。具体的计算过程需要参考当地的规定和指南。

本研究所采用的计算方法依据如下步骤。首先，根据监测到的空气污染物浓度，分别计算出每种污染物的子指数（Sub-Index）。每种污染物的子指数计算公式如下：

$$Sub - Index = (C/C_{low}) \times (I_{high} - I_{low}) + I_{low}$$

其中，C 为监测到的特定空气污染物浓度值，C_{low} 为该污染物的低限值（在特定的标准下），I_{high} 为该污染物的高指数值，I_{low} 为该污染物的低指数值。I_{low} 和 I_{high} 的具体值根据污染物的评级标准而定。其次，从所有子指数中选择一个最高的值作为主要污染物的指数值。最后，将主要污染物的指数值作为整个空气质量指数的数值。具体的转换公式可根据不同国家和地区的标准进行调整。

（二）固体废弃物可控率/生活垃圾无害化处理率

废弃物处理是创造宜居环境的基础，与人口高质量发展密切相关。在国别数据中，本报告以固体废弃物可控率为指标，相关数据来源于 2022 年耶鲁大学环境表现指数数据库（Yale's EPI database），缺失数据基于 2018 年世界银行相关数据补充。① 而在国内分析中，按照研究惯例采用生活垃圾无害化处理率指标。其中，省级数据来源于 2022 年中国统计年鉴、地市级数据来源于 2021 年中国城市统计年鉴（缺失数据逐个搜索以下资源直至获得：地级市统计局、地级市生态环境局、CEIC 数据库）。

世界银行社会、城市、农村与灾害风险管理全球实践局高级局长弈艾德指出，固体废弃物管理是每个人的事，确保有效、适当的固体废弃物管理对实现可持续发展目标至关重要，"无管理、随意倾倒或焚烧垃圾危害人类健康，破坏环境和气候，会阻碍发展中国家和发达国家的经济增长"。② 在国际指标部分，本报告采用固体废弃物可控率这一指标，对应我国的生活垃圾无害化处理率。这是由于，我国采用的生活垃圾无害化处理率并没有像固体废弃物可控率一样得到广泛的国际使用。而固体废弃物可控率指标在西方国家的主导下，已在众多国家和地区得到了比较广泛的应用和推广。固体废弃物可控率指标是指将固体废弃物通过适当的处理和管理措施，以确保其对环境和人类健康产生最小可能风险程度的比例。该指标旨在评估固体废弃物处理系统的效能，验证和比较不同处理方法的效果，并监测和管理废弃物处理过程中的环境影响。

生活垃圾无害化处理率由我国生态环境部提出，在中国推动垃圾分类和垃圾处理工作的过程中，生活垃圾无害化处理率成为一个重要的指标。中国政府一直致力于提高垃圾处理的效能和环境保护水平，通过实施各种技术和

---

① Yale's EPI database-controlled solid waste category, https://epi.yale.edu/epi-results/2022/component/msw. 最后访问日期：2024 年 3 月 5 日。Kaza, Silpa, Yao, Lisa C., Bhada-Tata, Perinaz, Van Woerden, Frank, What a Waste 2.0: A Global Snapshot of Solid Waste Management to 2050, Urban Development, 2018, Washington, DC: World Bank, http://hdl.handle.net/10986/30317.

② Deus, R., Bezerra, B., & Battistelle, R. A., "Solid Waste Indicators and Their Implications for Management Practice," *International Journal of Environmental Science and Technology* 16 (2018): 1129-1144.

管理措施，推动垃圾的最小化处理，促进资源的回收和利用，减少对环境和人类健康的影响。在这个过程中，生活垃圾无害化处理率成为评估垃圾处理系统效能、制定政策和监测垃圾处理过程的重要指标之一。

总体而言，生活垃圾无害化处理可以直接减少垃圾对人居环境的负面影响。垃圾中的有害物质如果没有得到妥善处理，可能会对土壤、水源和空气质量产生污染，进而对人类的健康和福祉造成威胁。将垃圾进行无害化处理，可以有效减少有害物质释放和传播，保护环境，提高居住环境的安全性和舒适度，从而提升人类的生活品质。此外，生活垃圾无害化处理率的提高也与人口发展存在两种间接联系。一是资源的可持续利用和循环利用密切相关。垃圾中含有许多可回收或可再利用的材料，高效处理垃圾并分离出可回收的物质，有助于减少资源浪费和消耗。垃圾处理过程中的资源回收和循环利用，可以实现对有限资源的合理利用，减少资源的开采和消耗的需要，提高资源利用效率，促进人口可持续发展。二是生活垃圾无害化处理率的提高有助于推动环保产业的发展。垃圾处理技术和管理手段的创新和应用，可以促进绿色经济的发展，增加就业机会，提高工作质量和工作待遇，改善人们的经济状况，进而提升整体的人类发展福祉。

固体废弃物可控率和生活垃圾无害化处理率虽有不同，但在人口高质量评估的目标中具有相近性。一方面，在定义上，固体废弃物可控率强调的是通过适当的处理和管理措施，确保废弃物对环境和人类健康没有任何负面影响的程度。而生活垃圾无害化处理率则侧重于将生活垃圾通过一系列技术和管理措施，以确保其对环境和人类健康产生最小可能风险进行处理的比例。可以说，固体废弃物可控率更注重对整个废弃物处理过程中的风险控制和管理，而生活垃圾无害化处理率更侧重于处理的比例。另一方面，在适用范围上，固体废弃物可控率可以用于评估和监测不同类型的固体废弃物处理系统，包括生活垃圾、工业废弃物、危险废物等。而生活垃圾无害化处理率则主要适用于评估和监测生活垃圾的处理系统效能。可以说，生活垃圾无害化处理率是固体废弃物可控率的一种具体情况，在人口宜居环境评价方面具有高度相关性。

（三）碳排放量

碳排放是指由人类活动产生的二氧化碳（CO_2）进入大气中的过程。本研究的国内省级数据来源于中国碳排放数据库 2019 年省级数据（缺失数据用最临近年份的数据补充）、国内市级数据来源于中国碳排放数据库 2019 年地市级数据（缺失数据用最临近年份的数据补充）、国别数据来源于 2020 年世界银行数据[1]，而世界银行数据来自美国田纳西州橡树岭国家实验室环境科学部二氧化碳信息分析中心，其中缺失的数据逐个搜索以下资源直至获得：2021 年全球碳预算数据库（Global Carbon Budget，GCB）[2]，荷兰环境评估机构（Netherlands Environmental Assessment Agency，NEAA）2021 年全球大气研究排放数据库（Emissions Database for Global Atmospheric Research，EDGAR）[3]。

碳排放来源于燃烧化石燃料（如煤、石油和天然气）、森林砍伐和土地利用变化等人类活动，也是导致气候变化的主要原因之一，因为二氧化碳是一种温室气体，可以在大气中滞留并导致全球变暖。碳排放通常通过描述单位时间内释放到大气中的二氧化碳量来衡量。碳排放可以被划分为直接排放和间接排放。直接排放是指直接由个人、企业或机构产生的二氧化碳排放，如汽车尾气和工业废气。间接排放是指由生产商品和提供服务所需的能源消耗而间接产生的二氧化碳排放，如电力生产产生的二氧化碳。为了减少碳排放，全球范围内采取了一系列措施，其中包括提高能源效率、推广可再生能源、采用低碳技术和实施碳捕集和封存等。减少碳排放是应对气候变化的重要措施，可以降低全球变暖的速度并减少对地球生态系统的影响。

碳排放与人口高质量发展密切相关。首先，经济发展是导致碳排放增加的重要原因。随着经济发展水平的提高，工业生产、能源消耗和交通运输等活动

---

① World Bank open data, https：//data. worldbank. org. cn/indicator/EN. ATM. CO2E. KT，最后访问日期：2024 年 3 月 5 日。

② Data supplement to the Global Carbon Budget 2021, https：//www. icos - cp. eu/science - and - impact/global-carbon-budget/2021. 最后访问日期：2024 年 3 月 5 日。

③ Emissions Database for Global Atmospheric Research, https：//data. jrc. ec. europa. eu/collection/edgar，最后访问日期：2024 年 3 月 5 日。

的增加，会产生更多的碳排放。其次，传统能源的依赖也是导致碳排放增加的重要因素。现代社会经济的发展对能源的消耗极为巨大，而化石燃料仍然是主要的能源来源之一。这些能源在燃烧过程中产生的碳排放会大量释放到大气中。因此，人类发展和福祉与碳排放之间存在着紧密的能源依赖关系。最后，社会进步和标准提高也会导致碳排放增加。随着社会进步，人们对自身生活质量的要求越来越高。然而，追求高质量生活往往需要大量的能源和资源消耗，这会直接导致碳排放的增加。在分析人居环境问题时，城市化的发展与交通便利性需求的增加使得碳排放指标的重要性凸显。城市交通运输是人居环境中碳排放的重要来源之一，例如汽车尾气排放和航空业的碳排放。综上所述，碳排放与人口宜居环境之间是密切相关的。经济发展、能源依赖、社会进步和城市化与交通需求都是导致碳排放增加的主要原因。然而，在全球对气候变化和可持续发展的关注日益增长的背景下，持续减少碳排放、转向低碳经济则是谋长远、可持续的发展策略，是减少因过度的福祉追求而产生不可恢复后果的选择，是确保人类长期发展和福祉的取舍。因此，碳排放不同于空气质量，是包含了人居环境中生态与经济协调理念的综合性指标。

参考如下研究，选择碳排放作为人口高质量发展的评价指标之一。杜婷婷等对中国经济增长与二氧化碳排放演化的探析研究，通过拟合中国经济发展与二氧化碳排放的函数关系发现，这种似"N"形而非倒"U"形的库兹涅茨环境曲线（EKC）演化特征意味着中国经济发展和环境保护仍处于过渡期，尚未达到两者协同发展的阶段。[①] 王中英和王礼茂对中国经济增长对碳排放的影响进行分析，发现中国国内生产总值的增长与碳排放量之间具有明显的相关性，认为中国过分依赖投资的经济增长方式和以第二产业为主的经济结构在很大程度上是导致温室气体排放量增加的主要原因。[②] 张雷分析了经济发展对碳排放的影响，他通过对发达国家和发展中国家长期发展的对比研究认为，经济结构多元化的发展会导致国家能源消费需求增长的减缓；能源消费结构的多元化发

---

① 杜婷婷、毛锋、罗锐：《中国经济增长与 CO_2 排放演化探析》，《中国人口·资源与环境》，2007年第 2 期。

② 王中英、王礼茂：《中国经济增长对碳排放的影响分析》，《安全与环境学报》2006 年第 5 期。

展则导致国家碳排放水平的下降；经济和能源消费两者结构多元化的演进最终会促使国家发展完成从高碳燃料为主向低碳为主的转变。[①]

关于碳排放计算的起源和发展，以及相关的方法和标准，可以追溯到20世纪60年代甚至更早。起初，人们对于二氧化碳排放的关注主要集中在工业部门燃料燃烧过程中产生的排放问题。然而，随着对全球气候变化的认识不断深化，对碳排放的研究和计算也逐渐受到关注和重视。在1979年哥本哈根大会上，气候变化首次被提升为国际事务合作的重要议题。1997年，公约缔约方第三次会议制定了《联合国气候变化框架公约的京都议定书》，简称《京都议定书》，为发达国家规定了有法律约束力的定量化减排和限排指标。2009年底，在丹麦首都哥本哈根举行了缔约国的第十五次会议。在会议上，发达国家和发展中国家形成了两大阵营，并最终达成了一项名为《哥本哈根协议》的协议。这次会议在一定程度上展示了碳排放问题与国际政治关系的日益紧密联系，成为新的政治地理问题。

测量和计算碳排放能够有效评估全球人类活动对气候变化的影响，反映了人与人居环境的作用力，为制定减排政策和措施提供依据。具体来说，计算碳排放的目的包括：一是了解碳排放的规模和趋势，了解各种活动的碳排放量，包括工业、能源生产、交通等，从而对碳排放的规模和趋势有一个准确的认识。二是评估温室气体排放的影响。通过计算碳排放，可以评估人类活动对温室气体浓度和大气中的温室效应的影响。这有助于了解人类活动对全球气候变化的贡献程度。三是制定减排政策和措施，计算碳排放可以为监测和报告碳减排行动提供数据支持。因此，碳排放是评价国际人口高质量发展的一个可用指标。

为了应对气候变化挑战，中国政府积极推动双碳目标，并采取了一系列措施来减少碳排放并实现碳中和。习近平主席在2020年的第七十五届联合国大会上提出了中国碳达峰、碳中和的目标，即在2030年前使二氧化碳排放达到峰值，2060年前实现全社会的净零碳排放。因此，中国的碳排放量

---

① 张雷：《经济发展对碳排放的影响》，《地理学报》2003年第4期。

和中国高质量发展的进程具有紧密联系，碳排放量可以作为评估国内人口高质量发展的指标。

五 评价结果

（一）国际人口宜居环境发展评价情况

从国际排名来看，人口宜居环境排名靠前的国家有瑞典、芬兰、挪威、澳大利亚、爱尔兰、丹麦、瑞士、加拿大、卢森堡、荷兰等。排名前 30 的国家覆盖了全部大洲（除南极洲），它们具有一些共性特征。首先，这些国家在经济发展上表现出色，具有较高的人均 GDP，反映出其强大的经济基础和财政能力，可为公共服务和环境保护提供支持。例如，以瑞典为代表的北欧国家、以瑞士为代表的西欧国家、澳大利亚、加拿大等都是经济发展水平较高的国家。这些国家往往还拥有稳定的政治环境，较少涉及战争或冲突，这为可持续发展和环境保护奠定了和平的基础。地理地貌方面，许多排名靠前的国家如加拿大、澳大利亚等拥有广阔的自然资源和丰富的生态多样性，它们的政府和公民通常更注重环境保护。同时，人口密度较低的国家往往更容易治理和维护其环境，较小的人口压力有利于生态系统的保护。而在产业结构上，居前 30 位的国家往往有较为先进的科技，服务业发达，较少依赖重工业或资源开采，这些产业较低的环境破坏性也有助于保持良好的环境质量。总体而言，经济发展、稳定的社会政治状况、丰富的自然资源与较强的生态环境保护意识、较低的人口密度及以服务和科技为主导的产业结构，是这些国家能在人居环境质量排名中位居前列的关键共性。

亚洲人口宜居环境总体水平不一，其中 20 世纪中期在战后率先发展为发达国家（如日本、以色列和韩国）的区域在人口宜居环境中表现较好，它们有着先进的技术和较高的环境保护标准。而在亚洲的发展中国家中，中国已从经济高速发展逐步转向高质量发展，在环境治理和保护方面取得显著进步，已经开始在亚洲乃至全球范围内展现出其突出优势。与其他人口大国相比，中国在控制污染、城市规划和绿色能源使用等方面展现出了更快的发展速度。尽管中国的国土面积辽阔，其中包含了许多地理条件较为恶劣的区域，这无疑增加了提升环境质量的难度，但这并没有阻碍中国在提升人居环境方面的整体进步。实际上，中国的一些地区在环境质量方面已经与日本、韩国等亚洲发达国家非常接近，体现了我国在环境改善方面的坚定决心和有效行动。

非洲和南美洲国家在全球人口宜居环境中排名靠前的相对较少，这归咎于一系列复杂的因素。非洲大陆面临的挑战尤其严峻，包括经济发展水平普遍较低、政治动荡及冲突频发等问题。然而，如毛里求斯等国家则表现出了一些积极的特征，较为稳定的政治环境和积极的经济发展政策，为其环境保护和人居环境的改善奠定了基础。毛里求斯作为一个岛国，依赖于旅游业和服务业，这使得环境质量直接关系到其经济收入，因此环境保护也被视为经济发展的一部分。在南美洲，哥伦比亚是排名靠前的国家，尽管该国历史上受到内战和毒品贸易的影响，但在近年来致力于和平进程与社会稳定，这些努力推动哥伦比亚将丰富的自然资源转化为人居环境的改善。这包括推进可持续发展政策、保护雨林和其他自然栖息地等。在麦德林等地，良好的人居环境正吸引着全球移民和背包客旅居。尽管非洲和南美洲国家的人居环境水平在全球排名中可能并不靠前，但它们在本地区的人居环境建设中取得的进步是值得认可的。

（二）我国省级人口宜居环境发展评价情况

从省级层面来看，人口宜居环境排名居全国前 10 的省份大部分集中在西南地区，部分集中在东部沿海地区。

我国环境质量排名靠前的省份多位于南部或西部的边远地区，这些地区的人口密度一般较低，工业化程度低，因此它们保有较多未被污染的自然景观和环境。这些省份还拥有各自独特的自然资源和地貌特色，包括西藏的高原、云南的热带雨林和高山峡谷、海南的热带海滨及贵州的喀斯特地貌，这些都是吸引生态旅游和促进可持续发展的宝贵资产。另外，这些省份往往执行较为严格的环境保护政策，特别是在生态旅游和可持续发展方面。气候条件也在某种程度上影响了环境质量，热带和亚热带的气候有利于植被生长和自然净化，这对提升环境质量有着积极作用。因此，这些省份之所以能在人口宜居环境上获得较高的排名，可能在很大程度上得益于它们较低的人口密度、较低的工业化程度及对环境保护的重视。

排名靠后的省份若要提升环境质量，可能需要采取多管齐下的策略。首先，对于那些依赖传统能源和重工业的省份，转型升级产业结构显得尤为关键，这可能意味着要投资于清洁能源项目，如风能和太阳能，以及推广减排技术，减少污染物排放。同时，对于人口稠密区域，加大环境保护法规的执行力度，以及增强公众的环保意识，都是提高人口宜居环境的有效途径。应当着重推广垃圾分类、建设绿色交通系统，以及增加城市绿化面积，以减轻人口压力对环境的影响。此外，对于那些受干旱等自然条件限制的地区，实施生态修复和水资源管理计划尤为重要，以确保土地的可持续使用和水质的改善。在这一过程中，政府的政策支持和财政补贴对于鼓励绿色产业和技术创新同样不可或缺。通过这样的一系列综合措施，这些省份不仅能够逐步改善环境状况，而且有望在提高环境质量的同时，促进经济的可持续发展。

（三）我国地市级人口宜居环境发展评价情况

我国人口宜居环境排名靠前的地市，多属于省级排名靠前的省份，具有尺度一致性。许多排名靠前的城市，如儋州、海口、三亚、厦门、珠海、威海和惠州等，都坐落于沿海地区。这些城市不仅是热门的旅游目的地，还强调了生态旅游和可持续发展，保护了自然风貌，展示了海洋与城市发展的和谐共处。内陆城市如贵阳、梧州、龙岩和丽水则依山傍水，得益于丰富的自然资源和地形优势，保持了良好的生态环境。

深圳和珠海等排名靠前表明，即便是经济发达的地区也可以实现较好的环境质量。这些城市通过绿色增长策略、推进高科技和服务业的发展，成功平衡了经济增长与环境保护。此外，以厦门（厦门被认为是中国环境保护的先锋城市之一）为代表的城市，通过推广环保技术和清洁能源的使用，提升了工业生产的环境友好度。工业布局对环境影响颇深。推动产业升级转型能够有效促进绿色低碳政策的实施，成功减少工业活动对环境的影响。厦门实施了湿地保护项目，并开展了生态文明建设试点工作，致力于保持其生物多样性和减少城市扩张对环境的影响。

欠发达地区的政府治理策略对提升城市的环境质量至关重要。贵阳通过治理水资源污染、实施大气污染防治行动、增加绿化面积等措施，致力于改善城市环境，其"山水林田湖草"生态保护和修复工程示范区的建设，是贵州省转变经济发展方式、建设生态文明的重要实践。丽水虽然地处发达省份浙江，但经济发展在省内具有相对劣势。该地作为国家生态文明建设示范区，大力发展绿色产业，并在全市范围内实施了国家级生态功能区的规划，成为国内环境治理的样板。总的来说，这些城市的实践表明环境保护与经济发展可以并行不悖。这些城市在维护和提高人居环境质量方面都采取了积极且多元的措施，包括推动产业结构优化、采用绿色技术、实施有效的环境政策和增强公众环保意识等。这些做法不仅提升了环境质量，也为可持续发展树立了标杆。

在地市层面，一些城市虽然短期内受限于产业结构和配套基础设施，人口宜居环境暂时落后，但显现出鲜明的发展潜力。例如，克拉玛依虽然受到其石油工业的限制，环境治理压力较大，但它依托丰富的石油资源，有潜力通过发展石油化工和改善环保措施来提升环境质量。鄂尔多斯地处内蒙古高原，面临草原退化和沙漠化的问题，但同时，其现代化城市规划展示出转型潜力。嘉峪关虽地处偏远，环境治理有一定难度，但它作为古丝绸之路的重要城市之一，具有重要的历史文化价值和发展旅游业的潜力，这为经济发展和人居环境建设搭建了桥梁。此外，位于湖南省的张家界地区以其独特的喀斯特地貌和丰富的自然景观而闻名，可以依托其独特的自然资源，通过发展生态旅游和改善旅游服务设施来提升人居环境。通过这种方式，旅游业的发展不仅能提振经济，还能够带动环保意识的增强和生态环境的改善。

B.7
全民共享发展报告

陈 芳[*]

摘 要： 本报告聚焦全民共享发展指数，在探讨其概念内涵、理论基础、实践发展的基础上，选定基尼系数和劳动者报酬占 GDP 的份额为国际比较指标、城乡居民人均可支配收入比和民生支出占 GDP 的比重为国内比较指标。研究发现，从国际来看，全民共享发展指数排名前十的国家都是高收入国家，但也有中低等收入国家和中高等收入国家在单个指标上表现良好，可见全民共享发展指数既要考虑共享发展的程度也要考虑共享发展的水平；从国内来看，经济社会发展水平与全民共享发展指数未显现单向相关关系，提示实现高质量的共享发展既要分好蛋糕也要做大蛋糕。为此，本报告建议，坚持高质量发展、重视基尼系数监测、发挥好初次分配的基础性作用、继续加大二次分配的调节力度、重视三次分配的有益补充作用。

关键词： 全民共享 共同富裕 高质量发展 三次分配

发展是人类社会永恒的主题，习近平主持召开二十届中央财经委员会第一次会议时强调："以人口高质量发展支撑中国式现代化。"[①] 党的二十大报告概括了中国式现代化是人口规模巨大的现代化，是全体人民共同富裕的现代化，是物质文明和精神文明相协调的现代化，是人与自然和谐共生的现代

---

* 陈芳，博士，南京邮电大学人口研究院讲师，主要从事人口社会学、社会政策等方面的研究。
① 《习近平主持召开二十届中央财经委员会第一次会议》，中国政府网，https://www.gov.cn/yaowen/2023-05/05/content_5754275.htm？jump=true&eqid=e14b62a9000bbf0a0000000264897ca3，最后访问日期：2024 年 3 月 19 日。

化，是走和平发展道路的现代化。① 可见，中国式现代化是共享发展的，人口高质量发展的重要维度之一是共享发展。

一 概念内涵

（一）概念提出

"共享"一词作为官方用语最早出现在 1997 年中国共产党第十五次全国代表大会报告中，该报告提出"保证国民经济持续快速健康发展，人民共享经济繁荣成果"。② 2002 年中国共产党第十六次全国代表大会报告将"促进社会全面进步，不断提高人民生活水平，保证人民共享发展成果"③作为中国共产党第十三届中央委员会第四次全体会议以来"十分宝贵的经验"之一。2007 年中国共产党第十七次全国代表大会报告指出"科学发展观的核心是以人为本"，要"做到发展为了人民、发展依靠人民、发展成果由人民共享"。④ 2012 年中国共产党第十八次全国代表大会报告中"共享"一词出现了 6 次。

"共享发展"正式提出是在 2015 年，中国共产党第十八届中央委员会第五次全体会议通过的《中共中央关于制定国民经济和社会发展第十三个五年规划的建议》中明确"必须牢固树立创新、协调、绿色、开放、共享

---

① 《习近平：高举中国特色社会主义伟大旗帜 为全面建设社会主义现代化国家而团结奋斗——在中国共产党第二十次全国代表大会上的报告》，中国政府网，https://www. gov. cn/xinwen/2022-10/25/content_ 5721685. htm，最后访问日期：2024 年 3 月 19 日。
② 《高举邓小平理论伟大旗帜，把建设有中国特色社会主义事业全面推向二十一世纪——江泽民在中国共产党第十五次全国代表大会上的报告》，中国政府网，https://www. gov. cn/test/2007-08/29/content_ 730614. htm，最后访问日期：2024 年 3 月 19 日。
③ 《江泽民在中国共产党第十六次全国代表大会上的报告》，中国政府网，https://www. gov. cn/test/2008-08/01/content_ 1061490_ 2. htm，最后访问日期：2024 年 3 月 19 日。
④ 《胡锦涛在中共第十七次全国代表大会上的报告全文》，中国政府网，https://www. gov. cn/ldhd/2007-10/24/content_ 785431_ 3. htm，最后访问日期：2024 年 3 月 19 日。

的新发展理念"。① 其中，共享发展是五大发展理念的落脚点。2017 年中国共产党第十九次全国代表大会报告明确坚持创新、协调、绿色、开放、共享的新发展理念是"构成新时代坚持和发展中国特色社会主义的基本方略"。② 2019 年中国共产党第十九届中央委员会第四次全体会议通过《中共中央关于坚持和完善中国特色社会主义制度 推进国家治理体系和治理能力现代化若干重大问题的决定》，提出"坚持和完善共建共治共享的社会治理制度"。③ 2021 年中国共产党第十九届中央委员会第六次全体会议通过的《中共中央关于党的百年奋斗重大成就和历史经验的决议》指出，在经济建设上"必须实现创新成为第一动力、协调成为内生特点、绿色成为普遍形态、开放成为必由之路、共享成为根本目的的高质量发展"。④ 2022 年中国共产党第二十次全国代表大会报告明确，全面建设社会主义现代化国家必须牢牢把握的重大原则之一是"坚持以人民为中心的发展思想。维护人民根本利益，增进民生福祉，不断实现发展为了人民、发展依靠人民、发展成果由人民共享，让现代化建设成果更多更公平惠及全体人民"。⑤

　　国际社会也提出过一些相关概念。1990 年世界银行提出"广泛基础的增长"（Broad-based Growth，也译为"普惠式增长"），强调经济增长应该纳入并惠及社会基层民众。1999 年亚洲开发银行提出"对穷人友善的增

---

① 《中共中央关于制定国民经济和社会发展第十三个五年规划的建议》，中国政府网，https：//www. gov. cn/xinwen/2015-11/03/content_ 5004093. htm，最后访问日期：2024 年 3 月 19 日。

② 《习近平：决胜全面建成小康社会 夺取新时代中国特色社会主义伟大胜利——在中国共产党第十九次全国代表大会上的报告》，中国政府网，https：//www. gov. cn/zhuanti/2017-10/27/content_ 5234876. htm，最后访问日期：2024 年 3 月 19 日。

③ 《中共中央关于坚持和完善中国特色社会主义制度 推进国家治理体系和治理能力现代化若干重大问题的决定》，中国政府网，https：//www. gov. cn/zhengce/2019-11/05/content_ 5449023. htm? ivk_ sa=1024320u，最后访问日期：2024 年 3 月 19 日。

④ 《中共中央关于党的百年奋斗重大成就和历史经验的决议（全文）》，中国政府网，https：//www. gov. cn/xinwen/2021-11/16/content_ 5651269. htm，最后访问日期：2024 年 3 月 19 日。

⑤ 《习近平：高举中国特色社会主义伟大旗帜 为全面建设社会主义现代化国家而团结奋斗——在中国共产党第二十次全国代表大会上的报告》，中国政府网，https：//www. gov. cn/xinwen/2022-10/25/content_ 5721685. htm，最后访问日期：2024 年 3 月 19 日。

长"（Pro-poor Growth，也译为"益贫式增长"），主要关注经济增长中的贫困问题。2007 年亚洲开发银行提出"共享式增长"（Inclusive Growth，也译为"包容式增长"），侧重机会平等与结果平等，即人人平等参与增长过程并分享增长成果。亚洲开发银行在《2020 战略：亚洲开发银行 2008—2020 年长期战略框架》（Strategy 2020：The Long-Term Strategic Framework of the Asian Development Bank 2008-2020）中提到，以共享式增长为基础的发展战略有两个相辅相成的重点：一个是高速且可持续增长将扩大经济机会，另一个是扩大的机会将确保社会成员能够参与增长并从中受益。①

（二）概念内涵

无论是中国早期"共享"的提法，还是世界银行"广泛基础的增长"、亚洲开发银行"对穷人友善的增长"，还是亚洲开发银行"共享式增长"，都主要针对经济领域，而随着中国五大发展理念的提出，共享发展的内涵也得到了丰富。中国共产党第十八届中央委员会第五次全体会议提出的共享发展理念，其内涵主要包括全民共享、全面共享、共建共享、渐进共享四个方面。②

1. 全民共享

从共享的覆盖面来看，共享发展是全民共享。《中共中央关于制定国民经济和社会发展第十三个五年规划的建议》明确，"共享是中国特色社会主义的本质要求……使全体人民在共建共享发展中有更多获得感，增强发展动力，增进人民团结，朝着共同富裕方向稳步前进"。③ 共享发展以人民为中心，全体人民即所有人，不是部分人，更不是少数人。经过 40 多年的快速

---

① Asian Development Bank, Strategy 2020：The Long-Term Strategic Framework of the Asian Development Bank 2008-2020, p. 11., https：//www. adb. org/sites/default/files/institutional-document/32121/strategy2020-print. pdf，最后访问日期：2024 年 3 月 19 日。
② 《习近平谈治国理政》（第 2 卷），外文出版社，2017，第 215~216 页。
③ 《中共中央关于制定国民经济和社会发展第十三个五年规划的建议》，中国政府网，https：//www. gov. cn/xinwen/2015-11/03/content_ 5004093. htm，最后访问日期：2024 年 3 月 19 日。

发展，中国经济已经成为世界第二大经济体，然而受"效率优先"原则的影响，发展不平衡问题成为亟待解决的突出问题。

一些学者还从不同视角对"全体人民"进行了剖析。卢俞成认为，"共享发展是保障社会成员享有平等机会的发展，尤其是保障弱势群体生存和发展机会的发展"。① 这与亚洲开发银行"对穷人友善的增长"这一概念中蕴含的益贫理念一致。魏波认为，共享发展的主体还应包括每个华人甚至世界友人。② 这契合习近平总书记提出的构建人类命运共同体的理念。付海莲认为，"所有人指的是代际间的全体成员。共享发展的普惠性不仅包括让所有当代人共享发展成果，还包括让我们的子孙后代共享发展成果"。③ 这是兼顾了当前与长远的发展。

2. 全面共享

从共享的内容来看，共享发展是全面共享。人的全面发展决定了共享内容的全面性，既包括物质财富也包括精神财富。"共享发展就是要共享国家经济、政治、文化、社会、生态各方面建设成果，全面保障人民在各方面的合法权益。"④ 就经济共享而言，主要是通过构建体现效率、促进公平的收入分配体系，为全体人民共享发展奠定必要的物质基础，因为"收入分配是民生之源，是改善民生、实现发展成果由人民共享最重要、最直接的方式"。⑤ 就政治共享而言，主要是通过构建公正、平等的竞争机制和参与平台，使全体人民享有民主选举、民主协商、民主决策、民主管理、民主监督等权利，真正实现人民当家作主。就文化共享而言，主要是通过提供公共文化产品和服务，满足全体人民的精神生活需要。就社会共享而言，主要是通过完善社会保障制度和增加公共服务供给，提高全体人民的获得感、幸福感

---

① 卢俞成：《"好发展"与美好生活：习近平关于共享发展理念重要论述的价值逻辑》，《广西社会科学》2021 年第 5 期。
② 魏波：《以共享理解发展》，《中国特色社会主义研究》2016 年第 1 期。
③ 付海莲：《共享发展论》，博士学位论文，中共中央党校，2020。
④ 《习近平谈治国理政》（第 2 卷），外文出版社，2017，第 215 页。
⑤ 中共中央宣传部：《习近平总书记系列重要讲话读本》，学习出版社、人民出版社，2014，第 114 页。

和安全感，正如党的二十大报告所指出的"在幼有所育、学有所教、劳有所得、病有所医、老有所养、住有所居、弱有所扶上不断取得新进展"。[①]就生态共享而言，主要是通过建立环境治理和保护机制，为全体人民提供公共生态产品和服务，因为"良好生态环境是最普惠的民生福祉"。[②]

需要注意的是，经济、政治、文化、社会、生态这几个领域的划分并不是绝对的，领域之间有交叉有融合。《中共中央关于制定国民经济和社会发展第十三个五年规划的建议》中"坚持共享发展，着力增进人民福祉"涉及"增加公共服务供给"、"实施脱贫攻坚工程"、"提高教育质量"、"促进就业创业"、"缩小收入差距"、"建立更加公平更可持续的社会保障制度"、"推进健康中国建设"和"促进人口均衡发展"等八个方面。[③] 如提高教育质量既是文化共享的内容也是社会共享的内容。此外，经济基础决定上层建筑，经济共享是基础，但现阶段中国社会的主要矛盾是人民日益增长的美好生活需要和不平衡不充分的发展之间的矛盾，其他领域的共享是不可缺少的。

3. 共建共享

从共享的实现途径来看，共享发展是共建共享。《中共中央关于制定国民经济和社会发展第十三个五年规划的建议》提出"按照人人参与、人人尽力、人人享有的要求，坚守底线、突出重点、完善制度、引导预期，注重机会公平，保障基本民生，实现全体人民共同迈入全面小康社会"。[④] 可见，人人参与、人人尽力是人人享有的基础和前提，即"共建才能共享，共建

---

① 《习近平：决胜全面建成小康社会 夺取新时代中国特色社会主义伟大胜利——在中国共产党第十九次全国代表大会上的报告》，中国政府网，https://www.gov.cn/zhuanti/2017-10/27/content_5234876.htm，最后访问日期：2024 年 3 月 19 日。
② 《习近平谈治国理政》（第 3 卷），外文出版社，2020，第 362 页。
③ 《中共中央关于制定国民经济和社会发展第十三个五年规划的建议》，中国政府网，https://www.gov.cn/xinwen/2015-11/03/content_5004093.htm，最后访问日期：2024 年 3 月 19 日。
④ 《中共中央关于制定国民经济和社会发展第十三个五年规划的建议》，中国政府网，https://www.gov.cn/xinwen/2015-11/03/content_5004093.htm，最后访问日期：2024 年 3 月 19 日。

的过程也是共享的过程。要充分发扬民主，广泛汇聚民智，最大激发民力"。① 一方面，只有先把"蛋糕"做大，才有可能考虑把"蛋糕"分好，因此，全体人民应努力发挥自身价值，积极投身到实现中华民族伟大复兴中；另一方面，要保证全体人民公正平等地享有参与的机会，永葆共建的积极性。

4. 渐进共享

从共享的推进过程来看，共享发展是渐进共享。渐进共享体现了共享发展理念的科学性，是对人类社会发展规律的正确认识。渐进共享指出共享推进进程的长期性。党的二十大报告指出"共同富裕是中国特色社会主义的本质要求，也是一个长期的历史过程"。② 共同富裕的实现是一部分人先富起来、先富带动后富、最终实现共同富裕的过程，共享发展的实现也需要一个渐进的过程。就共享的覆盖面来看，渐进共享意味着不是全体人民同步共享，不同地域、不同社会经济地位的群体共享发展成果的进程会有先后，但需要在"最大多数原则"和"兜底线原则"基础上，③ 坚持尽力而为、量力而行。就共享的内容来看，渐进共享意味着不是同时无差异共享，共享发展的内容会分轻重缓急，但整体上共享发展的内容在广度和深度上会不断推进。

概括而言，共享发展这一概念的内涵有三大特点。一是公平性。习近平总书记强调："生活在我们伟大祖国和伟大时代的中国人民，共同享有人生出彩的机会，共同享有梦想成真的机会，共同享有同祖国和时代一起成长与进步的机会。"④ 公平是人民群众关注的焦点，不仅关注结果公平，更关注规则公平、机会公平，因此，共享发展要求从制度上和政策上消除城乡之

---

① 《习近平谈治国理政》（第2卷），外文出版社，2017，第215~216页。
② 《习近平：高举中国特色社会主义伟大旗帜 为全面建设社会主义现代化国家而团结奋斗——在中国共产党第二十次全国代表大会上的报告》，中国政府网，https：//www.gov.cn/xinwen/2022-10/25/content_5721685.htm，最后访问日期：2024年3月19日。
③ 刘占虎：《从共同劳动到共享劳动：共享发展的劳动正义基础》，《浙江社会科学》2020年第9期。
④ 习近平：《生活在伟大祖国和伟大时代的中国人民共享梦想成真的机会》，《重庆时报》2013年3月18日，第4版。

间、地域之间、不同群体之间共建共享的障碍。二是普惠性。共享发展的覆盖面不仅是弱势群体、贫困人口，而是包括不同地域、民族、种族、性别、年龄、职业、阶层、信仰的全体人民，如此来奠定共享发展的最广泛的群众基础，也回应了人民日益增长的美好生活需要和不平衡不充分的发展之间的矛盾。三是层次性。在经济社会发展的不同阶段，共享发展有不同的目标，在物质匮乏年代，共享发展的目标是解决温饱问题，在现阶段，共享发展的目标是实现共同富裕。[①]

二 理论基础

共享发展理念有着深厚的理论渊源。中国古代的"大道之行也，天下为公""不患寡而患不均""独乐乐不如众乐乐"，以及古希腊哲学家柏拉图、亚里士多德的正义观等均体现出共享发展的思想。共享发展的理论基础又可分为三大源流。

（一）马克思主义基本原理

19世纪初，以圣西门、傅立叶和欧文为代表的空想社会主义者在揭露资本主义弊端的同时，提出了对理想社会的设想。首先，批判资本主义私有制和雇佣劳动，主张建立一个消灭剥削和压迫、人人平等的社会；其次，批判资本主义分配制度的不合理性，主张劳动成果得到合理分配；最后，批判资本主义阶级对立，提出未来社会应消除现存的城市和农村在发展上的差别，实现城乡均衡发展。[②] 空想社会主义者虽然未找到实现社会主义的阶级力量和现实路径，最终流于不切实际的空想，但其提出的公有制、消灭阶级、消灭剥削、人人参与、平均主义等思想，为科学社会主义奠定了理论基础。

---

① 赵满华：《共享发展的科学内涵及实现机制研究》，《经济问题》2016年第3期。
② 邵彦敏、赫名超：《马克思关于共享发展思想的理论逻辑》，《理论学刊》2016年第6期。

马克思提出的剩余价值理论和唯物史观使社会主义从空想变成了科学。马克思和恩格斯创立的无产阶级政治经济学，揭示了人类社会特别是资本主义社会经济运动规律；他们创立了剩余价值学说，对私有制尤其是资本主义私有制进行了深刻的批判。马克思指出，"工人生产的财富越多，他的生产的影响和规模越大，他就越贫穷。工人创造的商品越多，他就越变成廉价的商品。物的世界的增值同人的世界的贬值成正比"。① 因此，只有进行生产关系的革命，变资本主义私有制为社会主义公有制，全体劳动者享受发展成果才可能变成现实。

唯物史观基本原理之一是人民是创造历史的根本动力，是社会赖以存续和发展的物质财富与精神财富的创造者。马克思和恩格斯主张"分配的正义"，即按劳分配；主张"地位与权利的平等"，要求"一切人，或至少是一个国家的一切公民，或一个社会的一切成员，都应当有平等的政治地位和社会地位"；② 主张人的自由发展，认为资产阶级的自由是"资本所享有的压榨工人的自由"，③ 应实现每个人的自由发展。以上主张体现了共享发展内涵中的全面共享。马克思指出"没有无义务的权利，也没有无权利的义务"，④ 体现了共享发展内涵中的共建共享。列宁指出"共同劳动的成果不应该归一小撮富人享受，应该归全体劳动者享受"。⑤ 这体现了共享发展内涵中的全民共享。

（二）西方公平正义思想

以柏拉图、亚里士多德为代表的古希腊哲学家对公平正义的追求带有乌托邦色彩，"自然权利"学说的代表洛克、卢梭、霍布斯等以社会契约论为基础主张天赋人权、主权在民，而后，西方很多学者从不同视角对公平正义

① 《马克思恩格斯文集》（第1卷），人民出版社，2009，第156页。
② 《马克思恩格斯选集》（第3卷），人民出版社，2012，第480页。
③ 《马克思恩格斯选集》（第1卷），人民出版社，2012，第151、373页。
④ 《马克思恩格斯选集》（第1卷），人民出版社，2012，第172页。
⑤ 《列宁全集》（第7卷），人民出版社，2013，第112页。

进行了阐述。

福利经济理论对公平正义的理解是从资源分配视角出发的。福利经济理论论证了国家提供社会福利的必要性以及政府应该采取的政策措施，为国家建立福利经济制度提供了理论依据。以英国经济学家庇古为代表的古典福利经济理论认为，社会经济福利在很大程度上受国民收入总量和国民收入在社会成员之间分配情况的影响，从福利最大化原则出发，国民收入分配越平等，越有利于增加社会经济福利。[①] 以意大利经济学家、社会学家帕累托为代表的新福利经济学认为，社会福利的核心是经济效率而不是公平，并以帕累托最优标准作为最有效率的分配原则，但其未认识到经济效率是社会福利最大化的必要条件，合理分配才是社会福利的充分条件。英国经济学家凯恩斯的有效需求理论认为，为了消除生产和消费之间的矛盾，必须通过国家财政促进总需求，并借助国家支出增加需求，进一步使需求和生产相适应，其中，增加社会保障开支是扩大政府支出的主要内容。

美国政治哲学家罗尔斯的正义论则从权利和机会视角理解公平正义。罗尔斯提出了关于正义的两个原则：第一个原则强调自由的优先性；第二个原则包含平等原则和差别原则两个方面。平等原则意指普遍的机会平等，差别原则意指社会和经济的不平等必须使处境最不利的成员获得最大的利益。"所有的社会基本善都应被平均地分配，除非对一些或所有社会基本善的一种不平等分配有利于最不利者。"[②] 罗尔斯提出的理论表达了为最不利群体谋利的观念，他所构建的体系被认为是所有关于公平的解释中最令人满意的一种。

诺贝尔奖获得者阿玛蒂亚·森提出的"可行能力"（capability）概念突破了传统用收入和效用衡量福利的局限，而替之以人的权利和自由的拓展。[③] 森在其著作《以自由看待发展》中提出了发展的自由本质：人的自

---

① 庇古：《福利经济学》，朱泱、张胜纪等译，商务印书馆，2001，第11~18页。
② 罗尔斯：《作为公平的正义：正义新论》，姚大志译，上海三联书店，2002，第94~95页。
③ 阿玛蒂亚·森：《以自由看待发展》，任赜等译，中国人民大学出版社，2002，第57~79页。

由是发展的目的，也是发展的手段。他指出各种社会歧视、缺乏权利和社会保障是贫富差距和无法共享的真正原因。因此，发展的实质是拓展人的自由，而这必须创造平等权利关系以及增加人民参与经济社会事务的机会，即更加注重对平等的考量和人的参与积极性的尊重。

（三）中国特色社会主义理论

新中国成立70多年来，中国共产党人始终围绕"实现什么样的发展，怎样实现发展"的问题进行不断探索，并试图找到适合中国自己的发展道路与理论。

共同富裕思想。中国共产党自新中国成立之始便对共同富裕进行不懈探索。毛泽东清醒地认识到"如果我们没有新东西给农民，不能帮助农民提高生产力，增加收入，共同富裕起来，那些穷的就不相信我们"。[①] 但毛泽东并未将共同富裕的主体限定为农民，而是扩展到全体人民，"我们的目标是要使我国比现在大为发展，大为富、大为强……而这个富，是共同的富，这个强是共同的强"。[②] 但受计划经济体制影响，社会发展缓慢，平均主义下全体人民处于普遍贫困状态。改革开放后，邓小平总结了过去经济发展的经验教训，提出了"两个大局"的论断，即让一部分人先富起来是一个大局；先富帮后富，这是另一个大局。如果说第一个大局是"发展"的思路，那么第二个大局就是"共富"的思想。邓小平指出"我们的国家已经进入社会主义现代化建设的新时期，我们要在大幅度提高社会生产力的同时，改革和完善社会主义经济制度和政治制度，发展高度的社会主义民主和完备的社会主义法制。我们要在建设高度物质文明的同时，提高全民的科学文化水平，发展高尚的丰富多彩的文化生活，建设高度的社会主义精神文明"[③]。

"三个代表"思想。在党的十六大报告中，江泽民提出"三个代表"重

---

① 《毛泽东选集》（第5卷），人民出版社，1977，第197页。
② 《毛泽东文集》（第6卷），人民出版社，1999，第495页。
③ 《邓小平文选》（第2卷），人民出版社，1994。

要思想，其中包括"代表最广大人民的根本利益"。关于何谓最广大，党的十六大报告明确指出"在社会变革中出现的民营科技企业创业人员和技术人员，受聘于外资企业的管理技术人员、个体户、私营企业主，中介组织的从业人员，自由职业人员等社会阶层都是中国特色社会主义事业的建设者"。① 此后，建立了社会主义市场经济制度，确立了以公有制为主体、多种所有制经济共同发展的基本经济制度，建立了以按劳分配为主体，效率优先、兼顾公平的收入分配制度。

科学发展观。胡锦涛围绕"实现什么样的发展以及怎样发展"这一主题，提出了要坚持科学发展观。胡锦涛提出"扩大人民民主，保证人民当家作主""发展基层民主，保障人民享有更多更切实的民主权利""让人民共享文化发展成果"② 等民主政治建设和文化建设的新要求，通过社会主义新农村建设继续推进西部大开发，全面振兴东北老工业基地，促进中部地区崛起等途径，缩小城乡差距、区域差距，还架构了"五位一体"的发展布局，即经济建设、政治建设、文化建设、社会建设和生态文明建设五位一体，全面推进。

习近平总书记提出的共享发展理念既继承和发展了马克思主义基本原理，又吸收和丰富了西方公平正义思想，还在共同富裕思想、"三个代表"思想、科学发展观的基础上取得了新的突破，即聚焦发展成果的共享问题，由"做蛋糕"为主转变为"分蛋糕"为主。③ 在 2017 年中国共产党第十九次全国代表大会上，首次提出"习近平新时代中国特色社会主义思想"。④ 习近平新时代中国特色社会主义思想是中国特色社会主义理论体系的重要组成部分，是全党全国人民为实现中华民族伟大复兴而奋斗的行动指南。共享

---

① 《江泽民在中国共产党第十六次全国代表大会上的报告》，中国政府网，https://www.gov.cn/test/2008-08/01/content_ 1061490_ 3. htm，最后访问日期：2024 年 6 月 18 日。
② 胡锦涛：《高举中国特色社会主义伟大旗帜为夺取全面小康社会新胜利而奋斗》，《人民日报》2007 年 10 月 2 日。
③ 赵满华：《共享发展的科学内涵及实现机制研究》，《经济问题》2016 年第 3 期。
④ 《重磅！十九大报告首次提出这一重大理论创新成果》，https://baijiahao.baidu.com/s? id = 1581594291309362103&wfr=spider&for=pc，最后访问日期：2024 年 7 月 25 日。

发展理念在习近平新时代中国特色社会主义思想的"两个确立""十个明确""十四个坚持""十三个方面成就""六个必须坚持"中都有所体现。

三　实践发展

共享发展是中国特色社会主义的本质要求，也是解决社会主要矛盾变化的基本途径。[①] 联合国开发计划署也将其"国际贫困中心"更名为"包容性增长国际政策中心"（International Policy Centre for Inclusive Growth, IPC-IG）。以史为镜，第一个社会主义国家苏联试图在计划经济体制下实现全面的社会共享，但由于忽视了生产力高度发达、物质财富极为丰富这一根本性前提而宣告失败。20世纪60年代末70年代初一些拉美国家由低收入国家迅速转变成中等收入国家，但由于收入分配不均、贫富差距过大、腐败盛行、公共服务短缺等，再难进入高收入国家之列。还有一些国家如希腊等已达到相对较高的发展水平并保持了较低的收入差距，但超出财政能力的高福利模式使经济增长陷入困境，而且收入差距也开始明显扩大。当前，中国进入中等收入国家，处于全面建成小康和实现社会主义现代化的重要战略机遇期，也面临跨越中等收入陷阱的新挑战。为了对共享发展有更为清晰、直观的认识，一些机构和学者构建了共享发展的相关指标体系，并进行了测评（如表1所示）。

魏志奇、孙伟康[②]仅提出了"共享发展评价框架"，并未进行测评；史琳琰和胡怀国[③]对中国"居民共享发展成果"进行了年度测评，仅限于国家层面；李晖、李詹[④]构建了"省际共享发展评价体系"，并对省级层面进行

①　张占斌：《正确认识中国新时代的社会主要矛盾》，《人民论坛》2017年第2期。
②　魏志奇、孙伟康：《社会主要矛盾变化与共同富裕新要求下共享发展研究》，《西南民族大学学报》（人文社会科学版）2022年第12期。
③　史琳琰、胡怀国：《高质量发展与居民共享发展成果研究》，《经济与管理》2021年第5期。
④　李晖、李詹：《省际共享发展评价体系研究》，《求索》2017年第12期。

了测评；高质量发展研究课题组①提出了"中国经济共享发展评价指数"，并对省级层面进行了测评，出版《高质量发展蓝皮书（2020）》；孙豪、桂河清、杨冬②构建了"经济高质量发展指标体系"，"共享发展"为二级指标，并对省级层面进行了测评；北京大学公共政策研究中心③发布了《中国城市高质量发展指数研究报告》，"共享发展"为二级指标，报告选取2020年地区生产总值排名前40的代表性城市，对这些城市当前高质量发展水平进行了综合测评。总之，共享发展的测评已有探索，但还未深入市级层面。

表 1　共享发展测评的相关成果

来源	一级指标	二级指标	测算指标
魏志奇、孙伟康：《社会主要矛盾变化与共同富裕新要求下共享发展研究》，《西南民族大学学报》（人文社会科学版）2022年第12期	共享发展评价框架	经济发展平衡程度	• 人均地区生产总值 • 城镇居民人均可支配收入 • 农村居民人均可支配收入 • 人均地方财政收入 • 人均社会消费品零售额 • 人均全社会固定资产投资 • 第三产业占比 • 城乡居民收入比 • 城乡消费水平比 • 城乡恩格尔系数比 • 城乡教育经费比 • 平均受教育年限 • 城乡最低生活保障比

① 高质量发展研究课题组：《中国经济共享发展评价指数研究》，《行政管理改革》2020年第7期。
② 孙豪、桂河清、杨冬：《中国省域经济高质量发展的测度与评价》，《浙江社会科学》2020年第8期。
③ 《北京大学公共政策研究中心发布〈中国城市高质量发展指数研究报告〉》，中国发展网，http：//www.chinadevelopment.com.cn/xc/2022/0127/1763514.shtml，最后访问日期：2024年3月19日。

来源	一级指标	二级指标	测算指标
魏志奇、孙伟康：《社会主要矛盾变化与共同富裕新要求下共享发展研究》，《西南民族大学学报》（人文社会科学版）2022 年第 12 期	共享发展评价框架	社会公平与社会文明程度	• 权利公平认可度 • 机会公平认可度 • 规则公平认可度 • 人均拥有公共图书馆藏书量 • 人均文化事业费 • 城乡居民文化娱乐消费支出占家庭消费支出比例 • 亿元 GDP 生产安全事故死亡人数 • 刑事犯罪率 • 每十万人社会组织数量 • 养老保险覆盖率 • 医疗自付比 • 每十万人拥有律师数 • 法院判决自觉履行率
		公共服务均等化程度	• 平均受教育年限 • 人均公共财政教育支出 • 万人拥有卫生机构床位数 • 万人拥有卫生医疗从业人数 • 城市居民家庭住房面积达标率 • 农村居住便利设施普及率 • 城镇调查失业率 • 人均就业公共财政支出
		脱贫减贫实现程度	• 贫困发生率 • 贫困人口累计脱贫率 • 城镇最低工资与平均工资比
		优美生态环境共享程度	• 单位 GDP 能耗变化率 • 空气质量优良率 • 城镇污水处理率 • 城镇生活垃圾无害化处理率 • 人均公园绿地面积 • 建成区绿化覆盖率
		社会分配公平程度	• 基尼系数 • 劳动收入占居民收入比重 • 居民收入占国民收入比重 • 中等收入群体占总人口比重

来源	一级指标	二级指标	测算指标
史琳琰、胡怀国:《高质量发展与居民共享发展成果研究》,《经济与管理》2021 年第 5 期	居民共享发展成果	居民收入差距的适度性	• 基尼系数
		居民收入增长的渐进性	• 劳动报酬占 GDP 比重 • 居民可支配收入增速
		居民共享发展的全面性	• 社保支出占 GDP 比重 • 教育基尼系数
		居民生活质量	• 15 岁以上人口平均受教育年限 • 恩格尔系数 • 国际贫困线以下人口比例 • (科教文卫)消费比重
李晖、李詹:《省际共享发展评价体系研究》,《求索》2017 年第 12 期	省际共享发展评价体系	经济普惠	• 城乡居民收入比 • 城镇居民收入的泰尔系数 • 农村居民收入的泰尔系数 • 居民收入与经济发展之间的增长速度比 • 工资与居民收入的比值 • 行业间平均工资的泰尔系数 • 地区公共财政支出的泰尔系数 • 地区固定资产投资的泰尔系数 • 贫困发生率 • 脱贫率
		社会公平	• 平均受教育年限 • 人均公共财政教育支出 • 卫生医疗设施的泰尔系数 • 卫生医疗从业人员的泰尔系数 • 地区人均基本公共服务支出差异系数 • 每万人拥有公共交通车辆数 • 居民人均住房建筑面积 • 基本医疗保险覆盖率 • 基本养老保险覆盖率 • 最低生活保障与人均收入比

续表

来源	一级指标	二级指标	测算指标
李晖、李詹:《省际共享发展评价体系研究》,《求索》2017年第12期	省际共享发展评价体系	政治清明	• 基层民主参选率 • 公共政策公民参与度 • 政府公信力满意度 • 廉政指数 • 巡视工作覆盖率
		生态和谐	• 单位GDP能耗 • 空气质量良好天数比例 • 地表水达标率 • 森林覆盖率 • 人均公园绿地面积 • 生活垃圾无害化处理率 • 污水达标处理率
		文化繁荣	• 文化及相关产业增加值占GDP比重 • 人均公共文化财政支出 • 每万人拥有"三馆一站"公用房屋建筑面积 • 城乡居民文化娱乐服务支出占家庭消费支出的比重 • 经常参加体育锻炼人数占总人口的比重
高质量发展研究课题组:《中国经济共享发展评价指数研究》,《行政管理改革》2020年第7期	中国经济共享发展评价指数	全民共享指数	• 农村贫困发生率 • 城镇最低生活保障居民占比 • 城乡居民可支配收入比(乡/城) • 城乡居民消费支出比(乡/城) • 区域(省)人均GDP泰尔指数

来源	一级指标	二级指标	测算指标
高质量发展研究课题组:《中国经济共享发展评价指数研究》,《行政管理改革》2020年第7期	中国经济共享发展评价指数	全面共享指数	• 年末城镇登记失业率 • 城镇居民人均住房面积 • 年末城乡居民人均存款余额 • 一线工农在全国人大代表中的比例 • 妇女在全国人大代表中的比例 • 少数民族在全国人大代表中的比例 • 人均公共图书馆藏书量 • 万人拥有文化机构数 • 中小学师生比 • 生(大中小学)均教育财政支出 • 千人医疗机构床位数 • 千人拥有卫生技术人员数 • 基本养老保险参保率 • 城市人均公园绿地面积 • 生活垃圾无害化处理率
		共建共享指数	• 劳动者报酬占GDP份额 • 就业人数占总人口比重 • 互联网普及率
		渐进共享指数	• 城镇基尼系数 • 恩格尔系数 • 人均可支配收入
孙豪、桂河清、杨冬:《中国省域经济高质量发展的测度与评价》,《浙江社会科学》2020年第8期	经济高质量发展指标体系	共享发展	• 居民人均可支配收入增长率/GDP增长率 • 城镇居民人均消费支出/农村居民人均消费支出 • 地方财政教育支出、医疗卫生支出、住房保障支出、社会保障和就业支出占地方财政预算支出的比重
《北京大学公共政策研究中心发布〈中国城市高质量发展指数研究报告〉》,中国发展网,http://www.chinadevelopment.com.cn/xc/2022/0127/1763514.shtml,最后访问日期:2024年3月19日	中国城市高质量发展指数	共享发展	• 15岁及以上人口的平均受教育年限 • 居民人均可支配收入增速/地区生产总值增速 • 文教、医疗、卫生支出占地区生产总值比重 • 常住人口城镇化率

四 指标选择

指标选择依据数据可获得及指标节约化原则。数据可获得主要指数据可通过政府或国际组织的官方网站或公开出版物查询获得，指标节约化主要指与人口高质量发展相关并与其他维度指标不重复。选择"基尼系数"和"劳动者报酬占 GDP 的份额"这两个指标作为全民共享发展国际比较的指标，选择"城乡居民人均可支配收入比"和"民生支出占 GDP 的比重"这两个指标作为共享发展国内比较的指标。

（一）国际比较指标

1. 基尼系数

根据国家统计局界定，基尼系数是国际上用来综合考察居民内部收入分配差异状况的一个重要分析指标，较为客观和直观地反映居民之间的贫富差距。[①] 基尼系数表示在全部居民收入中，用于进行不平均分配的那部分收入占总收入的百分比。基尼系数的实际数值介于 0~1 之间，社会中每个人的收入都一样、收入分配绝对平均时，基尼系数是 0；全社会的收入都集中于一个人、收入分配绝对不平均时，基尼系数是 1。一般认为，基尼系数小于 0.2 时，居民收入分配过于平均，0.2~0.3 时较为平均，0.3~0.4 时比较合理，0.4~0.5 时差距过大，大于 0.5 时悬殊。通常而言，与面积或人口较小的国家相比，地域辽阔、人口众多和自然环境差异较大的国家的基尼系数会高一些。经济处于起步阶段或工业化前期的国家，基尼系数要大一些，而发达经济体特别是实施高福利政策国家的基尼系数要小一些。

基尼系数是根据洛伦茨曲线，即收入分布曲线计算的。在图 1 中，横轴是累计人口百分比，纵轴是累计收入百分比。对角线上的斜线是绝对平均的

---

① 《什么是基尼系数》，国家统计局，http：//www.stats.gov.cn/zs/tjws/tjzb/202301/t20230101_1903941.html，最后访问日期：2024 年 3 月 19 日。

收入分布线，垂直纵线是绝对不平均的收入分布线，斜线和垂直纵线之间的曲线是通常见到的实际收入分布曲线。斜线和曲线之间的面积 A，相当于用于不平均分配的那部分收入。基尼系数等于 A／（A+B），经济学含义是用于不平均分配的那部分收入占全部收入的比例。基尼系数需要使用分户或分组的居民收入数据来计算。具体计算公式如下：

$$G = 1 - \sum_{i=1}^{n} P_i \times (2Q_i - W_i)$$

$$其中：Q_i = \sum_{k=1}^{i} W_k$$

$$或\ G = 1 - \sum_{i=1}^{n} P_i \times (2 \sum_{k=1}^{i} W_k - W_j)$$

这里 W_i 和 P_i 是指将调查户按收入由低到高进行排序，计算第 i 户代表的人口的收入占总收入的比重（W_i）和第 i 户所代表的人口占总人口的比重（P_i）。

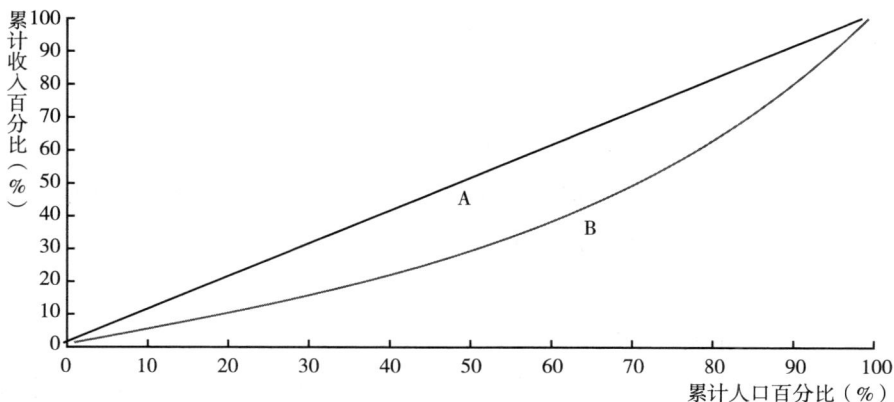

图1　洛伦茨曲线和基尼系数示意

使用不同来源、不同口径的收入基础数据会得到不同的基尼系数。比如，收入指标是否规范、用总收入指标还是可支配收入指标、收入中是否包括政府的实物福利、是否扣除年度物价因素、是否扣除地区差价等，都对基尼系数及变化趋势有影响。国家统计局提供了 2003～2022 年居民人均可支配收入基尼系数数据，在这 20 年中，中国在坚持"两个毫不动摇"中通过构建三次分配制度促进共同富裕，中国居民人均可支配收入基尼系数整体呈下降趋势，但一直处于 0.46～0.50，2018～2022 年处于 0.46～0.47，表明居民收入分配差距仍然过大（见图 2）。缩小贫富差距、实现共同富裕是一个艰巨且长期的过程。

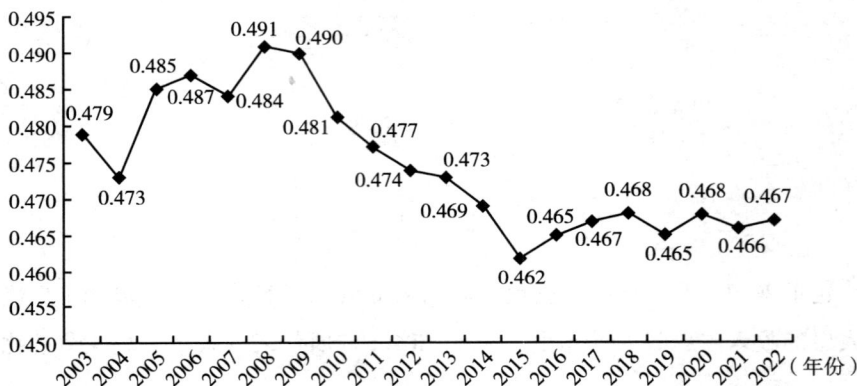

图 2　2003～2022 年中国居民人均可支配收入基尼系数

资料来源：国家统计局，https：//data. stats. gov. cn/easyquery. htm? cn = C01，最后访问日期：2024 年 3 月 19 日。

国际比较需要保证指标的一致性，基尼系数指标数据来源于世界银行数据库①，共有 167 个国家和地区的数据，但是各个国家和地区的最新数据的年份并不一致，该指标取各个国家和地区的最新数据，其中中国数据为 2020 年数据。

2. 劳动者报酬占 GDP 的份额

劳动者报酬占 GDP 的份额的高低"在较大程度上反映了劳动者共享经济发展成果的多寡"。② 根据国家统计局的界定，劳动者报酬指劳动者从事

---

① 世界银行数据库，https：//data. worldbank. org/indicator/SI. POV. GINI? view = chart，最后访问日期：2024 年 3 月 19 日。

② 刘长庚、柏园杰：《中国劳动收入居于主体地位吗——劳动收入份额再测算与国际比较》，《经济学动态》2022 年第 7 期。

生产活动应获得的全部报酬，既包括货币形式的报酬，也包括实物形式的报酬，主要包括工资、奖金、津贴和补贴，单位为其员工缴纳的社会保险费、补充社会保险费和住房公积金、行政事业单位职工的离退休金、单位为其员工提供的其他各种形式的福利和报酬等。[①]

国内生产总值（GDP）指一个国家所有常住单位在一定时期内生产活动的最终成果。国内生产总值有三种表现形态，即价值形态、收入形态和产品形态。从价值形态看，它是所有常住单位在一定时期内生产的全部货物和服务价值与同期投入的全部非固定资产货物和服务价值的差额，即所有常住单位的增加值之和；从收入形态看，它是所有常住单位在一定时期内创造的各项收入之和，包括劳动者报酬、生产税净额、固定资产折旧和营业盈余；从产品形态看，它是所有常住单位在一定时期内最终使用的货物和服务价值与货物和服务净出口价值之和。在实际核算中，国内生产总值有三种计算方法，即生产法、收入法和支出法。三种方法分别从不同的方面反映国内生产总值（GDP）及其构成。对于一个地区来说，称为地区生产总值（GDP）。

分配制度是促进共同富裕的基础性制度，中国的基本分配制度是"以按劳分配为主体、多种分配方式并存"。2022年党的二十大报告指出要"努力提高居民收入在国民收入分配中的比重，提高劳动报酬在初次分配中的比重"。[②]国家统计局提供了部分年份劳动者报酬数据，1997年至2000年，劳动者报酬总额增长显著，劳动者报酬占GDP的份额则是先下降后上升，1997年为52.11%，2007年下降至40.74%。2007年党的十七大报告首次提出要"逐步提高居民收入在国民收入分配中的比重，提高劳动报酬在初次分配中的比

---

① 国家统计局，http://www.stats.gov.cn/sj/ndsj/2022/indexch.htm，最后访问日期：2024年3月19日。

② 《习近平：高举中国特色社会主义伟大旗帜 为全面建设社会主义现代化国家而团结奋斗——在中国共产党第二十次全国代表大会上的报告》，中国政府网，https://www.gov.cn/xinwen/2022-10/25/content_ 5721685.htm，最后访问日期：2024年3月19日。

重"①，这"两个提高"是针对当时收入分配中存在的突出问题提出的，2010年劳动者报酬占 GDP 的份额上升至 46.35%，2020年上升至 52.25%（见图3）。

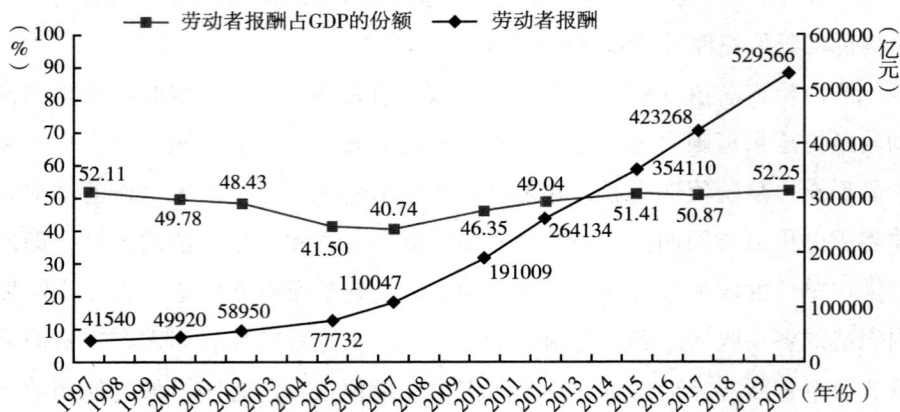

图3 1997~2020年中国劳动者报酬总额及其占 GDP 的份额

资料来源：国家统计局，https：//data. stats. gov. cn/easyquery. htm？cn＝C01，最后访问日期：2024年3月19日。

国际比较需要保证指标的一致性，世界银行、经济合作与发展组织（OECD）、国际劳工组织等国际组织均提供了相关指标数据，但名称、口径、计算方法有所不同。

世界银行世界不平等数据库（WID）② 提供的指标名为国民收入中劳动者报酬占比（Labor Share of National Income）。WID 将收入分解为劳动性收入（Labor Income）和资本性收入（Capital Income），将国民收入（National Income）分解为四个组成部分，即纯劳动性收入、纯资本性收入、混合性收入（Mixed Income）和产品税（Products Taxes）。纯劳动性收入包括劳动者（含家庭和为住户服务的非营利机构的雇员）报酬（Compensation Of Employees）。纯资本性收入包括财产性收入（Property Income）和经营性收

---

① 《胡锦涛在中共第十七次全国代表大会上的报告全文》，中国政府网，https：//www. gov. cn/ldhd/2007－10/24/content＿785431＿8. htm，最后访问日期：2024年3月19日。
② 参见 https：//wid. world/zh/data-cn/，最后访问日期：2024年3月19日。

入（Operating Surplus）（含家庭和为住户服务的非营利机构）、企业未分配利润（Undistributed Profits of Corporations）和政府财产性收入（Property Income the Government）。混合性收入是个体经营者的收入，结合了劳动性收入和资本性收入。其余部分对应于间接税。指标值的计算方法为：（纯劳动性收入+70%的混合性收入）／（国民收入−产品税）。该数据库提供了78个国家和地区的数据，无中国数据。

OECD 数据库[①]提供的指标名为按要素成本计算的国内生产总值中劳动者报酬占比（Employee Compensation % of Gross Value Added）。GVA（Gross Value Added）指按要素成本计算增加值总额，是按要素成本计算的 GDP，由农业、工业和服务业这三大产业的增加值加总得出。GVA 就是 GDP 减去税收再加上补贴。指标值的计算方法为：劳动者报酬／（GDP−税收+补贴）。该数据库提供的中国最新数据为 2019 年数据，有 44 个国家和地区有同期数据。

国际劳工组织即 ILO 数据库[②]提供的指标名为国内生产总值中劳动者报酬占比（Labour Income Share as a Percent of GDP）。劳动性收入包括劳动者报酬和自雇者的收入。自雇者的收入来源于劳动性收入和资本性收入，其中劳动性收入是在对具有类似特征的员工进行统计分析的基础上估算的。指标值的计算方法为：（劳动者报酬+自雇者劳动性收入）／GDP。该数据库提供的中国最新数据为 2020 年数据，有 186 个国家和地区有同期数据。

（二）国内比较指标

1. 城乡居民人均可支配收入比

党的十九大报告指出"坚持在经济增长的同时实现居民收入同步增长"。[③]

---

① 参见 https：//data. oecd. org/earnwage/employee-compensation-by-activity. htm，最后访问日期：2024 年 3 月 19 日。
② 参见 https：//ilostat. ilo. org/data/#，最后访问日期：2024 年 3 月 19 日。
③ 《习近平：决胜全面建成小康社会 夺取新时代中国特色社会主义伟大胜利——在中国共产党第十九次全国代表大会上的报告》，中国政府网，https：//www. gov. cn/zhuanti/2017-10/27/content_ 5234876. htm，最后访问日期：2024 年 3 月 19 日。

根据国家统计局界定①，居民人均可支配收入是用来衡量百姓收入水平，进而反映居民生活水平、福祉状况的主要指标，城乡居民人均可支配收入比则用来衡量城乡居民共享发展情况。2011年以前，中国城乡居民收入统计是按城乡分别进行，为落实改变收入分配格局、让全体居民共享发展成果等要求，需要统计部门提供城乡一体化的居民收入统计数据，以为推动城乡一体化、建立城乡统一的社会保障体系、逐步实现农民工市民化和城乡基本公共服务均等化等提供科学依据。2012年第四季度，国家统计局实施了城乡一体化住户调查改革，统一了城乡居民收入名称、分类和统计标准。

居民可支配收入指居民可用于最终消费支出和储蓄的总和，即居民可用于自由支配的收入。既包括现金收入，也包括实物收入。按照收入的来源，可支配收入包含四项，分别为：工资性收入、经营净收入、财产净收入和转移净收入。

工资性收入是指就业人员通过各种途径得到的全部劳动报酬和各种福利，包括受雇于单位或个人、从事各种自由职业、兼职和零星劳动得到的全部劳动报酬和福利。

经营净收入是指住户或住户成员从事生产经营活动所获得的净收入，是全部经营收入中扣除经营费用、生产性固定资产折旧和生产税之后得到的净收入。计算公式为：经营净收入=经营收入-经营费用-生产性固定资产折旧-生产税。

财产净收入是指住户或住户成员将其所拥有的金融资产、住房等非金融资产和自然资源交由其他机构、单位、住户或个人支配而获得的回报并扣除相关的费用之后得到的净收入。

财产净收入包括利息净收入、红利收入、储蓄性保险净收益、转让承包土地经营权租金净收入、出租房屋净收入、出租其他资产净收入和自有住房折算净租金等。财产净收入不包括转让资产所有权的溢价所得。

转移性收入是指国家、单位、社会团体对住户的各种经常性转移支付和

①　国家统计局：《中国统计年鉴2022》，2022，http://www.stats.gov.cn/sj/ndsj/2022/indexch.htm，最后访问日期：2024年3月19日。

住户之间的经常性收入转移，包括养老金或退休金、社会救济和补助、政策性生产补贴、政策性生活补贴、经常性捐赠和赔偿、报销医疗费、住户之间的赡养收入，本住户非常住成员寄回带回的收入等。转移性收入不包括住户之间的实物馈赠。转移性支出指调查户对国家、单位、住户或个人的经常性或义务性转移支付，包括缴纳的税款、各项社会保障支出、赡养支出、经常性捐赠和赔偿支出及其他经常转移支出等。转移净收入计算公式为：转移净收入＝转移性收入−转移性支出。

根据住户收支与生活状况调查，分析分城镇和农村的居民人均可支配收入等数据的覆盖人群主要变化：一是计算城镇居民人均可支配收入时分母包括了在城镇地区常住的农民工，计算农村居民人均可支配收入时分母不包括在城镇地区常住的农民工；二是由本户供养的在外大学生视为常住人口。

国家统计局提供了改革开放以来中国居民人均可支配收入数据，改革开放以来，中国城乡居民人均可支配收入均快速增长，2012 年，党的十八大报告提出收入倍增计划，即 2020 年实现国内生产总值和城乡居民人均收入比 2010 年翻一番。[①] 农村居民人均可支配收入始终远落后于城镇居民人均可支配收入，2022 年农村居民人均可支配收入突破 2 万元，而城镇居民人均可支配收入在 2022 年已接近 5 万元，绝对差距达到 29150 元，但 2010 年以来，农村居民人均可支配收入增长速度持续快于城镇居民人均可支配收入增长速度，城乡居民收入相对差距持续缩小，2022 年城乡居民人均可支配收入比回落到 2.45（见表 2）。随着脱贫攻坚战的全面胜利和乡村振兴战略的纵深推进，中国城乡居民人均可支配收入比有望进一步下降。从农村居民人均可支配收入构成来看，工资性收入占比达到 41.97%（见图 4），是缩小城乡居民人均可支配收入差距的重要部分，还需要进一步通过提高农民工技能、保障农民工权益、鼓励农民创业等让农村居民工资水平和城镇居民同步增长。

---

① 《胡锦涛在中国共产党第十八次全国代表大会上的报告》，中国政府网，https：//www.gov.cn/ldhd/2012−11/17/content_ 2268826_ 3.htm，最后访问日期：2024 年 3 月 19 日。

表2　中国城乡居民人均可支配收入

年份	城镇居民人均可支配收入		农村居民人均可支配收入		城乡居民人均可支配收入比
	收入（元）	比上年增长（%）	收入（元）	比上年增长（%）	
1978	343	—	134	—	2.56
1979	405	15.7	160	19.2	2.53
1980	478	9.7	191	16.6	2.50
1981	500	2.2	223	15.4	2.24
1982	535	4.9	270	19.9	1.98
1983	565	3.9	310	14.2	1.82
1984	652	12.2	355	13.6	1.84
1985	739	1.1	398	7.8	1.86
1986	901	13.9	424	3.2	2.13
1987	1002	2.2	463	5.2	2.16
1988	1180	-2.4	545	6.4	2.17
1989	1374	0.1	602	-1.6	2.28
1990	1510	8.5	686	1.8	2.20
1991	1701	7.1	709	2.0	2.40
1992	2027	9.7	784	5.9	2.59
1993	2577	9.5	922	3.2	2.80
1994	3496	8.5	1221	5.0	2.86
1995	4283	4.9	1578	5.3	2.71
1996	4839	3.8	1926	9.0	2.51
1997	5160	3.4	2090	4.6	2.47
1998	5418	5.6	2171	4.7	2.50
1999	5839	9.2	2229	4.2	2.62
2000	6256	6.3	2282	2.5	2.74
2001	6824	8.3	2407	4.7	2.84
2002	7652	13.3	2529	5.3	3.03
2003	8406	8.9	2690	4.8	3.12
2004	9335	7.5	3027	7.3	3.08
2005	10382	9.5	3370	6.7	3.08
2006	11620	10.3	3731	7.9	3.11
2007	13603	12.0	4327	10.0	3.14
2008	15549	8.2	4999	8.5	3.11
2009	16901	9.7	5435	9.0	3.11
2010	18779	7.7	6272	11.4	2.99
2011	21427	8.4	7394	11.4	2.90
2012	24127	9.6	8389	10.7	2.88
2013	26467	7.0	9430	9.3	2.81

年份	城镇居民人均可支配收入		农村居民人均可支配收入		城乡居民人均可支配收入比
	收入（元）	比上年增长（%）	收入（元）	比上年增长（%）	
2014	28844	6.8	10489	9.2	2.75
2015	31195	6.6	11422	7.5	2.73
2016	33616	5.6	12363	6.2	2.72
2017	36396	6.5	13432	7.3	2.71
2018	39251	5.6	14617	6.6	2.69
2019	42359	5.0	16021	6.2	2.64
2020	43834	1.2	17131	3.8	2.56
2021	47412	7.1	18931	9.7	2.50
2022	49283	1.9	20133	4.2	2.45

资料来源：国家统计局，https：//data. stats. gov. cn/easyquery. htm？cn = C01，最后访问日期：2024 年 3 月 19 日。

地方层面，该指标数据来源于各地 2022 年国民经济和社会发展统计公报，为 2022 年数据，其中深圳因完全城市化，指标值为 1。

2. 民生支出占 GDP 的比重

保障和改善民生是中国共产党和中国政府的核心议题，民生支出是在财力上给予保障。财政部在第十一届全国人民代表大会第二次会议上提交的《关于 2008 年中央和地方预算执行情况与 2009 年中央和地方预算草案的报告》中首次提出"民生支出"，包含中央财政用在与人民群众生活直接相关的教育、医疗卫生、社会保障和就业、保障性住房、文化方面的支出（下称"口径一"）。王列军[1]则是按照中国的社会认知，并参考 OECD 社会性支出（Social Expenditure）统计口径，剔除文化体育科目，将教育、卫生健康、社会保障和就业、住房保障领域的一般预算支出的汇总数界定为一般预算民生支出（下称"口径二"）。

其中，一般公共预算支出是指国家财政将筹集起来的资金进行分配使用，以满足经济建设和各项事业的需要。主要包括：一般公共服务、外交、

---

① 王列军：《我国民生支出的规模、特征及变化趋势》，《管理世界》2023 年第 3 期。

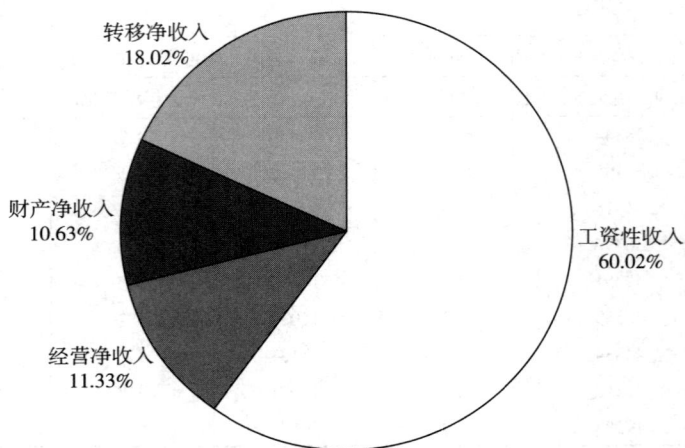

（1）城镇居民人均可支配收入

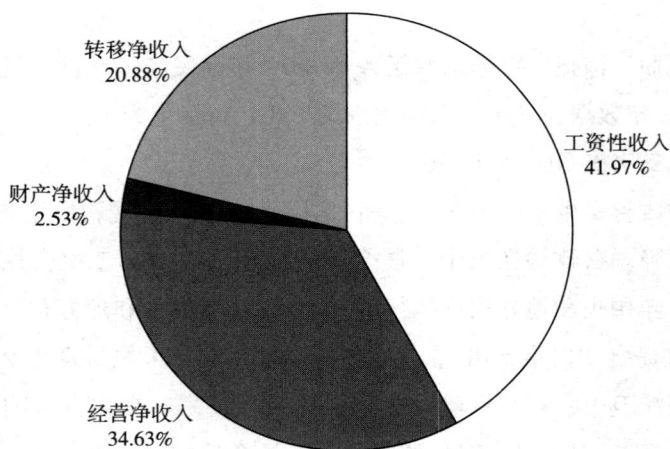

（2）农村居民人均可支配收入

图 4　2022 年中国城乡居民人均可支配收入构成

资料来源：国家统计局，https：//data. stats. gov. cn/easyquery. htm？cn＝C01，最后访问日期：2024 年 3 月 19 日。

国防、公共安全、教育、科学技术、文化体育与传媒、社会保障和就业、卫生健康、节能环保、城乡社区、农林水、交通运输、资源勘探工业信息、商业服务业、金融、援助其他地区、自然资源、海洋气象、住房保障、粮油物资储备、灾害防治及应急管理、债务付息、债务发行费用等方面的支出。

中国政府坚持在发展中保障和改善民生，进入21世纪，更加重视对民生的投入。国家统计局提供了2007年以来的民生支出数据，按照口径一，2010年至2022年，中国民生支出由30404亿元上升至110006亿元，增加了2.6倍。总体上中国民生支出占GDP比重呈上升趋势，个别年份略有波动。从民生支出结构看，教育支出与社会保障和就业支出占比一直较高，按照口径一，教育支出持续增加，但占比整体有所下降，由2010年的41.28%下降至2022年的35.86%；文化体育与传媒支出在2010年至2020年持续增加，2021年和2022年略有减少，占比整体有所下降，由2010年的5.07%下降至2022年的3.56%；社会保障和就业支出持续增加，占比整体有所上升，由2010年的30.03%上升至2022年的33.28%；医疗卫生支出持续增加，占比整体有所上升，由2010年的15.80%上升至2022年的20.49%；住房保障支出整体增加，占比整体下降，由2010年的7.82%下降至2022年的6.82%（见表3）。随着中国老龄化的加深，预计社会保障和就业支出、医疗卫生支出将进一步增加。

表3 2010~2022年中国民生支出构成

单位：亿元，%

年份	总支出	教育		文化体育与传媒		社会保障和就业		医疗卫生		住房保障	
		支出	占比	支出	占比	支出	占比	支出	占比	支出	占比
2010	30404	12550	41.28	1543	5.07	9131	30.03	4804	15.80	2377	7.82
2011	39750	16497	41.50	1893	4.76	11109	27.95	6430	16.17	3821	9.61
2012	47821	21242	44.42	2268	4.74	12586	26.32	7245	15.15	4480	9.37
2013	51797	22002	42.48	2544	4.91	14491	27.98	8280	15.99	4481	8.65
2014	56923	23042	40.48	2691	4.73	15969	28.05	10177	17.88	5044	8.86
2015	66117	26272	39.74	3077	4.65	19019	28.77	11953	18.08	5797	8.77
2016	72762	28073	38.58	3163	4.35	21592	29.67	13159	18.08	6776	9.31
2017	79160	30153	38.09	3392	4.28	24612	31.09	14451	18.25	6552	8.28
2018	85149	32169	37.78	3538	4.15	27012	31.72	15624	18.35	6806	7.99

续表

年份	总支出	教育		文化体育与传媒		社会保障和就业		医疗卫生		住房保障	
		支出	占比	支出	占比	支出	占比	支出	占比	支出	占比
2019	91329	34797	38.10	4086	4.47	29379	32.17	16665	18.25	6401	7.01
2020	99497	36360	36.54	4246	4.27	32569	32.73	19216	19.31	7107	7.14
2021	101481	37469	36.92	3985	3.93	33788	33.30	19143	18.86	7096	6.99
2022	110006	39448	35.86	3913	3.56	36609	33.28	22537	20.49	7499	6.82

资料来源：国家统计局，https：//data. stats. gov. cn/easyquery. htm? cn = C01，最后访问日期：2024 年 3 月 19 日。

考虑市级层面数据的可获得性，以及文化体育与传媒支出、住房保障支出所占比例较低，该指标将民生支出界定为教育支出、社会保障和就业支出、医疗卫生支出的总和（口径三）。数据来源于各地 2022 年《统计年鉴》、财政决算、《2021 年国民经济和社会发展统计公报》，除西藏林芝、新疆塔城为 2020 年数据外，其他地方均为 2021 年数据。不同口径下民生支出占 GDP 的比重情况如图 5 所示。

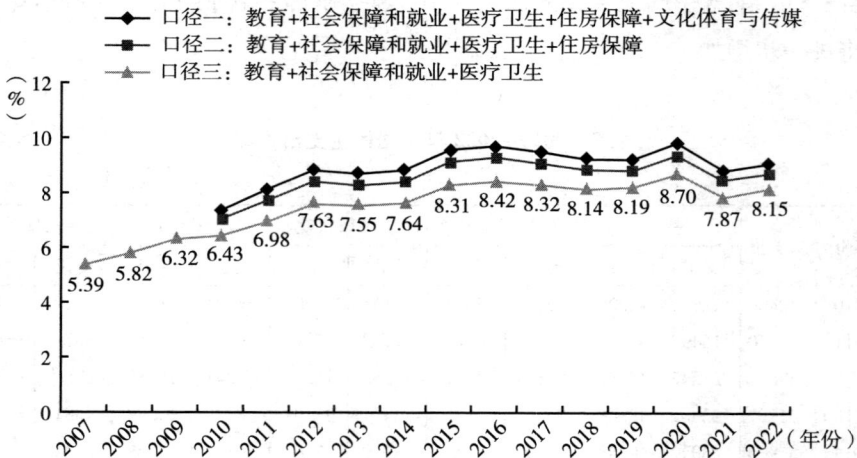

图 5 2007~2022 年中国民生支出占 GDP 的比重

资料来源：国家统计局，https：//data. stats. gov. cn/easyquery. htm? cn = C01，最后访问日期：2024 年 3 月 19 日。

五　指标分析

（一）国际比较

在 100 个国家中，全民共享发展指数排名靠前的国家有斯洛文尼亚、荷兰、比利时、瑞士、克罗地亚、丹麦、德国、爱沙尼亚、法国、奥地利，均为欧洲国家和高收入国家，中国处于中位水平。基尼系数排名靠前的国家有斯洛文尼亚、乌克兰、比利时、荷兰、芬兰、丹麦、挪威、哈萨克斯坦、亚美尼亚、波兰，多为高收入国家，中国处于中位偏下水平；劳动者报酬占 GDP 的份额排名靠前的国家有瑞士、智利、荷兰、比利时、德国、巴西、克罗地亚、加拿大、爱沙尼亚、莱索托，多为高收入国家，中国处于中位水平。

全民共享发展指数排名靠前的国家中，斯洛文尼亚和丹麦的劳动者报酬占 GDP 的份额的排名并不靠前，但基尼系数高；瑞士、克罗地亚、德国、爱沙尼亚的基尼系数的排名并不靠前，但劳动者报酬占 GDP 的份额高；法国和奥地利的基尼系数和劳动者报酬占 GDP 的份额的排名虽然均不靠前，但整体排名均比较靠前（见表 4）。可见，单一指标难以科学测算全民共享发展水平，本报告中的全民共享发展指数融合了基尼系数和劳动者报酬占 GDP 的份额两个指标，既考虑了共享发展的程度也考虑了共享发展的水平，意指高质量的共享发展。

全民共享发展指数排名靠前的国家都是高收入国家。也有中低等收入国家和中高等收入国家在部分指标上表现良好，乌克兰、哈萨克斯坦、亚美尼亚的基尼系数的排名靠前，但劳动者报酬占 GDP 的份额低；巴西、莱索托的劳动者报酬占 GDP 的份额的排名靠前，但基尼系数低。基尼系数排名前十的国家中，乌克兰排名第二，其 2000 年以来整体处于下降趋势（见图 6），但乌克兰是一个落后的农业国家，即便处于俄乌战争中还可对外出口粮食，2020 年劳动者报酬占 GDP 的份额为 51%。劳动者报酬占 GDP 的份额排名靠前的国家中，莱索托近十年整体处于上升趋势（见图 7），但莱索托是一个位于南非国土内的"国中之国",国土面积小、自然资源十分贫乏,农业在国民经济中占据比较高的比重,2017年基尼系数为0.44,排名第79。可见,实现高质量的共享发展,要"分好蛋糕"也要"做大蛋糕",中国的"发展是硬道理"、"发展是第一要务"和"发展中的问题要靠发展来解决"等治国理政思想得到了实践证明。

表4 部分国家基尼系数和劳动者报酬占 GDP 的份额

全民共享发展指数较高的国家		基尼系数		劳动者报酬占 GDP 的份额	
国名	收入类型	国名	收入类型	国名	收入类型
斯洛文尼亚	高	斯洛文尼亚	高	瑞士	高
荷兰	高	乌克兰	中低	智利	高
比利时	高	比利时	高	荷兰	高
瑞士	高	荷兰	高	比利时	高
克罗地亚	高	芬兰	高	德国	高
丹麦	高	丹麦	高	巴西	中高
德国	高	挪威	高	克罗地亚	高
爱沙尼亚	高	哈萨克斯坦	中高	加拿大	高
法国	高	亚美尼亚	中高	爱沙尼亚	高
奥地利	高	波兰	高	莱索托	中低
中国	中高	中国	中高	中国	中高

资料来源:人口高质量发展蓝皮书课题组计算。

（二）中国省级比较

在中国31个省区市中,全民共享发展指数排名前五的省份,2022年人均GDP排名分别为第25、第30、第24、第27、第21,其经济社会发展水平在中国相对靠后。可见,省级经济社会发展水平越高,全民共享发展情况未必越好。

城乡居民人均可支配收入比排名前五的省份,2022年人均GDP排名分别为第5、第30、第6、第27、第22,既有经济社会发展水平相对靠前的省份,也有经济社会发展水平相对靠后的省份(见图8)。以浙江为例,浙江是东部沿海经济强省,也是高质量发展建设共同富裕示范区,缩小城乡居民

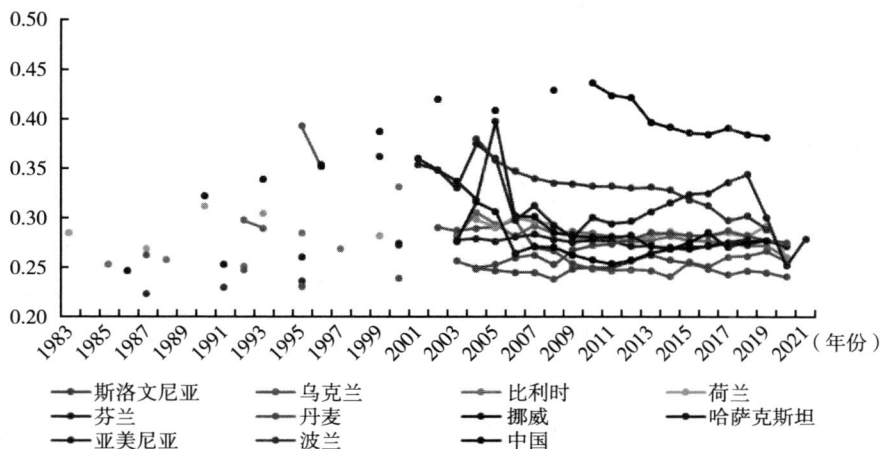

图 6　1983~2021 年部分国家基尼系数变化情况

资料来源：世界银行，https：//data. worldbank. org/indicator/SI. POV. GINI？ view = chart，最后访问日期：2024 年 3 月 19 日。

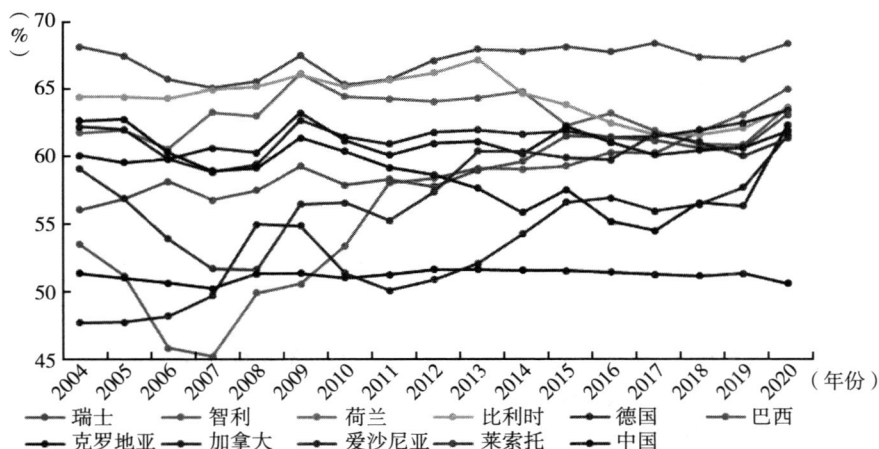

图 7　2004~2020 年部分国家劳动者报酬占 GDP 的份额的变化情况

资料来源：国际劳工组织，https：//ilostat. ilo. org/data/#，最后访问日期：2024 年 3 月 19 日。

收入差距是重要指标和核心目标之一。作为以"民营经济"著称的浙江，素来藏富于民，尤其是农村发展水平长期居于全国前列。2020年，浙江城乡居民人均可支配收入比降至1.96，为1993年以来首次降至2以内，2022年城乡居民收入倍差缩小至1.90，已连续10年缩小。

民生支出占GDP的比重排名靠前的省份，人均GDP排名并不一定靠前（见图9）。以西藏为例，西藏的民生支出占GDP的比重排名靠前，2021年达到27.32%。西藏作为全国曾经的唯一的省级集中连片特困地区，近年来教育、社会保障和就业、医疗卫生等民生投入不断增加，2019年底，全区62.8万建档立卡贫困人口全部脱贫、74个贫困县（区）全部摘帽，提前一年实现脱贫攻坚目标。[①] 西藏的城乡居民人均可支配收入比2021年达到2.74。值得注意的是，2021年西藏城乡居民收入增速位居全国首位，农牧民收入增速连续七年领跑全国，城乡居民人均可支配收入差距持续缩小。[②]

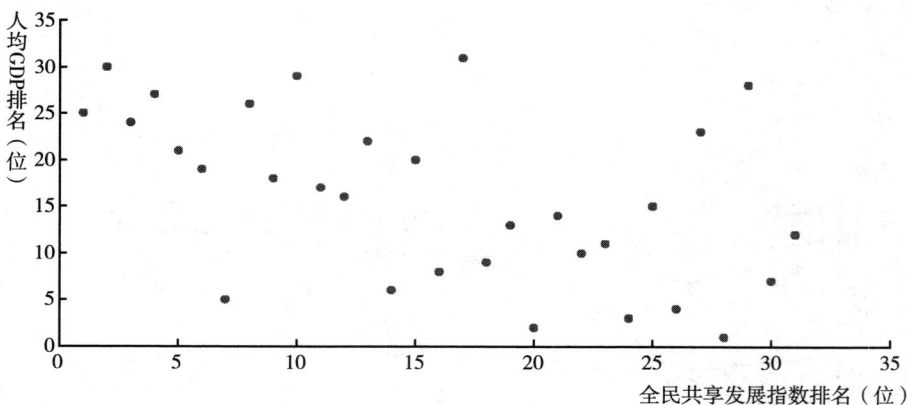

图8　31个省区市全民共享发展指数排名与2022年人均GDP排名分布

资料来源：全民共享发展指数排名由人口高质量发展蓝皮书课题组计算；2022年人均GDP排名来源于国家统计局网站，https://www.stats.gov.cn/sj/ndsj/2023/indexch.htm，最后访问日期：2024年8月3日。

---

① 《西藏历史性消除绝对贫困》，中国政府网，https://www.gov.cn/xinwen/2020-10/15/content_5551606.htm，最后访问日期：2024年6月18日。
② 《西藏农村居民人均可支配收入增速连续7年领跑全国》，人民网，http://xz.people.com.cn/n2/2022/1008/c138901-40152176.html，最后访问日期：2024年6月18日。

（三）中国地级市比较

在 250 个地市中，共享发展指数排名前十的地市中 6 个地市位于黑龙江、2 个地市位于广东。

城乡居民人均可支配收入比排名前十的地市中 5 个位于广东。例如，收入比较低的鹤岗曾经是"四大煤都"之一，随着资源的枯竭，面临产业转型，正积极扶持石墨、现代农业、生物医药等新兴产业发展。2022 年，鹤岗第一、第二、第三产业增加值占地区生产总值的比重分别为 25.5%、38.0% 和 36.5%，全国为 7.3%、39.9% 和 52.8%。鹤岗第三产业占比偏低，缺少"专精特新"企业，是城乡居民人均可支配收入比较低的原因之一。再如，城乡居民人均可支配收入不高的中山深入推进实施乡村振兴战略及积极实施就业创业等政策，近年来出台了一系列支农惠农政策，加快推进农村地区的交通、通信等基础设施建设，以高质量建设"商圈"经济，助力人口吸附、产业升级。

民生支出占 GDP 的排名靠前的地市人均地区生产总值排名基本非常靠后，改善民生既是发展目的也是发展动力。以梅州为例，梅州是闽粤赣交界地区的区域中心城市，优势在于红色土地与生态文明。一方面，梅州狠抓产业振兴，全面推进乡村振兴；另一方面，当地加强对口帮扶协作。广州市人民政府办公厅、梅州市人民政府办公室印发了《广州市对口帮扶梅州市助推老区苏区全面振兴发展规划（2021—2025 年）》。广州加大对梅州的民生帮扶力度，支持梅州苏区加快补齐教育、医疗、就业、文化等民生短板。

六 推进全民共享发展的建议

全民共享发展应该是高水平的共享发展，为此，提出如下建议。

一是坚持高质量发展。习近平指出"在高质量发展中促进共同富裕"，[1]

---

[1] 《习近平主持召开中央财经委员会第十次会议》，中国政府网，hhttps：//www.gov.cn/xinwen/2021-08/17/content_5631780.htm，最后访问日期：2024 年 6 月 18 日。

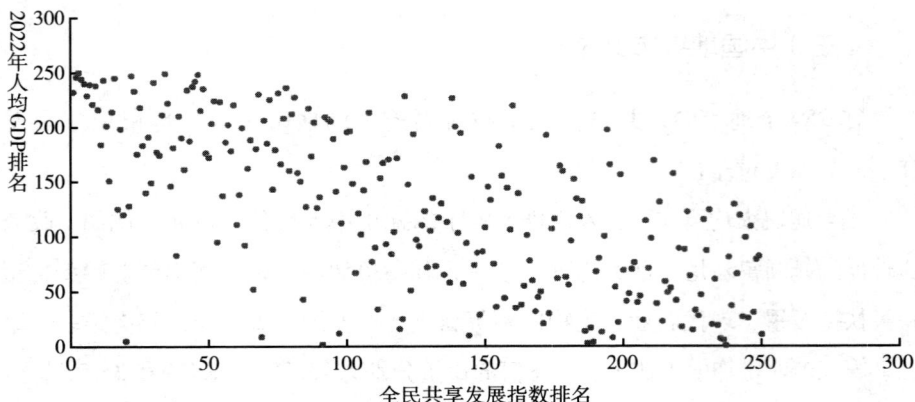

图 9　250 个地级市全民共享发展指数排名与 2022 年人均 GDP 排名分布

资料来源：全民共享发展指数排名由人口高质量发展蓝皮书课题组计算；2022 年人均 GDP 排名来源于各省 2022 年《统计年鉴》。

社会生产力发展是人口高水平共享发展的基础，需要大力推进大众创业、万众创新；需要转变经济发展方式，由出口导向型增长模式转向内需拉动型增长模式；需要优化产业结构，支持新兴产业发展、推进产业升级、促进信息技术与传统产业融合、优化产业地域布局。

二是重视基尼系数监测。很多国际组织和发达国家都十分重视基尼系数监测，保障社会公平和稳定。根据其经验，持续测算和分析基尼系数，掌握基尼系数变化趋势，及时预警社会不平等；考虑不同地区、群体、口径的基尼系数，以便进行区域比较、群体比较、因素比较，从而有针对性地采取措施帮助低收入群体；及时公开基尼系数，以利于相关政府部门和科研机构及时分析基尼系数变化的原因。

三是发挥好初次分配的基础性作用。除提高最低工资标准外，将 3 岁以下婴幼儿照护纳入学前教育以减轻双职工家庭压力；扩大就业和提高就业质量以增加劳动者收入；全面推进乡村振兴以使农民勤劳致富；营造公平竞争的市场环境以使各行各业共同发展；完善劳动者工资合理增长机制以激发劳动者的劳动热情。

四是继续加大二次分配的调节力度。除提高个人所得税起征点外，完善专项附加扣除范围和标准，切实减轻中低收入群体的负担；完善个人所得税、消费税、财产税等税收制度，有效调节过高收入；促进基本公共服务均等化，尤其是推进优质义务教育均衡发展，有效减轻困难家庭教育负担；加大对口支援和帮扶工作力度，有效缩小区域民生投入总量差距。

五是重视三次分配的有益补充作用。除弘扬慈善精神、创新如"指尖公益"等慈善方式外，进一步完善社会公益事业相关法律法规，为第三次分配提供法规制度保障；增强慈善组织信息透明度并加强对慈善组织的监督，提高慈善组织的公信力；健全鼓励第三次分配的配套税收政策，激发社会力量参与慈善的积极性。

专题篇 ᗅ

B.8

数字赋能养老服务体系
高质量发展研究报告

朱 晓*

摘　要：　在数字中国建设的背景下，通过数字要素赋能养老服务体系发展，有助于通过养老资源的供需适配来解决养老服务体系发展不平衡、不充分问题，提高资源利用效率，也有利于形成智慧养老新业态。基于服务链视角，本报告认为数字赋能传统养老服务业可以通过精准画像、增强服务价值，多方协同、扩大服务供给，优化流程、节省传输成本，主动监管、提高服务效能等方式来获取新的竞争力。本报告从数字赋能居家养老服务模式、社区养老服务模式、机构养老服务模式方面提出数字赋能的应用场景，明确要警惕养老领域数字"赋能"中的"负能"，如数字赋能多以单向应用为主、存在数字隐私安全问题及消费陷阱、数字技术带来的程式化问题、数字技术的智能化及普及化不高。针对数字"负能"现象，本报告提出数字赋

* 朱晓，博士，南京邮电大学人口研究院助理研究员，主要从事智慧养老、流动人口、家庭政策等方面的研究。

能养老服务可在四个方面进行优化。第一，加强立法工作，健全数字赋能养老服务的法律法规体系。第二，强化顶层设计，健全养老服务数字化的标准规范体系。第三，发展数字养老，打造"平台＋产业＋社会化"的养老产业数字化模式。第四，提升监管效能，健全养老服务数字化的监管体系。

关键词： 数字赋能　智慧养老　数字"负能"　养老服务体系

一　"数字中国"的提出

当今社会，数字技术已成为新旧动能转换、重组要素资源、重塑经济结构、构筑竞争新优势的关键力量。2015 年，党的十八届五中全会首次提出"国家大数据战略"，紧接着在第二届世界互联网大会上，国家主席习近平首次提出"数字中国"的概念并深刻阐明了数字中国建设的重大意义，他提出"中国正在实施'互联网＋'行动计划，推进'数字中国'建设，发展分享经济，支持基于互联网的各类创新，提高发展质量和效益"。[①] 2017年，党的十九大报告明确提出建设"网络强国、数字中国、智慧社会"，数字中国首次写入党和国家纲领性文件。2019 年，党的十九届四中全会首次提出将数据作为生产要素参与分配，推进数字政府建设。2020 年，中共中央、国务院印发《关于构建更加完善的要素市场化配置体制机制的意见》，其中将数据与土地、劳动力、资本、技术等相并列，提出要加快培育数据要素市场。2021 年，《中华人民共和国国民经济和社会发展第十四个五年规划和 2035 年远景目标纲要》部署"加快数字化发展 建设数字中国"，提出要加快建设数字经济、数字社会、数字政府，以数字化转型整体驱动生产方式、生活方式和治理方式变革。2021 年 12 月印发的《"十四五"推进国家政务信息化规划》提出，到 2025 年，政务信息化建设总体迈入以数据赋能、

---

① 《习近平在第二届世界互联网大会开幕式上的讲话》，https：//www.gov.cn/xinwen/2015－12/16/content_ 5024712.htm，最后访问日期：2024 年 6 月 18 日。

协同治理、智慧决策、优质服务为主要特征的融慧治理新阶段。2022 年初国务院印发《"十四五"数字经济发展规划》，指出"十四五"时期，我国数字经济转向深化应用、规范发展、普惠共享的新阶段。2022 年 12 月，中共中央、国务院印发《关于构建数据基础制度更好发挥数据要素作用的意见》，提出从数据产权、流通交易、收益分配、安全治理等四个方面系统性构建数据基础制度体系的"四梁八柱"。党的二十大报告中明确做出"加快建设数字中国"的部署安排。2023 年，中共中央、国务院又印发了《数字中国建设整体布局规划》，提出按照"2522"的整体框架进行布局，即夯实数字基础设施和数据资源体系"两大基础"，推进数字技术与经济、政治、文化、社会、生态文明建设"五位一体"深度融合，强化数字技术创新体系和数字安全屏障"两大能力"，优化数字化发展的国内国际"两个环境"，数字中国建设有了里程碑意义的顶层设计和整体谋划。2023 年，国家数据局的成立，将从国家层面统筹协调数字中国、数字经济、数字社会的规划和建设。2023 年 12 月 31 日，国家数据局等 17 部门联合印发《"数据要素×"三年行动计划（2024—2026 年）》，强调要发挥数据的基础资源作用和创新引擎作用，遵循数字经济发展规律，以推动数据要素高水平应用为主线，以推进数据要素协同优化、复用增效、融合创新作用发挥为重点，强化场景需求牵引。国家层面领导班子的搭建及一系列重大战略规划的相继出台，将有助于激活数据要素潜能，充分发挥数据要素乘数效应，赋能经济社会发展。

在数字中国建设的背景下，通过数字要素赋能养老服务体系发展，有助于通过养老资源的供需适配来解决养老服务体系发展不平衡、不充分问题，提高资源利用效率，也有利于形成智慧养老新业态。为此，本报告将从数字赋能的视角，聚焦数字技术在不同养老服务领域及场景的应用，梳理目前典型的经验做法及存在的问题，旨在从数字赋能角度为优化我国养老服务体系提供新思路和新路径。

二 数字赋能养老服务何以可能

"赋能"是由动词"赋予"和名词"能力"组成，它是指通过提供资源、信息、技术等方面的支持，帮助他人或组织获得更多的能力、创造更多的价值、实现更多的成长和发展，从而更好地应对挑战、实现目标、发挥潜力。赋能不单是直接给予或援助，还是提供必要的支持和资源，帮助他人或组织获得更多的能力和资源。"赋能"概念发展最初来自心理学，旨在解释和探讨个体如何通过外部支持和内在动机实现自我发展和成长。后来，"赋能"这一概念又逐渐在教育、管理和社会领域得到广泛应用。

伴随着科学技术的发展，数字化技术对个人和社会的影响及赋能逐渐进入人们的视野。数字赋能是指利用数字技术和资源，赋予个体和组织更多的能力与机会，从而实现更大的发展和价值创造。其包含的要素有数字技术，行动主体，赋能客体，赋能的目标、过程、结果，等等。当前，数字技术的快速发展已融入各行各业和各领域。从研究来看，一些研究开始聚焦数字赋能对企业运营管理[1]、实体经济转型[2]、农业发展[3]、政府数字化转型[4]、制造业转型[5]、农民工就业[6]、旅游业[7]等产生的影响。也有一些研究开始关注数字技术对养老服务业产生的影响及对策。如吴旭红等通过查阅牛津词典，认为单向赋能无法从根本上解决老年群体数字鸿沟的问题，需要构建需求赋能和技术赋能的双向赋能机制。[8] 睢党臣和吕心妍认为，数字赋能养老服务高质量变革应包括供给主体从单一到多元互动、供给从技术到服务导向、供

---

① 陈剑、黄朔、刘运辉：《从赋能到使能——数字化环境下的企业运营管理》，《管理世界》2020年第2期。
② 田秀娟、李睿：《数字技术赋能实体经济转型发展——基于熊彼特内生增长理论的分析框架》，《管理世界》2022年第5期。
③ 夏显力、陈哲、张慧利、赵敏娟：《农业高质量发展：数字赋能与实现路径》，《中国农村经济》2019年第12期。
④ 孟天广：《政府数字化转型的要素、机制与路径——兼论"技术赋能"与"技术赋权"的双向驱动》，《治理研究》2021年第1期。
⑤ 焦勇：《数字经济赋能制造业转型：从价值重塑到价值创造》，《经济学家》2020年第6期。
⑥ 张广胜、王若男：《数字经济发展何以赋能农民工高质量就业》，《中国农村经济》2023年第1期。
⑦ 乔向杰：《智慧旅游赋能旅游业高质量发展》，《旅游学刊》2022年第2期。
⑧ 吴旭红、何瑞、吴朵：《双向赋能：数字化转型背景下"银发鸿沟"的破解之道——基于南京市J区"智慧养老"实践案例的研究》，《电子政务》2022年第5期。

给从数量满足到质量提升等方面的转变。① 还有一些研究者以案例研究的方式，梳理了其他国家或中国地方政府在数字赋能养老领域等的经验并进行了评价，如考察新加坡的养老服务供给模式，认为应建立需求赋能和数字赋能相结合、多方协同参与的养老服务体系。② 以上海市为例，提出上海智慧养老是基于数据采集（精准捕捉、动态更迭、互联互通）—平台分析（上下贯通、横向流动和流程再造）—场景识别（识别需求、场景先行、供需匹配）—服务递送（政府主导、多元协同、社家联动）的实践逻辑。③ 还有的研究提出养老服务领域中数字治理存在老年群体数字鸿沟无法跨越、政府政策耦合度偏低、社会力量参与动力不足、数字适老化不充分等困境。④

从国家政策来看，与数字技术相关的养老政策的相继出台也表明数字赋能养老服务业是数字经济和信息社会发展所需。2019 年，国务院办公厅发布的《关于推进养老服务发展的意见》明确提出："实施'互联网+养老'行动。持续推动智慧健康养老产业发展，拓展信息技术在养老领域的应用……促进人工智能、物联网、云计算、大数据等新一代信息技术和智能硬件等产品在养老服务领域深度应用。"《"十四五"国家老龄事业发展和养老服务体系规划》指出："促进老年用品科技化、智能化升级。""建设兼顾老年人需求的智慧社会。"

基于服务链视角，本报告认为数字赋能传统养老服务业可以通过增强服务价值、扩大服务供给、节省传输成本、提高服务效能等方式来获取新的竞争力。

第一，精准画像，增强服务价值。服务价值的提升在于服务供给者所提供的服务能够精准匹配服务对象的需求，提高服务的可及性，促进公共服务优质均衡发展。一是通过依托物联网、云计算、人工智能等技术，政府或企业能够通过收集老年群体人口家庭属性、行为活动等方面的信息。这些数据信息经多段收集、平台汇聚和算法分析，最终能够形成立体式的"用户画像"。这有利于

---

① 睢党臣、吕心妍：《数字赋能驱动养老服务高质量发展的机理阐释与变革方向》，《当代经济》2023 年第 2 期。
② 付春雨：《立足双向赋能的新加坡养老服务实践和经验借鉴》，《科学发展》2023 年第12 期。
③ 周凌一、周宁、祝辰浪：《技术赋能智慧养老服务的实践逻辑和优化路径——以上海市为例》，《电子政务》2023 年第 2 期。
④ 尹艳红：《数字治理助力养老服务的困境与策略》，《行政管理改革》2023 年第 6 期。

政府相关部门或企业判断老年人消费行为、能力、偏好，挖掘潜在需求等，并对不同特征老年群体进行分类，利用画像信息为老年人开发产品和投递服务，为服务运营奠定更坚实的信息基础，优化其供给内容。从政府层面来看，数字技术为政府部门建立健全多类型、多层次、精准化的公共服务供给模式提供了技术保障，从而能够为满足不同老年群体的多样化需求提供更为优质的公共服务。并且，数字技术的发展与普及使公共服务的提供更加便捷与包容，其广泛性能够使农村或偏远地区获得"无差别服务"，缩小城乡二元结构产生的信息差距，推动养老资源各个要素在城乡之间流动。这不仅可以提高养老服务的可及性，也有助于实现公共服务普惠均衡化发展。二是赋能传统行业并进行智能化改造，拓宽了养老服务领域的应用场景，如远程诊疗、便携式健康检测设备等智能化产品的普及与应用，实现了数字经济与医养相结合的融合发展。

第二，多方协同，扩大服务供给。数字技术有助于实现养老领域中的公共服务或市场服务的数量、规模、质量、分布等客观价值与老年家庭需求、体验、满意度等主观价值的数字化，实现跨部门、跨地域、跨行业之间的信息共享与流动。不同供给主体在数字技术的支持下共同分享数据成果、接受行业监督，发挥不同生产要素和主体的协同效应与乘数效应。[1] 一方面，减少信息搜索和获取的成本。在传统经济中，市场需求小、成本高、不确定性大是制约小众产品市场规模扩大的关键因素，而规模难以扩大将使小型经济主体扩张的信心受挫，进而又阻碍小众产品市场规模的进一步扩大。而通过信息互联，那些个性化强、需求低、销量少的养老服务项目和产品更容易被发掘，产生"长尾效应"，从而使养老服务或产品的多样化与个性化大幅提升。另一方面，降低业务协同成本。从政府供给来看，跨部门的数据流动可以形成串联式工作流程，实现"区域通办""跨省通办"等诸如异地就医等公共服务供给目标，降低公共服务供给业务协同成本，冲破层级、地域和部门间的藩篱，让信息数据多跑路，让群众少跑腿、不跑腿。数字技术在政府

---

① 睢党臣、吕心妍：《数字赋能驱动养老服务高质量发展的机理阐释与变革方向》，《当代经济》2023 年第 2 期。

与企业间建立了更便捷、更顺畅的信息通道，可以通过业务流程优化拉近政府与企业在公共服务供给过程中的沟通距离、扩充公共服务供给力量。此外，数字技术能够改变传统公共服务"政府供给—公民消费"的被动式单向输出模式，将广大群众引入公共服务流程，为政民互动提供更直观的交互流程视窗，实现业务导向的政民互动，提高公共服务的针对性和有效性，并通过推动公民参与和社会协同来增加服务的有效供给。老年人或家庭可以用"众筹""众包"等方式开展自我服务、互助服务，如南京的时间银行，可以促进公众之间的合作与互助，提高公共服务的效率和水平。

第三，优化流程，节省传输成本。通过数字技术，实现数字化的养老服务产业或将传统养老服务产业数字化，实现线上线下融合发展。可以依托数字化平台将实体的服务转化为数字信息，将数字技术与养老服务中的人、财、物、信息等相结合，在决策、生产、流通、供给、管理等领域对养老服务产业进行全方位、全角度、全链条改造。综合性的数字化平台一方面能汇集各类社会资源，缓解信息不对称问题，实现资源的高度共享与精准管理，另一方面可以突破居家、社区、机构的时空限制，大大减少地理距离对养老服务供给的制约。可通过提供一条龙管家式或保姆式服务，实现整体性治理，从而降低沟通成本、信任成本、时间成本和交易成本。在数字技术的支撑下，线上问诊等信息产品的运输成本极低，而对于很难全部通过线上提供的家政服务而言，有了线上线下的高效配合，其生产、运输的成本也将大幅下降。对于紧急救援类服务来说，数字技术的应用也能减少养老风险信号传递过程的烦琐环节，提高紧急救援的效率。数字技术在加快信息流动和共享的基础上，具有数字化、迭代快和创新叠加等特性，可以改造和重塑公共部门和养老企业的管理流程，进一步优化其服务体系及过程。

第四，主动监管，提高服务效能。传统的养老服务供给以政府供给为主且老年人多被动接受或消费，在整个服务递送过程中，政府部门多采取被动监管的方式，难以准确了解老年人对服务的需求、消费体验和满意度。如采取随机抽样的方式对部分老年人进行电话回访，以此来了解老年人对居家上门服务的感受和满意度。但这种方式并未取得良好的监管效果，大部分老年人对服务质量容忍度较高，而且又是政府购买服务，即便对服务质量不满意，也不好意思主动进行投诉。传统监管方式具有静态性和反馈的滞后性等特点，监管部门无法对运营过程进行实时监控，整体问题统计起来较为困难且精准度不高，难以及时了解趋势并进行决策。数字技术与权力监督的深度融合，可以形成规范化的数字监管体系，把依靠"人"来监管转变为凭借"数"来监管，以促进权力监管从经验判断向科学决策的实质性转变，让监管工作变得更加高效、公正和透明。数字化监管具有长时性、动态性，能通过长时期追踪来分析变动趋势，挖掘潜在需求，并对需求进行及时响应和反馈，促进政府更深入、全面地了解并满足老年人对养老服务的需求，不断优化管理和服务流程，让政务沟通、政务决策与服务回应更加快捷，进而提升服务的质量。数字监管系统可以根据预警规则，实时监控各类监管对象，一旦发现异常情况，就立即发出预警，从而及时采取措施。

传统养老服务和数字养老服务形态的特征对比如表1所示。

表1　传统养老服务和数字养老服务形态的特征对比

服务链		传统养老服务形态	数字养老服务形态
服务供给	供给主体	供给主体比较单一，以政府供给为主，政府内部条线分割，社会力量调动不足，不同主体间缺乏有效协同	政府和市场双轮驱动，并融入社会各界力量，形成"政府-企业-社会"合理分工的无缝连接，调动各个主体的积极性和参与性
	供给结构	科层等级式金字塔结构，服务对象"被动接受"	具有交互式扁平化的复合型网状结构，政策、事件、情形"主动找人"
	供给对象	服务受众有限	服务受众全面化
服务传输	传输内容	服务相互分割，碎片化运作，没有一揽子服务计划，易导致主体推卸责任。服务内容存在同质化、无差别化、单一化，难以满足老年人对高品质生活的多维化及个性化需求	打破居家、社区、机构的时空限制，提供一条龙管家式或保姆式服务，实现整体性治理，并降低沟通成本、信任成本、时间成本和交易成本。服务内容精准个性化
	传输方式	单向以线下方式供给为主	线上线下相结合的方式，服务方式集成便捷化

续表

服务链		传统养老服务形态	数字养老服务形态
服务监管	监管反馈	被动监管居多，具有滞后性、局部性、低效性。服务成效难以可视化	主动监管居多，具有即时性、普遍性、高效性，服务成效标准可视化
	需求响应	具有短时性、静态性、横断面性。无法通过持续动态变化来分析服务对象的潜在需求及走势	具有长时性、动态性，能通过追踪来分析变动趋势，挖掘潜在需求，并对需求进行及时响应和反馈，可以不断优化管理和服务流程，提升服务的质量

总之，不同于传统的养老服务，数字技术可以赋能养老服务，使之朝着服务主体多元化、服务受众全面化、服务方式集成便捷化、服务内容精准个性化、服务效果标准可视化的方向转变，有助于提高养老服务效能，使老年人更有获得感和幸福感，同时也促进养老服务体系朝着"质的提升"和"度的适配"方向实现高质量发展。

三 数字赋能养老服务何以可为

在人口老龄化不断加剧的背景下，数字赋能养老服务顺应了国家战略发展需求，为养老服务高质量发展提供了新的发展思路与空间，地方政府以及企业也在积极探索，并形成了一些典型的应用场景和本土化经验。

（一）数字赋能居家养老服务模式

数字赋能居家养老是利用信息化的现代智能科技，链接养老服务的需求者、提供者及服务的组织者和监管者，并自动监测、预警老年人身体健康数据、心理状况、生活情形，以实现与老年人的友好、自主式、个性化智能交互，为其打造可线上线下互动的、专业化的衣食住行等全方位的智慧化服务。以"小江家护"为例，南京市江宁区以购买服务的方式，推出诸如智能手环、烟雾报警器和可燃气体报警器、红外探测器等物联网和远程智能安防监控技术产品，配置给辖区内符合条件的老年人，实现对其 24 小时的安全自动守护，既降低了老年人的意外风险、改善了其服务体验，又筑牢了安全防线。对于智能手环，江宁区民政部门的做法是，呼叫中心可通过系统后台实时查看智能手环在线情况，手环出现质量及通信问题时，简单故障可通过线上远程指导操作或在护理员上门服务时帮助解决；出现需要维修的故障时，可进行 1 个月内免费换新、1 年内免费维修、3 年内有偿维修等售后服务。对于联网式的烟雾（燃气）报警器，运营后台在监测设备工作状态的同时，联动线下护理员服务团队，在上门为老人服务时，定期对设备进行测试检查，对电量低的设备及时更换电池，确保设备可以长期正常、有效工作。对于智能红外感应探测器，后台工作人员对报警情况进行有效确认排查，对设备的在线离线情况进行有效排查，有效解决了空巢独居老人的上门探视问题，节约了大量的人力和物力。杭州正在全市域推广家庭养老床位建设，并在全国率先建立数字赋能家庭养老床位管理运行机制，打造具有杭州特色的"家院一体"原居安养模式。该模式通过健全家庭养老床位信息数据共享互通机制，实现"建床无缝对接、医养服务融合、床位有序转换"目标。目前有线上、线下两种方式供老年人或其家属办理，线上可通过服务端"浙里办"中"杭向颐养—建家床"应用模块申请；线下可通过辖区内符合条件的服务机构统一录入市级管理平台。依托数据平台，杭州市可实现对老年人身份、能力评估、可享政策等信息的自动匹配，生成"建床指导清单"。在征得老人或其家属同意后，双方可签订协议，协议签订后老年人就可以接收服务方提供的后续服务。服务机构依托必要的信息化系统和智能化设备，如智能穿戴、智能感应、远程监控等，对家庭养老床位进行 24 小时不间断管理和监护，实时掌握老年人身体状况及机构的上门服务情况。对于那些有重度肢体功能障碍的残疾人士，如长期卧床无法自行翻身、起身的还可申请配置多功能护理床及辅具的适配，实现"主动推送、你点我送"一键达。如需转至养老机构入住的老年人，可通过市级平台发起转养申请，平台会将相关信息及服务档案等转至意向入住机构。

（二）数字赋能社区养老服务模式

平台驱动的社区养老服务模式已成为社区公共服务治理的主流方式，主要围绕老年人的数字需求配置现有养老服务，推动社区智慧养老服务流程与模式的再造。① 现有的社区智慧养老服务平台大多依托社区养老服务站或中心，通过打造日间照料中心、康养中心、助老食堂和文娱课堂等功能区，配置安装信息设备和系统，并根据老年人需求提供相应的服务。社区养老服务模式多以政府为主导，平台建设多以政府购买的方式进行。政府根据社会需求及财政状况制定出基本养老服务指导性目录，涉及特殊困难重点老年人的基本生活服务、困难老年人家庭居家适老化改造、尊老金发放、基本医疗保险异地就医结算、老年教育、户口迁移等内容，并明确了服务项目的对象、内容及标准、政策依据和责任单位。通过信息化手段，整合养老服务信息资源，通过窗口服务、电话服务和网络服务等形式，搭建老年人居家社区养老服务的线上线下一体化管理信息平台，系统提供助餐、助浴、助医、助乐、助洁、助行、助学、助急等服务。老年人自行或由亲属、社区工作人员在平台系统输入其信息，系统便可根据服务内容、提供者、使用者、时间、地点、时长、积分使用、评分等信息生成订单，并根据订单派活。数字化的居家社区平台一般由行为层、资源层、数据层、支撑层、服务层构成（见图1）。

依托一网统管平台建设与数字基建和产业基础，上海市探索形成了"独居老人风险分级平台""健康小屋服务终端"等智慧养老数字化平台实践案例。如依托"一网统管"大数据平台，浦东新区在上海市级"社区云平台"和区级"智治通"平台的数据底板基础上，开发了"独居老人风险分级管理平台"。该平台基于独居老人身体状况、安全、习惯等要素构建分析模型，由系统算法自动对独居老人进行高、中、低三种风险等级评估，并采取上门慰问、关心关爱、安全检查、联合整改、宣传引导等措施。

---

① 刘奕：《从资源网络到数字图谱：社区养老服务平台的驱动模式研究》，《电子政务》2021年第8期。

智慧居家养老服务管理平台

服务层	养老服务接受者	服务支持成果			
	老年人	硬件产品	软件产品	服务业务	养老政策
	家属	养老服务的提供方			
		生活照料	安全保护	远程医疗	精神关怀

支撑层	数据分析			
	数据挖掘	可视化分析	语义引擎	趋势预测

数据层	数据存储	数据共享
	个体物联传感数据	
	环境物联传感数据	共享区　非共享区
	老年人基本信息	
	……	
	数据采集	
	身份感知设备　图像感知设备　位置感知设备　环境感知设备　控制设备　……	

资源层	民政部门	医院	企业	社区	社会组织	……

行为层	生活照料	安全保护	健康管理	精神关怀	……

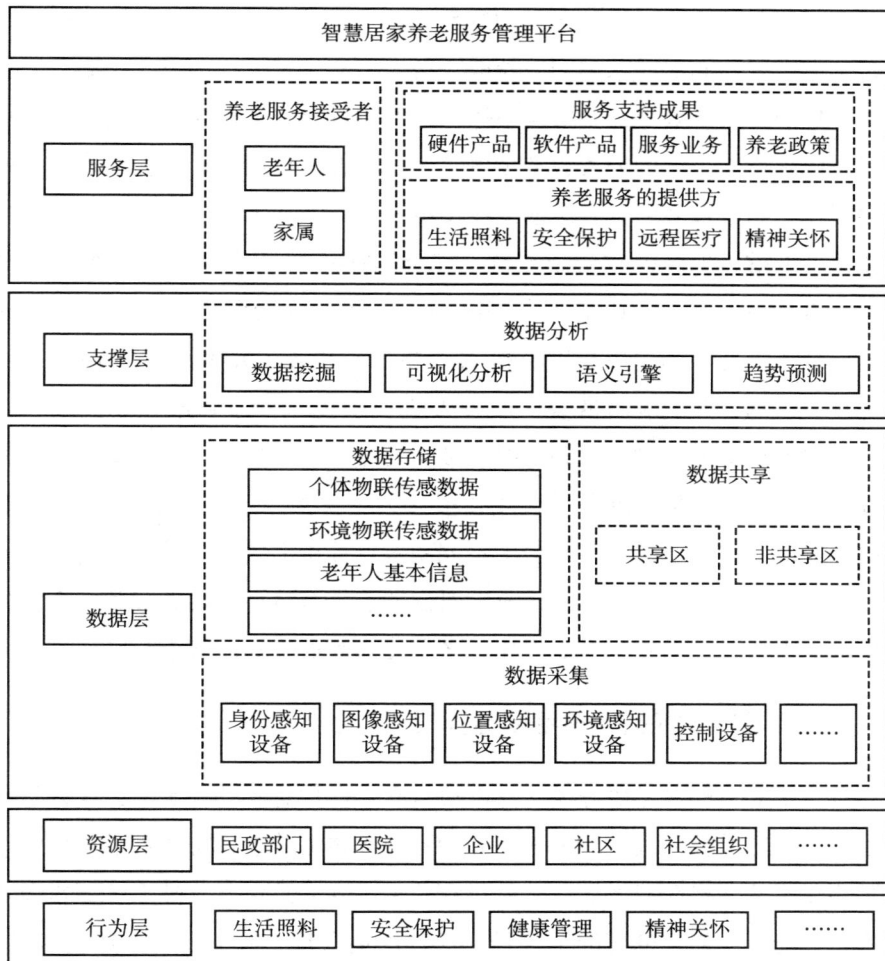

图 1　居家社区养老服务与管理信息平台基本功能框架

在数字赋能老年人用餐方面，主要有集中助餐和社会化助餐两种模式。数字赋能集中助餐主要通过升级老年食堂的硬件和软件条件，应用人脸识别、身份识别、菜品识别等技术，实现老年人用餐的自动登记及用餐补助发放，还可以为老年人提供送餐服务。① 数字赋能社会化用餐主要用数字化平

---

① 彭青云、张俊玲、洪焕森：《我国智慧养老产业政策梳理、应用场景、面临挑战及其对策》，《智能社会研究》2023 年第 4 期。

台整合餐饮市场资源，与社区周边连锁餐饮门店合作，增设养老助餐服务。同时，数字平台涵盖需求识别、智能分析、精准决策、资金发放、服务监管等多个环节，可有效平衡各参与主体间的利益诉求，重塑彼此间的合作伙伴关系。以南京江宁区的助餐服务为例，由相关部门出面与老年人家庭周边的社会餐饮门店合作并将其发展成老年助餐点，让老年人就近助餐。为了实现财政精准补贴，保障财政资金安全，江宁区按照国务院办公厅发布的《关于推进养老服务发展的意见》中提出的"运用互联网和生物识别技术，探索建立老年人补贴远程申报审核机制"要求，联合"京东云"和南京市民卡等相关机构，实现刷脸就餐，通过人脸识别技术记录财政补贴，并与殡葬、低保数据交叉比对，做到了财政补贴的方便和准确，老年人支付1元就可以享受不同的套餐。这种模式整合了社会化餐饮，拓宽了助餐服务场域。政府相关部门可以通过数字平台中不同助餐点提供助餐服务的情况及老年人的消费偏好，合理布局，并提供有针对性的、具有特色的助餐服务，以最大限度满足老年人对助餐服务多样化、多元化及高性价比的需求。

（三）数字赋能机构养老服务模式

数字赋能机构养老服务模式大多通过养老院信息管理系统、医疗信息管理系统、安防监控系统、财务信息管理系统等帮助养老机构实现数字化管理和智能化服务，提高养老服务的质量和效率。养老院信息管理系统通常涉及接待、登记、入住、退房的全流程。通过评估管理、服务管理、床位管理、费用管理、库存管理等来明确部门职能、精简业务流程，提高养老机构业务处理效率和管理效率。如服务人员可以更高效地进行床位调配、服务安排和资源优化，以方便监测老年人的健康状况，更好地为老年人提供个性化的服务。医疗信息管理系统一般适用于医养结合的养老服务机构，将医院信息管理系统与养老机构管理系统互联互通，发展形成了集养老机构和医院的功能相结合、生活照料和康复关怀于一体的新型养老服务模式，可通过数字化系统建立老人档案，进行门诊挂号、诊治、收费、查房等。入住床位智能终端、传感器等设备可以实时监测老年人的生命体征、活动情况等，并将数据自动上传至系统中。医护人员通过终端或电脑远程查看老年人的健康状况，并对发现的异常情况及时处理。安防监控系统作为技术防范手段，能有效地对养老院进行科学有序的管理、对养老院内外重点区域进行自动监测，利用监控系统的可视手段满足监督管理及发生异常后的查证要求，为养老院管理提供可视化服务，对突发事件进行指挥、调度和疏散管理。如通过人脸识别、身份验证等技术，对进出机构的人员进行实时监测和识别，加强安全管理，防止外来人员非法进入，提高养老机构的安全性，保障老年人的权益。此外，数字赋能养老机构还可以优化内部系统来提高管理效能。如开发的人力资源管理系统、办公协同管理系统、财务信息管理系统，能实现调整管理制度、优化组织结构、实现员工办公自动化，增强内外协同办公能力，进而实现决策的一致性。此外，可以利用各个系统的数据，进行数据处理、分析和挖掘，打通数据生命周期的各个环节，实现数据填报、处理、分析一体化，可为养老机构提供运营趋势分析，有助于机构资源的整合、优化和投放。

四　警惕数字"赋能"中的"负能"

数字技术介入养老服务可以通过打破时空界限、降低信息成本、加快服务创新、改善用户体验等实现老年数字素养与养老服务供给效率的双向赋能，可以弥补传统养老服务供给及老龄社会治理的诸多不足；但如果数字技术不加以善用，没有相应规划、配套措施、风险防范等，也可能带来数字技术滥用及数字鸿沟等问题，使数字"赋能"变成数字"负能"。

第一，数字赋能多以单向应用为主。在养老事业发展方面，多地都在积极探索和建立养老信息的互联互通，但真正实现跨部门信息的整合极少。公安部门的基本人口信息、卫生部门的健康信息、民政部门的养老信息、住建部门的住房信息等数据共享和信息利用还是各自为政的"孤岛"，平台服务仍以民政部门的养老服务为主，健康保健、交通、社会保障等为老基本公共服务和市场化服务还没有能够实现同一平台的服务集成，多源异构数据难兼容，实时信息采集也有待加强，不同服务内容的数字化差异大且不够规范。政府通过购买服务的方式为老年人提供养老服务，但大多只是将老年人的基础信息做数据化处理并捕捉老年人的一些基本需求，缺乏对老年人健康信息及需求动态进行长效的综合管理，因此会带来供需的错配问题。在养老产业发展方面，目前养老产业大多是分散发展、单兵作战，产业聚集性不强，导致产业数字化转型升级进展缓慢，很难实现融通医、养、康、乐等多场景下的全景式养老服务。一是技术渗透较慢。相较其他行业，养老行业新技术渗透较慢，产品的准确性、可靠性、智慧化水平仍有较大提升空间。二是标准缺失。目前国家层面还未出台统一的标准规范体系来对企业的产品设计、制造等进行合理的引导，致使一些数字化养老产品市场标准不统一，各类设备端口不兼容，这在一定程度上限制了数据要素作用的发挥。三是产业生态待优化。缺乏面向智慧健康养老全产业链、能够提供一站式服务的专业性公共服务平台。虽然国家层面推出了《智慧健康养老产品及服务推广目录》，旨在从政策方面推动智慧健康养老产业发展，但现有数字化养老产品和服务在市场上所占份额不高，品牌化发展态势还未形成。此外，政府与企业之间也缺乏信息共享，政府部门与市场中养老服务供应商之间的信息壁垒也阻碍了市场力量的有效释放。

第二，数字隐私安全问题及消费陷阱。数字技术犹如一把"双刃剑"，一些研究认为数字技术使用要充分考虑其带来的影响，包括对社会关系的影响及与之的互动、过度依赖等。[①] 同时，要警惕"数字利维坦"以及由此带来的信息权利的不平等，如数字鸿沟问题。相较于青年群体，老年人或许缺少足够的数字技术帮助和关爱，在信息技术的使用上会存在一些困难。数字技术使现代社会处于监控之下，会模糊公私之间的界限，让人们对个人及社会安全感到担心及忧虑，会带来信息泄露、数据滥用、网络攻击等一系列新问题。在隐私安全方面，数字赋能的养老服务往往需要通过

① 张亚利、李森、俞国良：《孤独感和手机成瘾的关系：一项元分析》，《心理科学进展》2020 年第 11 期。

互联网传输、存储大量的数据和信息，而其中包括了用户的个人信息、金融信息、健康信息等敏感信息，如果这些信息遭到黑客攻击、恶意篡改利用或者丢失，将对老年人及其家人造成严重的隐私和财产损失。在身份认证方面，如果身份认证系统存在漏洞或者被攻击，将有可能导致身份冒用、虚假信息等问题。在技术安全方面，数字赋能养老服务中使用的各类技术设备，如智能健康监测设备、智能家居设备、紧急呼叫设备等，如果存在漏洞或者缺陷，可能会带来意外伤害或者其他风险。此外，数字技术简化传统权力架构的同时又构建出新的权力结构，并形成信息茧房和信息垄断。① 以大数据杀熟为例，数据平台企业利用老年消费群体需求的多样性获得大量信息，当平台企业在养老服务市场上占据绝对优势地位时，整个养老服务市场将变为卖方市场，会造成价格歧视和掠夺定价。老年消费群体面对不法分子设计的引诱消费陷阱不具备辨别能力，且事后的维权能力不足，对违法犯罪行为难以举证，这加剧了不正当竞争，不利于维护市场秩序和消费者权益。

第三，数字技术带来的程式化问题。数字技术通常将治理对象及过程进行信息化和程式化处理，这会依赖于一定的算法和模型，可能会导致出现信息偏差和失真。政府和企业对养老服务的评价和监管会简化为数字任务及指标的评定，积极的全局性制度设计和安排会被替代为烦琐的数字改革项目，使养老服务的创新停留在文本数据的形式层面，社会矛盾通过数字技术的中间环节被规避了，治理方式及创新被简化为数字技术的更新换代，治理退化为工具理性，政府的养老资源被浪费且老年人并未实际获益。如一些政府购买的居家上门服务，初衷是为老年人提供实实在在的上门服务，但很多服务流于表面和形式化。政府购买养老服务通常采用标的竞价的方式，提供质优价廉养老服务的服务商才能竞标成功，而这又违背了"一分价钱一分货"

---

① 熊小果：《数字利维坦与数字异托邦——数字时代人生存之现代性困境的哲学探析》，《武汉科技大学学报》（社会科学版）2021 年第 3 期。

市场逐利的逻辑。因此，服务商可能会压低用工成本来获得一定的利润。[①]
对于部分老年人而言，他们并不需要政府提供的居家养老服务，即便是免费
提供的服务也不愿意接受，而服务商用实物兑换的方式正好迎合了"不要
白不要"的心态。由于存在这种需求和供给的不一致，在个别农村地区，
服务人员在提供居家养老上门服务时，还会被要求干农活，以此来抵上门服
务，这就背离了政府提供居家养老服务的初衷。

第四，数字技术的智能化及普及度还不高。目前，数字技术已然深入融
进社会的各个领域，但在养老服务领域，数字技术及智能产品的普及率并不
高。一方面，由于部分智能产品还不够智能化以及数字化养老服务的适老化
较差，很多老年人使用智能产品和互联网服务还存在障碍，导致部分老年人
会觉得使用困难而不愿意去使用。如有的研究基于 SHAP 解释方法对智慧养
老服务平台的用户流失进行分析，发现年龄较大、自理能力较差的老年人对
服务的需求较高，但这类老人因难以使用相应产品且对他人依赖程度较高而
不愿使用智慧养老服务平台。[②] 在信息数据的处理与应用方面，目前部分平
台和软件对数据信息的采集还不够充分，科学整合和有效分析存在不足，也
可能会导致老年人个人信息混乱、不准确，个人信息泄露等情况。另一方
面，某些养老服务领域的数字化应用有待开发。目前数字技术应用主要针对
老年人的生活照料、医疗保健等一些基本需求，对老年人的紧急救助、疾病
管理、心理咨询、远程监护等重视程度不够、开发力度不足，较难满足老年
人个性化和多样化的康养需求。

五　数字赋能养老服务何以优化

数字赋能养老服务应始终以老年人的需求为导向，通过数字技术促进多

---

① 甘满堂：《政府购买居家养老服务供需失衡与服务偕兑——基于第三方评估的视角》，《韩
山师范学院学报》2022 年第 4 期。

② 刘天畅、王雷、朱庆华：《基于 SHAP 解释方法的智慧居家养老服务平台用户流失预测研
究》，《数据分析与知识发现》2024 年第 1 期。

方协同来扩大服务供给范围，对服务对象精准画像来达到服务递送的精准适配，通过优化流程来减少各类成本距离，并主动监管来提高服务效能，进而破解养老服务供给不足、供需失衡、效果不佳等困境。数字技术的持续下沉与赋能应用，能有效促进养老服务模式的智能化改革、养老服务产业的智能化转型、养老服务管理的智能化变革。针对数据"赋能"中的"负能"，可以从以下几个方面进行优化。

（一）加强立法工作，健全数字赋能养老服务的法律法规体系

我国在人工数字领域的立法较分散，相关条款散见于《电子商务法》《新一代人工智能发展规划》等法律和政策文件中。我国缺乏在国家层面的人工智能养老发展规划，现阶段主要是通过出台政策性文件引导和加强数字赋能养老服务工作并出台相关规划，而这种以政策为主导的制度运行体系缺乏法律所具备的强制性、权责一致性等特征，而不断更新和频繁变动内容会导致制度的可预期性低，不利于构建人工智能养老制度体系。未来可通过国家人工智能战略统筹智能养老事务，或在养老领域通过专门立法细化人工智能养老服务，及时更新其中关于数字技术、人工智能发展等的条款来完善养老服务法律法规，从而实现人工智能养老战略与现阶段老龄化政策间的有序衔接。

（二）强化顶层设计，健全养老服务数字化的标准规范体系

首先，要理清标准化编制工作的思路及方向，加快研制养老服务数字化标准和管理规范。一方面，可以加强与国际标准化组织和各国养老服务标准化工作机构的联系与交流[①]，在充分借鉴养老服务建设先进经验的基础上，制定出包括国家标准、行业标准、地方标准、团体标准在内的能满足老年人及其家属需求的服务标准体系。另一方面，应充分了解国内养老服务发展现

---

① 郑巧英、张小霞、陈雪莲：《标准化助推养老机构服务高质量发展路径探析》，《标准科学》2020年第2期。

状及趋势，在调查研究的基础上，研制出高质量的标准指标体系。指标体系的构建既要注重标准数量与构成，又要关注标准质量，增强标准实施效能，同时提高标准的规范性、适用性、可操作性等。其次，应建立统一的信息化对接标准，确保信息接口、数据格式、传输协议等内容的标准化和规范化，进而通过加强信息系统中信息的有效交换、共享和整合来解决不同厂家的智能终端产品或设备不兼容、智能产品开发的碎片化和复杂化等问题。最后，通过建立对不同类型养老服务信息系统及平台的监测、鉴定、评估机制来进一步规范养老产业市场，提高养老服务的效率和质量。

（三）发展数字养老，打造"平台+产业+社会化"的养老产业数字化模式

一是整合现有数据平台，促进集成式养老服务平台建设。分步推进重大数字基础设施建设，充分利用各地各级各类涉老的相关部门的服务平台和信息系统，优化流程，深化应用，实现涉老数据的统一汇聚和管理，跨部门互联共享、信息互通、业务协同、适时监管，推动政府精细化治理，提高管理效率。积极推动公共数据开放，在条件具备的部门或地区建设公共数据开放平台。二是加快养老产业数字化、智能化发展进程。实现以数据为驱动的"养老产业规划—发展—运营—监管"的闭环服务，助力养老产业的科学、高效、可持续发展。一方面，加强有关数据的市场机制建设，维护健康有序的市场竞争秩序。同时，建立养老服务数字化建设的激励机制，引导和支持养老企业围绕老年人的需求，大力开发成本可负担、性能优质的普惠性养老服务数字化产品，解决当下迫切的养老服务刚性需求。另一方面，优化产业环境，持续加大对智慧养老产品的培育及推广力度。三是推动产、学、研、用深度融合。围绕老龄事业重要应用场景、智慧养老关键技术等，探索通过各种机制，促进基础研究、应用研究和应用落地相互促进、有效衔接，促进产、学、研、用融合，为养老服务数字化升级、智慧化应用推广、产业发展和形成标准规范提供支持，打造产业发展高地。

（四）提升监管效能，健全养老服务数字化的监管体系

一是制定完善的监管法规和政策，强化监管机构的职责和功能。建立针对养老服务数字化的监管法规和政策，明确各个环节的责任和监管标准，规范养老服务数字化的数据处理、信息安全、隐私保护等方面的要求。要明确各级监管机构的职责分工，建立协同工作机制，加强协同监管，确保监管全面、有效。同时，加强监管机构的人员培训和技术支持，提升监管水平。二是加强监管技术支持，建立监管信息系统。建立统一的养老服务数字化监管信息系统，实现数据的集中管理、共享和加密，提高监管数据的安全性和可靠性，便于监管机构对养老服务数字化进行监控和分析。引入先进的监管技术手段，如人工智能、大数据分析等，加强对养老服务数字化的数据监测、风险评估和安全审计，及时发现和处置问题，提高监管效率和准确性。建立定期监督检查机制，对养老服务数字化过程中的数据安全、隐私保护等关键环节进行抽查和审核，及时发现问题并采取有效措施进行解决。随着技术的发展和养老服务数字化的不断推进，及时更新监管政策和监管措施，确保监管体系的有效性和适应性。三是加大监管力度，加强行业自律和监管合作。鼓励养老服务机构建立健全内部管理制度和规范，促进行业自律；同时加强与其他监管部门的合作，如信息化部门、医疗卫生部门等，共同推动养老服务数字化的监管工作。加大对违规行为的处罚力度，建立失信惩戒机制，对于违反监管规定、侵害用户权益的行为给予严厉处罚，保护老年人利益和社会公共利益。

B.9
托育服务高质量发展报告

陈 芳*

摘 要： 本报告聚焦托育服务高质量发展，在比较分析国内外托育服务发展的基础上发现，中国托育服务高质量发展的短板集中在托位供给量不足、托位空置率偏高、对困难家庭关注不足；托育服务供需不匹配的原因主要是托育服务价格高、托育偏好未满足、托育质量不稳定。据此，本报告提出托育服务高质量发展的路径为"托幼一体化"，建议加强顶层设计、增加财政投入、支持开设托班、提升托育质量。

关键词： 托育服务 高质量发展 托幼一体化 供需匹配

　　促进托育服务高质量发展不仅是人口长期均衡发展的必然选择，也是保障和改善民生的基础性工程，还是促进就业和消费的有效举措。经济学研究发现，"教育的社会收益率与教育阶段成反比，即越是在低年龄的教育阶段上，社会收益率越高"。① 经济合作与发展组织（OECD）1988 年发起"强势开端：早期儿童教育与保育"（Starting Strong：Early Childhood Education and Care）计划，旨在推动成员国提高其学前儿童的保教服务质量。2019 年国务院办公厅印发《关于促进 3 岁以下婴幼儿照护服务发展的指导意见》（国办发〔2019〕15 号）（以下简称《指导意见》）标志着中国托育元年的开启，之后国家层面密集出台政策（见表 1），旨在促进托育服务高质量发展，但托育服务高质量发展任重道远。

---

　　* 陈芳，博士，南京邮电大学人口研究院讲师，主要从事人口社会学、社会政策等方面的研究。
　　① 蔡昉：《把生育支持纳入民生政策体系》，《劳动经济研究》2022 年第 6 期。

表 1　2019 年以来中国托育服务发展主要政策

政策名称	发文字号	制定机关	施行日期
《关于促进 3 岁以下婴幼儿照护服务发展的指导意见》	（国办发〔2019〕15 号）	国务院办公厅	2019. 04. 17
《关于养老、托育、家政等社区家庭服务业税费优惠政策的公告》	（财政部公告 2019 年第 76 号）	财政部等 6 部门	2019. 06. 01
《托育机构设置标准（试行）》	（国卫人口发〔2019〕58 号）	国家卫生健康委	2019. 10. 08
《托育机构管理规范（试行）》	（国卫人口发〔2019〕58 号）	国家卫生健康委	2019. 10. 08
《支持社会力量发展普惠托育服务专项行动实施方案（试行）》	（发改社会〔2019〕1606 号）	国家发展改革委、国家卫生健康委	2019. 10. 09
《托育机构登记和备案办法（试行）》	（国卫办人口发〔2019〕25 号）	国家卫生健康委办公厅等 4 部门	2019. 12. 19
《关于组织实施普惠托育服务专项行动的通知》	（发改办社会〔2020〕74 号）	国家发展改革委办公厅、国家卫生健康委办公厅	2020. 01. 22
《关于做好托育机构相关工作的通知》	（国卫人口函〔2020〕23 号）	国家卫生健康委	2020. 01. 28
《关于促进养老托育服务健康发展的意见》	（国办发〔2020〕52 号）	国务院办公厅	2020. 12. 14
《托育机构婴幼儿伤害预防指南（试行）》	（国卫办人口函〔2021〕19 号）	国家卫生健康委办公厅	2021. 01. 12
《托育机构保育指导大纲（试行）》	（国卫人口发〔2021〕2 号）	国家卫生健康委	2021. 01. 12
《关于做好〈国务院办公厅关于促进养老托育服务健康发展的意见〉贯彻落实工作的通知》	（发改办社会〔2021〕192 号）	国家发展改革委办公厅	2021. 02. 24
《积极应对人口老龄化工程和托育建设中央预算内投资专项管理办法》	（发改社会规〔2021〕525 号）	国家发展改革委	2021. 04. 14
《"十四五"积极应对人口老龄化工程和托育建设实施方案》	（发改社会〔2021〕895 号）	国家发展改革委等 3 部门	2021. 06. 17

政策名称	发文字号	制定机关	施行日期
《关于报送本地区每千人口拥有3岁以下婴幼儿托位数年度分解指标的通知》	（国卫办人口函〔2021〕404号）	国家卫生健康委办公厅、国家发展改革委办公厅	2021.07.21
《托育机构负责人培训大纲（试行）》	（国卫办人口函〔2021〕449号）	国家卫生健康委办公厅	2021.08.19
《托育机构保育人员培训大纲（试行）》	（国卫办人口函〔2021〕449号）	国家卫生健康委办公厅	2021.08.19
《托育机构婴幼儿喂养与营养指南（试行）》	（国卫办人口函〔2021〕625号）	国家卫生健康委办公厅	2021.12.28
《托育综合服务中心建设指南（试行）》	（国卫办人口函〔2021〕629号）	国家卫生健康委办公厅	2021.12.30
《关于设立3岁以下婴幼儿照护个人所得税专项附加扣除的通知》	（国发〔2022〕8号）	国务院	2022.01.01
《托育机构消防安全指南（试行）》	（国卫办人口函〔2022〕21号）	国家卫生健康委办公厅、应急管理部办公厅	2022.01.14
《关于做好托育机构卫生评价工作的通知》	（国卫办妇幼发〔2022〕11号）	国家卫生健康委办公厅	2022.07.28
《养老托育服务业纾困扶持若干政策措施》	（发改财金〔2022〕1356号）	国家发展改革委等13部门	2022.08.29
《3岁以下婴幼儿健康养育照护指南（试行）》	（国卫办妇幼函〔2022〕409号）	国家卫生健康委办公厅	2022.11.19
《托育从业人员职业行为准则（试行）》	（国卫办人口函〔2022〕414号）	国家卫生健康委办公厅	2022.11.23
《关于开展全国托育服务宣传月活动的通知》	（国卫办人口函〔2023〕164号）	国家卫生健康委办公厅	2023.05.10
《关于征集智慧老年健康和智慧托育优秀案例的通知》	（国卫办规划函〔2023〕339号）	国家卫生健康委办公厅、工业和信息化部办公厅	2023.09.08
《关于促进医疗卫生机构支持托育服务发展的指导意见》	（国卫办人口发〔2023〕14号）	国家卫生健康委办公厅等3部门	2023.09.27
《家庭托育点管理办法（试行）》	（国卫人口发〔2023〕28号）	国家卫生健康委等5部门	2023.10.16
《托育机构质量评估标准》	（国卫通〔2023〕13号）	国家卫生健康委	2023.10.21

一 托育服务高质量发展的短板

（一）托位供给量不足

2022 年，全国每千人口托位数约 2.5 个，距《"十四五"公共服务规划》提出的 2025 年达到 4.5 个的预期性指标值尚有较大差距。2020 年，OECD 国家 0~2 岁婴幼儿平均入托率达到 36%。[①] 邻国韩国和日本近年来 0~2 岁婴幼儿入托率迅速提高，韩国 2020 年达到 62.6%，日本 2019 年达到 41.3%（见图 1）。根据出生人口数和托位数可以估算中国入托率的最高值：2020 年、2021 年和 2022 年全国出生人口数分别为 1200 万人、1062 万人和 956 万人，即 2022 年 0~2 岁婴幼儿数量为 3218 万人；2022 年全国托位总数为 362.4 万个；若托位全满，入托率约为 11.3%。[②] 当前中国 0~2 岁婴幼儿入托率与 OECD 国家平均水平相比仍有一定差距。

（二）托位空置率偏高

虽然多项调查均显示，有超过 1/3 的婴幼儿家庭有托育需求，[③] 但是托位使用率并不高，北京托位使用率仅为 35%，[④] "生源不稳定"成为托育服务机构生存和发展面临的最大困境，托位使用率偏低不利于尚处于起步阶段的托育服务行业行稳致远。

[①] OECD，https：//www.oecd.org/els/soc/PF3_2_Enrolment_childcare_preschool.pdf，最后访问日期：2024 年 3 月 19 日。

[②] 《2020 年中国出生人口为 1200 万人》，中国新闻网，https：//www.chinanews.com.cn/m/gn/2021/05-11/9474648.shtml；《中华人民共和国 2022 年国民经济和社会发展统计公报》，中国政府网，https：//www.gov.cn/xinwen/2023-02/28/content_5743623.htm；《中华人民共和国 2021 年国民经济和社会发展统计公报》，中国政府网，https：//www.gov.cn/xinwen/2022-02/28/content_5676015.htm，最后访问日期：2024 年 6 月 19 日。

[③] 杨菊华：《论政府在托育服务体系供给侧改革中的职能定位》，《国家行政学院学报》2018 年第 3 期。

[④] 《北京今年将增 1 万个普惠托位！》，北京市健康卫生委员会，https：//wjw.beijing.gov.cn/xwzx_20031/xwfb/202401/t20240123_3542972.html，最后访问日期：2024 年 8 月 4 日。

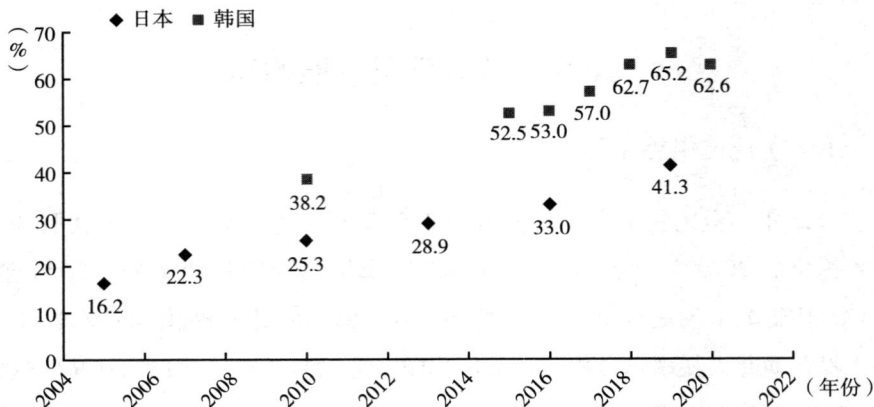

图1 韩国和日本2004~2020年0~2岁婴幼儿入托率变化

资料来源：OECD，http://www.oecd.org/social/family/database.htm，最后访问日期：2024年3月19日。

（三）对困难家庭关注不足

《指导意见》明确提出"对确有照护困难的家庭或婴幼儿提供必要的服务"，但2019年国家发展改革委、国家卫生健康委印发的《支持社会力量发展普惠托育服务专项行动实施方案（试行）》已明确"3岁以下托育服务属于非基本公共服务范围"，《国家基本公共服务标准（2023版）》中"学有所教"部分的"学前教育幼儿资助"项目旨在对经县级以上教育行政部门审批设立的普惠性幼儿园在园家庭经济困难儿童、孤儿和残疾儿童减免保教费、提供补助等，"幼有所育"部分未有类似项目。个别地方实施普惠性的托育服务补贴政策，如绍兴市上虞区规定，婴幼儿2~3岁期间，对二孩、三孩每月分别发放500元和800元托育服务补助。①

从生命周期和贫困代际传递的角度出发，低收入家庭无疑更需要高质量的托育服务。从OECD提供的资料看（见图2），大部分国家最高收入家庭

---

① 《关于申报2023年上虞区二孩、三孩消费券等优化生育政策补助的公告》，上虞区人民政府，https://www.shangyu.gov.cn/art/2023/8/21/art_1229463491_59133356.html，最后访问日期：2024年6月19日。

0~2 岁婴幼儿平均入托率高于低收入家庭，但丹麦、瑞典、挪威这三个北欧国家 0~2 岁婴幼儿入托率较高且不同收入家庭差距较小。过去几十年，许多国家采取措施提高弱势婴幼儿托育服务的可及性。以日本为例，2019年日本正式实施幼儿教育无偿化政策，财政拨款 2 万亿日元，主要用于 3~5岁儿童免费接受学前教育，同时保证年收入在 260 万日元以下的低收入家庭的 0~2 岁婴幼儿免费接受保教服务，针对不符合免费政策的婴幼儿，国家设置统一收费上限，地方再根据家庭收入及税收情况合理设定收费。

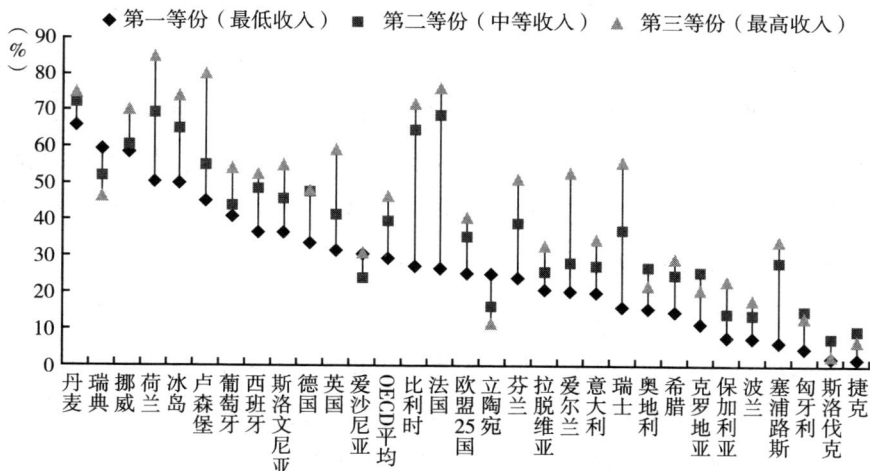

图 2 2020 年部分 OECD 国家不同收入家庭 0~2 岁婴幼儿入托率

资料来源：OECD，http://www.oecd.org/social/family/database.htm，最后访问日期：2024 年 3 月 19 日。

二 托育服务供需不匹配的原因

（一）托育服务价格高

OECD 国家 2021 年双薪、两孩（2~3 岁）家庭的托育服务实际费用占家庭纯收入的比例平均为 10.0%（见表 2），远低于中国。当然，OECD 国家之间存在差距，这里选择典型国家进行分析。法国学者高塞尔（Anne Hélène Gauthier）借鉴了丹麦学者埃斯平-安德森（Gøsta Esping-Andersen）

的福利国家体制分类，将家庭政策体制（Family Policy Regime）分为以丹麦、芬兰、挪威和瑞典等国为代表的社会民主主义体制（Social-Democratic Regime），以奥地利、比利时、法国、德国、爱尔兰、卢森堡和荷兰等国为代表的保守主义体制（Conservative Regime），以希腊、意大利、西班牙、葡萄牙等国为代表的南欧体制（Southern European Regime），以澳大利亚、加拿大、日本、新西兰、瑞士、英国和美国等国为代表的自由主义体制（Liberal Regime）。[①] 据此，选择瑞典、法国、意大利、美国、日本来比较不同家庭政策或国家福利体制下0~2岁婴幼儿托育服务费用（下同）。如表2所示，瑞典收费较低，还有补贴；法国收费不高，也有补贴和减税；意大利和日本虽然收费高，但补贴力度非常大；美国收费偏高，但减税力度较大。可见，在大多数OECD国家，家庭为托育服务支付的费用能得到政府现金补贴或税收减免。以瑞典为例，用于0~2岁婴幼儿托育服务的公共支出高于用于3~5岁儿童学前教育的公共支出（见表3）。

中国托育服务价格高的原因：一是托育服务机构运营成本难以降低，托育服务机构多为小微型企业，人员薪资和房租支出在经营成本中占到一定比例，且呈逐年上升趋势；二是缺乏常态化财政性托育经费投入机制，2020~2023年，共安排中央预算内投资约36亿元。[②] 目前除个人所得税3岁以下婴幼儿照护专项附加扣除政策外，国家和地方基本没有针对家庭的其他托育补贴或减免政策。事实上，与OECD国家相比，虽然2010年以来中国国家财政性教育经费[③]占GDP的比重总体上在波动中缓慢上升，国家财政性教育经费中幼儿园占比上升很快（见图3），但2021年幼儿园国家财政性教育

---

① A. H. Gauthier, "Family Policies in Industrialized Countries: Is There Convergence?" *Population*, Vol. 57, No. 3, 2002, pp. 447-474.

② 《全国托育服务工作推进会在北京召开》，人民网，http://paper.people.com.cn/rmrb/html/2023-04/26/nw.D110000renmrb_20230426_8-04.htm，最后访问日期：2024年6月19日；《教育部：教育投入十年增加3万亿 一半以上用于义务教育》，光明网，https://m.gmw.cn/baijia/2022-09/27/1303156097.html，最后访问日期：2024年6月19日。

③ 主要包括一般公共预算安排的教育经费，政府性基金预算安排的教育经费，企业办学中的企业拨款，校办产业和社会服务收入用于教育的经费等。

经费占 GDP 的比重也才 0.23%，明显低于 OECD 国家 2019 年早期儿童教育与保育公共支出占 GDP 的比例的平均值（0.75%）。

表 2 2021 年 OECD 国家双薪、两孩（2~3 岁）家庭托育服务费用情况

单位：%

	占平均税前工资性收入的比例					实际费用占家庭纯收入的比例
	收费	补贴或折扣	减税	其他费用	实际费用	
瑞典	8.0	-3.0	0.0	0.0	5.0	4.0
法国	23.0	-6.0	-3.0	0.0	14.0	10.0
意大利	37.0	-37.0	0.0	0.0	0.0	0.0
日本	50.0	-40.0	0.0	0.0	10.0	7.0
美国	32.0	0.0	-13.0	0.0	19.0	12.0
OECD 国家平均	25.6	-11.9	-1.4	1.2	13.5	10.0

资料来源：OECD：http://www.oecd.org/social/family/database.htm，最后访问日期：2024 年 3 月 19 日。

表 3 2019 年 OECD 国家早期儿童教育与保育公共支出情况

单位：%，美元

	早期儿童教育与保育公共支出占 GDP 的比重			早期儿童教育与保育人均公共支出		
	总体	针对 0~2 岁	针对 3~5 岁	总体	针对 0~2 岁	针对 3~5 岁
冰岛	1.70	0.79	0.90	13900	13300	14400
瑞典	1.56	1.03	0.53	12100	16100	8100
挪威	1.38	0.65	0.72	13800	13500	14100
法国	1.26	0.60	0.67	9200	9000	9300
丹麦	1.24	0.80	0.44	11600	14500	8500
芬兰	1.13	0.54	0.59	9600	9800	9400
卢森堡	0.94	—	—	17300	—	—
韩国	0.91	0.52	0.40	8600	10900	6800
立陶宛	0.88	0.15	0.73	5400	1900	8800
爱沙尼亚	0.86	—	—	5100	—	—
新西兰	0.85	0.05	0.80	5200	700	9600
日本	0.81	—	—	7400	—	—
比利时	0.81	0.13	0.67	6800	2300	11000
拉脱维亚	0.80	0.15	0.65	3900	1500	6100
以色列	0.76	—	—	2600	—	—
德国	0.75	0.24	0.51	7400	4700	10300
荷兰	0.73	0.38	0.35	7200	7600	6800
匈牙利	0.66	0.12	0.55	3900	1300	6500

续表

	早期儿童教育与保育公共支出占GDP的比重			早期儿童教育与保育人均公共支出		
	总体	针对0~2岁	针对3~5岁	总体	针对0~2岁	针对3~5岁
斯 洛 伐 克	0.65	0.12	0.53	3200	1200	5400
澳 大 利 亚	0.64	—	—	4500	—	—
智 利	0.63	—	—	2100	—	—
斯 洛 文 尼 亚	0.62	—	—	4300	—	—
波 兰	0.58	—	—	3300	—	—
意 大 利	0.56	0.08	0.49	5300	1500	8700
奥 地 利	0.55	—	—	5400	—	—
英 国	0.52	0.04	0.48	3600	600	6400
墨 西 哥	0.50	0.02	0.47	1000	100	1800
捷 克	0.48	—	—	3300	—	—
西 班 牙	0.47	0.02	0.45	3700	300	6800
哥 伦 比 亚	0.41	0.16	0.25	700	500	900
罗 马 尼 亚	0.41	0.03	0.37	3000	900	5100
葡 萄 牙	0.34	—	—	2500	—	—
美 国	0.34	0.05	0.29	—	—	—
爱 尔 兰	0.33	—	—	3700	—	—
哥 斯 达 黎 加	0.32	—	—	800	—	—
塞 浦 路 斯	0.30	0.01	0.29	—	—	—
土 耳 其	0.30	—	—	900	—	—
OECD国家平均	0.75	—	—	5800	—	—

资料来源：OECD，http：//www.oecd.org/social/family/database.htm，最后访问日期：2024年3月19日。

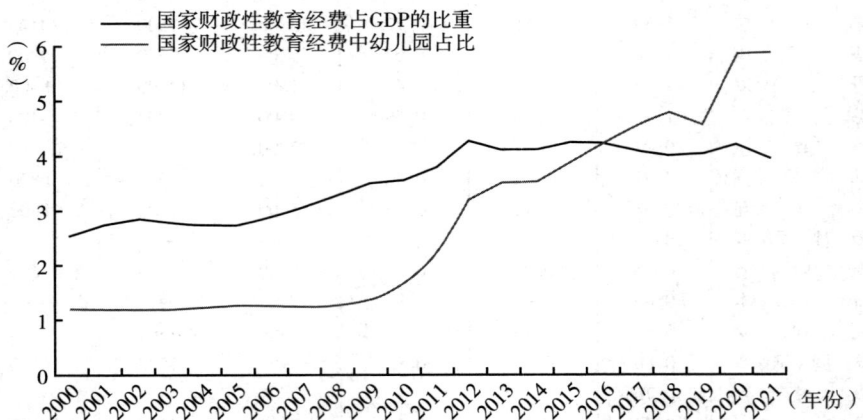

图3 中国2000~2021年教育经费执行情况

资料来源：历年《中国教育经费统计年鉴》《中国统计年鉴》。

（二）托育偏好未满足

一是公办和非营利性的托育服务严重不足。根据课题组调研，备案机构中民办机构约占 92%，公办机构约占 4%；营利性机构约占 73%，非营利性机构约占 24%。二是就近就便的托育服务严重短缺。城乡社区、工业园区、用人单位、国有企业、幼儿园举办托育服务涉及多部门职责、基层社区场地资源分配、国有企业投资等，没有具体支持政策则中央要求落地落实难。三是低月龄婴幼儿的托育服务严重滞后。

（三）托育质量不稳定

与少子化相伴随的是育儿精细化、隔代照料普遍化，加之个别托育服务负面新闻的不利影响，高质量的托育服务才是 0~2 岁婴幼儿家庭的刚需。基于选择实验法，学者们分析了中国家庭对托育服务各项属性的偏好和支付意愿，虽然由于研究设计的差异而得出了不同的最佳方案，但共识是师资和课程是家庭重点关注的内容。[①] 托育服务在中国尚处于起步阶段，对 0~2 岁婴幼儿家庭来说，无论是主观上还是客观上对托育质量的信任度都还不高。主要原因有以下几点。一是托育人才队伍面临瓶颈。职业教育与高等教育托育学科设置刚起步，岗位技能培训相对薄弱，职业资格认证门槛低，岗位晋升通道不畅，一部分从业人员对行业和职业发展缺乏稳定预期。二是课程体系的品牌溢价不足。相较于"金宝贝""美吉姆""巧虎"等早教机构和蒙氏园在市场上的火爆，缺乏具有品牌号召力的课程体系的托育机构更容易面临"招生难"的困境。三是托育行业规范化水平不高。部分提供托育服务的机构为控制成本在设施建设、消防安全、人员配备、登记备案、保育服务等方面偷工减料，不仅存在健康和安全方面的风险隐

[①] 高琛卓、杨雪燕、井文：《城市父母对 0~3 岁婴幼儿托育服务的需求偏好——基于选择实验法的实证分析》，《人口研究》2020 年第 1 期；秦旭芳、宁洋洋：《0~3 岁婴幼儿家长对托育服务机构的需求偏好及支付意愿研究——基于选择实验法》，《首都师范大学学报》（社会科学版）2021 年第 2 期。

患，还造成托育行业"劣币驱逐良币"的逆淘汰。虽然 2023 年国家卫生健康委发布了《托育机构质量评估标准》，但由于现行的登记备案制，托育机构的登记和备案分属不同政府部门负责，常态化的质量评估工作尚未形成。

近年来，OECD 不仅关注早期儿童教育与保育的结构质量，还进一步关注早期儿童教育与保育的过程质量，即不仅关注硬件还关注软件，并持续对 OECD 成员国的早期儿童教育与保育质量进行调查与监测。2018 年，OECD 对托幼机构负责人和工作人员进行了强势开端教学国际调查（Starting Strong Teaching and Learning International Survey），参与调查的托幼机构中 60% 以上表示每年至少会接受一次结构质量与过程质量的评估。[①] 很多 OECD 成员国也在不断完善早期儿童教育与保育质量监管体系，如瑞典在国家层面确立了瑞典学校监察局作为监督机构；美国各州广泛采用早期儿童教育与保育质量评级与提升系统（Quality Rating and Improvement System，QRIS），将评级结果与分级补贴挂钩。

三　托育服务高质量发展的路径——"托幼一体化"

（一）"托幼一体化"的概念

早在 20 世纪 80 年代，国际上"学前教育"的概念范畴已由 3~6 岁向 0~6 岁拓展延伸，"托幼一体化"的理念应运而生。[②] 根据研究，"托幼一体化"具体包括管理体制一体化、财政投入机制一体化、托幼机构设置一体化、师资队伍一体化和课程体系一体化。[③] "托幼一体化"可以分为外部的

[①] OECD, Starting Strong Teaching and Learning International Survey 2018 Conceptual Frame Work., https://doi.org/10.1787/106b1c42—en，最后访问日期：2024 年 3 月 19 日。

[②] 但菲、索长清：《"保教一体化"国际趋势与我国学前师资培育改革》，《教育研究》2017 年第 8 期。

[③] 王红蕾、和润雨、肖宇飞：《在新形势下推进"托幼一体化"》，《中国教育报》2022 年 6 月 26 日，第 2 版。

一体化和内部的一体化,外部一体化从制度、政策上将 0~6 岁儿童以及托幼机构作为一个整体进行管理,内部一体化则保证了托幼机构中 0~6 岁儿童保育与教育活动的连续性。①

(二)"托幼一体化"的优势

一是符合国际发展趋势。OECD 在 2006 年《强势开端 II》(Starting Strong II)调研报告中强调"托幼一体化"对普及早期儿童教育与保育的战略意义,倡议各成员国启动"托幼一体化",由一个部门负责早期儿童教育与保育意味着质量更优、可及性更高、价格更合理、师资更好、过渡更稳。② 多个 OECD 成员国出现早期儿童教育与保育管理体制一体化和课程体系一体化的趋势,根据 OECD《2020 年教育概览》(Education at a Glance 2020)提供的最新数据,超过 70% 的成员国正积极推行"托幼一体化",并由单一部门(通常是教育部门)主管所有类型的托育服务。③

二是顺应人口变化趋势。随着出生人口的减少,中国的幼儿园正在经历并将继续经历从"入园难"到"招生荒"。从 2018 年到 2023 年,中国出生人数从 1523 万人下降至 902 万人,减少了 600 多万人,2022 年全国学前教育毛入园率为 89.7%④,这意味着现在幼儿园大班学位在三年后将至少富余 469 万人。如表 4 所示,幼儿园"招生荒"在 2021 年便初见端倪。2021 年开始幼儿园入园人数和在园人数双双下降,2022 年幼儿园数量也开始下降,

① 胡昕雨、张东月、王元:《OECD 国家"托幼一体化"相关举措及其启示》,《教育观察》2020 年第 48 期。

② J. Bennett, "Early Childhood Education and Care Systems in the OECD Countries: The Issue of Tradition and Governance," Encyclopedia on Early Childhood Development, Centre of Excellence for Early Childhood Development and Strategic Knowledge Cluster on Early Child Development, Montreal, 2008, www. child - encyclopedia. com/pages/PDF/BennettANDxp. pdf, 最后访问日期: 2024 年 3 月 19 日。

③ OECD, Education at a Glance 2020, https: //www. oecd - ilibrary. org/education/education - at - a-glance-2020_ 69096873-en, 最后访问日期: 2024 年 3 月 19 日。

④ 《2022 年学前教育数据公布,在园幼儿总数下降、普惠性资源增加》,教育部网站, http: // www. moe. gov. cn/fbh/live/2023/55167/mtbd/202303/t20230324_ 1052585. html, 最后访问日期: 2024 年 6 月 19 日。

幼儿园关停潮还将伴随从业人员失业问题。因此，幼儿园办托班不仅能缓解幼儿园"招生荒"问题，还能充分利用幼儿园富余的场地和人员等资源，从而有效应对托位供给量不足的问题。

表4 2018~2023年中国出生人数和幼儿园园数、入园人数、在园人数

	出生人数（万人）	园数（所）	入园人数（人）	在园人数（人）
2018 年	1523	266677	18639134	46564204
2019 年	1465	281174	16882293	47138810
2020 年	1200	291715	17914049	48182634
2021 年	1062	294832	15262381	48052063
2022 年	956	289222	13604348	46275486
2023 年	902	—	—	—

资料来源：出生人数来自历年《国民经济和社会发展统计公报》；幼儿园数据来自教育部网站，http：//www. moe. gov. cn/jyb_ sjzl/moe_ 560/2022/，最后访问日期：2024 年 3 月 19 日。

三是利于发挥一贯制优势。从 OECD 成员国的经验来看，实行"托幼一体化"的国家不存在婴幼儿照护到儿童教育转变的问题，针对 1~5 岁儿童，它们通常采用统一的课程。相反，在托幼分离的国家，0~2 岁婴幼儿照护和 3~5 岁儿童教育的目标、方法、质量存在根本性差异，以及存在服务目标、财政保障、运行机制、制度框架、员工培训等方面差异的不确定性。对家庭来说，"托幼一体化"也减少了从托育机构到幼儿园阶段的"择校"的时间成本。

（三）"托幼一体化"的实践

2019 年《指导意见》就提出"鼓励支持有条件的幼儿园开设托班，招收 2~3 岁的幼儿"。2022 年国家卫生健康委等 17 部门《关于进一步完善和落实积极生育支持措施的指导意见》（国卫人口发〔2022〕26 号）又提出"在满足学前教育普及的基础上，鼓励和支持有条件的幼儿园招收 2~3 岁幼儿"。《中华人民共和国学前教育法（草案）》也提出"有条件的幼儿园可以开设托班，招收二周岁以上三周岁以下的儿童，提供托育服务"。可见，国家层面"托幼一体化"的实践仅止于鼓励和支持有条件的幼儿园开设招

收 2~3 岁婴幼儿的托班。地方层面，"托幼一体化"的实践目前可分为两类，一类是积极推进"托幼一体化"，上海是典型代表；另一类是鼓励和支持幼儿园开设托班，绝大多数地方属于这一类，这里以浙江为例探讨。

上海是全国唯一一个由教育部门牵头负责落实托育服务的地区。1997 年上海提出"托幼一体化"，在《上海托幼三年（95—97 年）工作的回顾与总结》中提出"托幼机构逐步呈现一体化的倾向，把 0~6 岁学前教育视为一个系统的整体将成为现实"。2020 年《中共上海市委、上海市人民政府关于推进学前教育深化改革规范发展的实施意见》提出"积极推进托幼一体化，新建和改扩建幼儿园原则上都要开设托班，尚未开设托班的公办幼儿园要积极创造条件增设托班，鼓励民办幼儿园开设普惠性托班"。2023 年施行的《上海市学前教育与托育服务条例》明确"本市实行学前教育与托育服务一体规划、一体实施、一体保障"。该条例为推进"托幼一体化"注入了法治力量。

浙江就幼儿园开设托班在政策上进行了明确规定。2021 年《浙江省教育厅关于印发〈浙江省幼儿园托班管理指南（试行）〉的通知》（浙教基〔2021〕15 号）明确"各地教育行政部门应当支持和鼓励有条件的幼儿园开设托班"。2022 年，《浙江省教育厅办公室、浙江省卫生健康委员会办公室关于做好浙江省开设托班幼儿园登记工作的通知》（浙教办基教〔2022〕12 号）理清了幼儿园开设托班相关事项："完成登记的幼儿园行政管理权限不变，由教育行政部门负责管理，卫生健康部门为幼儿园托班配备兼职健康管理员，定期提供卫生保健等业务指导服务。开设托班幼儿园登记名称统一使用'XXXX 幼儿园托育部'，完成登记的幼儿园如转为仅服务 3 岁以下婴幼儿的托育机构，无须重复登记。"并明确"收费符合普惠托育收费标准的托班，享受政府普惠托育补助相关政策"。

四　托育服务高质量发展的建议

（一）加强顶层设计

一是加快托育服务立法。《中华人民共和国学前教育法（草案）》已提请全国人大常委会审议，应尽快从立法层面明确托育服务的定位、投入与保障机制、监管体制、法律责任等，可借鉴的经验有上海将学前教育与托育服务整合立法。

二是研究编制"十四五"托育服务发展专项规划。"十四五"规划纲要将"每千人口拥有 3 岁以下婴幼儿托位数"纳入了经济社会发展主要指标，应从国家层面和地方层面分级制定专项规划细化基本原则、发展目标、主要任务等，并与人口发展规划、城乡社区服务体系建设规划等相衔接，可借鉴的经验有《浙江省"十四五"托育服务发展规划》。

三是将托育服务纳入国家基本公共服务范畴。《国家基本公共服务标准（2023 年版）》中"学有所教"部分的"学前教育幼儿资助"项目旨在对经县级以上教育行政部门审批设立的普惠性幼儿园在园家庭经济困难儿童、孤儿和残疾儿童减免保教费、提供补助等，建议在"幼有所育"部分增加"托育服务婴幼儿资助"项目，可借鉴的经验有部分国家采取的贫困家庭享受托育费减免、设置托育支出占家庭收入比例上限、托育费用按孩次递减等。

四是研究出台普惠托育服务实施细则。规范普惠托育服务机构认定的标准和程序；建立托育服务机构普惠托育指导价标准及其动态调整机制；健全普惠托育服务机构监管、考核和退出机制。

（二）加大财政投入

一是建立财政投入机制。应将托育服务发展所需经费纳入各级政府财政预算，逐步均衡 0~2 岁托育服务与 3~6 岁学前教育的经费投入比例，尤其应大幅增加中央预算内投资、扩大支持范围、提高支持标准，带动地方政府基建投资和社会投资。这是降低托育服务收费、普及托育服务的重要基础。

二是设置差异化财政分担机制。当前托育服务供给仍有较大缺口，应根据托育服务机构类型、规模等设置不同比例的补贴标准，可借鉴的经验有日本对托育服务机构的财政补贴按招收婴幼儿年龄和数量而定。

三是重点解决场地难问题。例如，可通过免费划拨方式满足发展托育的用地需求，在新建小区严格落实托育机构配套建设的标准要求，在已建成小区建立场地资源协调机制，向普惠托育机构免费提供改扩建经费。

（三）支持开设托班

一是在管理制度方面要更大发挥教育部门作用。首先，可参考上海经验，要求今后新建和改扩建公办幼儿园原则上都要开设托班，尚未开设托班的公办幼儿园要积极创造条件增设托班。其次，可参考浙江经验，尽快由教育部门出台幼儿园托班管理指南，要求幼儿园托班由教育行政部门负责管理，并会同卫健、民政、公安、工商、住建、交通等其他部门建立联席会议制度，确保幼儿园托班管理规范化。最后，结合现有幼儿园布局和人口发展趋势为幼儿园科学进行托班设置提供信息参考，解决"入托难"和"招生荒"问题。

二是在实施路径方面要因地制宜并整合资源。一方面，可结合地方实际选择幼儿园整体转制为托育机构（招收 0~2 岁婴幼儿）、幼儿园同时备案托育机构（招收 0~6 岁婴幼儿）、幼儿园举办托班（招收 2~6 岁幼儿）等。另一方面，充分利用幼儿园的场地、设施、师资等已有资源，并将托育服务和学前教育的目标、内容、方法、评估等各方面有机整合。

三是在保障措施方面宜明确同时享受多元支持。可借鉴部分地方已明确的符合条件的"托幼一体化"幼儿园，可优先申请中央预算内资金支持和普惠托育机构示范点遴选，与托育机构享受同等建设补贴和运营补贴等，可按幼儿园生均经费补贴标准落实补助。

（四）提升托育质量

一是建立质量监督管理长效机制。首先，建立健全综合监管体系。各级政府和相关责任部门应严格规范管理托育机构准入，发挥备案制度的统合作用，授权卫生健康部门实施社会信用监管，设置有梯度的法律责任，引导托育服务规范化发展；加快建立相关部门监管协同机制，通过常态化、互动式的专项行动，定期对托育服务机构的日常服务管理、从业人员资质与道德规范、食品安全、卫生保健、消防安保、应急处置等进行督导检查。其次，建立并实施托育服务质量测评制度。依据《托育机构质量评估标准》，借鉴部分国家采用的结构质量与过程质量相结合的经验，定期对全国各类托育服务机构服务质量进行监测评价，并将测评结果作为申请运营补贴、普惠托育机构示范点遴选等的重要依据。最后，完善行业自律和社会监督机制。鼓励通过成立地方婴幼儿照护（托育）行业协会，凝聚托育机构力量，加强正面宣传引导和社会舆论监督。

二是提升托育服务从业人员素质。在人才资格方面，可建立行业统一资格认证制度，研制从业人员资格审查办法与考核评价机制，做到全员持证上岗；加强"婴幼儿托育服务与管理"专业建设，推进产教融合。在培育人才方面，推进"1+X 证书制度"（学历证书+若干职业技能等级证书）多证培养试点工作，通过在职培训和继续教育扩充从业人员队伍；整合托育服务和学前教育师资培养培训体系，为"托幼一体化"储备人才队伍。在留住人才方面，加强从业人员薪酬、社保、职业评定、评优评先等待遇保障，可借鉴的经验有滨州将托育从业人员列入急需紧缺职业（工种）目录，并落实相关补贴政策；借鉴部分 OECD 成员国以"早期儿童教育与保育员工"来称呼托育服务和学前教育从业人员，体现其平等地位。

三是规范托育服务机构课程。首先，在《托育机构保育指导大纲（试行）》基础上，鼓励各地结合实际细化课程框架以为托育服务机构专业化发展提供参照，机构采用得到政府认可的课程不仅能成为招生中的吸引点，也能降低课程开发的成本，如山西省卫生健康委向社会公开征集、选用托育机构课程类资源。其次，配套研发包含内容设计、课程实施、课程效果的课程评价体系，可借鉴瑞典 2010 年《学前教育课程》（修订版）增设的"课程评估"版块。

Abstract

The first meeting of the 20th Central Finance and Economics Commission emphasized "supporting Chinese path to modernization with high-quality population development". On the basis of fully sorting out relevant theories, drawing on experience in constructing relevant indices, the consultation of 21 experts in the fields of demography, sociology, and economics and the analysis results of entropy weight method, a total of 12 secondary indicators were selected from five dimensions: population quality, population economic development, population quality of life, population livable environment, and shared development of the whole population to construct a comprehensive evaluation index for high-quality population development. A hierarchical empirical evaluation was conducted on 100 countries, 31 provinces, and 250 prefecture level cities in China using annual report data from authoritative institutions such as the United Nations and the World Bank, as well as national and local statistical yearbooks in China. The comprehensive evaluation index for high-quality population development shows that the international average is 35.313 points, and the top countries with the highest scores are Ireland, Switzerland, and Luxembourg. The average score between provinces in China is 44.525, Provinces with higher scores are concentrated in the southeastern coastal area. The average score for districts and cities in China is 30.400. The cities with higher scores are concentrated in the Yangtze River Delta, Pearl River Delta, and Central Delta urban clusters. The results of the population quality index show that the global population quality index exhibits regional differentiation, with developed countries having significant advantages; From a domestic perspective, the index shows a polarization effect in large cities, closely linked to local economy and talent gathering. The results of the population economic development index show that economies in Europe and North America are highly developed, with advanced economic systems and industrial structures, which provide them with abundant material conditions to create extremely high levels of national income. From a domestic perspective, the top ranking is mostly in the eastern coastal provinces and cities, mainly distributed in the Yangtze River Delta and Pearl River Delta economic belt. The results of the population quality of life index show that the overall quality of life of residents in European countries is relatively high. From a domestic perspective, the index shows that the overall quality of life of residents in some non economically developed provinces is relatively high. The results of the population livable environment index show that the ranking of the population livable environment index in developed countries worldwide is generally high. From a domestic perspective, the uneven development of domestic regions has led to a lower index for some industrial heavy areas. The results of the universal shared development index show that the top ten countries in the global are all high-income countries, but there are also middle and low-income countries and middle and high-income countries that perform well on a single indicator. From a domestic perspective, there is no one-way correlation between the level of domestic economic and social development and the index.

Keywords: High Quality Population Development; Population Quality; Population Economic Development; Population Quality of Life; Population Livable Environment; Shared Development of the Whole Poople Sharing

Contents

I   General Reports

Abstract: The interpretation of high-quality population in academia and practice mainly focuses on the current population reality problems faced by China and the interaction laws between population and other social factors. Based on the background and the definition of high-quality population, and related theories, the connotation of "quality" of population refers to the degree to which population characteristics meet the needs of modernization construction, as well as the degree to which population characteristics meet human needs. High measurement standards can be compared with historical levels or horizontally. Different from the moderate population theory and the long-term balanced development theory, high-quality population emphasizes more on "synergy" at a higher level and meeting human development needs. Based on a review and reference of the composition, calculation methods, and application of indicators related to human development index, human capital index, social development index, quality of life development index, and high-quality development index, this study constructs a population high-quality development index using entropy weight method and expert consultation method based on the principles of scientificity, sustainability, accessibility, comparability, sensitivity, and systematicity. The operational definition of high-quality population is defined as the relatively good state or continuous improvement process of population quality and people's living standards in a country or region. A total of 12 secondary indicators were selected from five dimensions: population quality, population economic development, population quality of life, livable environment for populations, and universal sharing to construct a population high-quality development index.

Keywords: High Quality Population Development; Population Quality; Population Economic Development; Population Quality of Life; Population Livable Environment; Shared Development of the Whole Population

B.2 Comprehensive Report on High Quality Population Development *Sha Yong, Zhou Jianfang* / 028

Abstract: This study used annual report data from authoritative institutions such as the United Nations and the World Bank, as well as national and local statistical yearbook data from China, to conduct a hierarchical empirical evaluation of 100 countries, 31 provinces, and 250 prefecture level cities worldwide. The average score of the International Population Quality Development Index was 35.313, and the country with the highest score is Ireland. The average score of China's inter provincial population high-quality development index was 44.525, with Beijing having the highest score. There are a total of 11 provinces above the average, accounting for 35.5%. The provinces with higher scores were concentrated in the southeast coastal area. The average score of the population quality development index for district level cities was 30.400, with Shenzhen having the highest score. There were 59 prefecture level cities above the average, accounting for 23.6%, mainly in the East China region, with higher scores concentrated in the Yangtze River Delta, Pearl River Delta, and Central Delta urban clusters.

Keywords: Population Quality; Population Economic Development; Population Quality of Life; Population Livable Environment; Shared Development of the Whole Population

Ⅱ Topical Reports

B . 3 Population Quality Index Development Report

Peng Dasong / 046

Abstract: This report focuses on the population quality index, deeply discussing its theoretical connotation, index composition, and core role in the high-quality development of national or regional population. With the latest data released by authoritative institutions such as the World Health Organization, the World Bank, and the United Nations, a comparative analysis of the population quality development of major countries in the world was conducted, and the development status of China's population quality and its ranking in the world were evaluated. At the same time, using data resources such as statistical yearbooks, population census yearbooks, and government bulletins, the regional differences in the development of population quality among provinces and prefecture-level cities in China were revealed. The study found that the global population quality development exhibits the characteristics of regional differentiation, and developed countries have significant advantages. However, the development of domestic population quality shows a polarization effect in large cities, which is closely related to local economic and talent aggregation. Therefore, the following suggestions are put forward: Firstly, it is necessary to correctly understand the differentiated characteristics of population quality and implement differentiated development strategies for different regions. Secondly, it is necessary to make full use of national policies to optimize the allocation of population education resources, improve the quality of population health services, and stimulate the vitality of scientific and technological innovation to improve the efficiency of scientific research achievements transformation. Finally, it is necessary to learn from international advanced experience to continuously promote the overall improvement of population quality, cope with population challenges, and inject strong momentum into the high-quality development of China's population.

Keywords: Population Quality; Healthy Quality; Quality of science and Culture

B.4 Population Economic Development Report

Zhu Xiao / 093

Abstract: This report focuses on the economic dimension of population development, and measures the population's economic development status in different countries and regions around the world, as well as provinces and prefecture-level cities in China using economic development indicators. First, the connotations and distinctions of the concepts of economic growth, economic development, and high-quality economic development were discussed. Theoretical analysis of the connotation of population economic development from the perspectives of classical economic growth theory, neoclassical economic growth theory, endogenous economic growth theory, Marxist political economy theory, and the Five Major Development Theories. This report evaluates the economic development measurement indicators and indicator systems proposed by current domestic and foreign scholars, and based on this, selects per capita regional GDP, total factor productivity, and per capita disposable income to measure population economic development according to principles of authority, availability, comparability, etc. The analysis results show that at the international level, countries ranking high in population economic development include Luxembourg, Switzerland, Norway, Ireland, and the United States. At the provincial level in China, regions ranking high in population economic development include Shanghai, Beijing, Zhejiang, Jiangsu, and Guangdong. At the prefecture-level city level in China, cities ranking high in population economic development include Shenzhen, Suzhou, Wuxi, Nanjing, and Karamay.

Keywords: High Quality Economic Development; Per Capita GDP; Total Factor Productivity; Per Capita Disposable Income

B . 5　Population Quality of Life Development Report　*Wang Yu* / 138

Abstract: This chapter describes the concept of quality of life and many aspects of high quality of life. The theory of quality of life is summarized comprehensively from different angles and levels. This paper systematically reviews the construction principles, index selection, and comprehensive evaluation methods of the current domestic and foreign evaluation index system on quality of life. Based on the scientificity, objective reality, and accessibility of indicators, a set of scientific and reasonable evaluation index systems for the development of a high quality of population life is constructed. Using the entropy weight method, expert score weight method, and comprehensive weight method, the quality of life ranking in the world, China's provincial level, and China's prefectural level were calculated. The results show that at the international level, Lithuania, France, Russia, Portugal, and other countries rank relatively high. At the provincial level, residents in Shandong, Henan, Shanxi, Inner Mongolia, and other regions have a higher quality of life. Domestic city level: Changsha, Linfen, Zhengzhou, Suzhou, and other cities have a high quality of life.

Keywords: Quality of Life; Population Quality of Life; WHO Quality of Life Assessment

B . 6　Population of Livable Environment Development Report

Jiang Tianhe / 167

Abstract: This report focuses on the impact of environmental sustainability on high-quality population development. Drawing upon fundamental concepts of environmental quality, the population-environment system, and human settlements environment, and referencing theories of environmental rights, ecological civilization, and low-carbon development, it analyses the intrinsic connection between livable environments for populations and high-quality population development. By integrating these theories and matching authoritative datasets, and based on recommendations from multidisciplinary experts, air quality, carbon emissions and waste control (household garbage disposal for China) were selected as core indicators to reflect the livable environment indicators for high-quality population development. Data collection and analysis around these indicators revealed that air quality indices significantly improve and carbon emissions significantly decrease in economically developed areas and city centers, positively correlating with high-quality population development, likely due to the implementation of effective environmental policies and technological innovation. Internationally, developed countries rank higher overall in terms of livable environments for their populations, resulting from their capacity for environmental management and advanced strategies. Domestically, regional development imbalances have led to weaker livable environments in some industrialized areas with significant room for improvement, while areas with higher economic levels have achieved corresponding developments in livable environment construction. The analysis indicates that the level of development of livable environments for populations is a key element in high-quality population development, both globally and domestically within China. Therefore, the construction of livable environments should not only be subject to specific treatments and construction but also be integrated with the actual conditions of regional economic development, making it a solid foundation for high-quality population development.

Keywords: Population Livable Environment; Air Quality; Carbon Emissions; Solid Waste Treatment; Household Garbage Disposal

B.7 Shared Development of the Whole Population Development Report

Chen Fang / 196

Abstract: This report focuses on the Universal Shared Development Index. Based on exploring its conceptual connotation, theoretical basis, and practical development, the Gini Coefficient and Labour Income Share as a Percent of GDP are selected as international comparative indicators, while the per capita disposable income ratio of urban and rural residents and the proportion of livelihood expenditure to GDP are selected as domestic comparative indicators. Research has found that internationally, the top ten countries in the Universal Shared Development Index are all high-income countries, but there are also middle and low-income countries and middle and high-income countries that perform well on a single indicator, indicating that the Universal Shared Development Index should consider both the degree and level of shared development; From a domestic perspective, there is no one-way correlation between the level of economic and social development and Universal Shared Development Index, indicating that achieving high-quality shared development requires both dividing the cake well and expanding it. Therefore, it is recommended to adhere to high-quality development, attach importance to monitoring the Gini Coefficient, give full play to the fundamental role of primary distribution, continue to increase the adjustment of secondary distribution, and attach importance to the beneficial supplementary role of tertiary distribution.

Keywords: Whole People Sharing; Common Prosperity; High Quality Development; Rriple Allocation

III Special Reports

B.8 The Digital Empowerment Promotes the High Quality Development of the Elderly Care Service System

Zhu Xiao / 234

Abstract: In the context of Digital China construction, empowering the development of the elderly care service system through digital elements helps enhance the matching of supply and demand of elderly resources to address the issues of imbalance and inadequacy in the development of the elderly care service system. This not only enhances resource utilization efficiency but also contributes to the formation of new smart elderly care formats. From a service chain perspective, this report believes that traditional elderly care service industry can be empowered by digital means through precise profiling, enhancing service value, multi-party collaboration, expanding service supply, optimizing processes, saving transmission costs, proactive supervision, and improving service efficiency to gain new competitiveness. The report also presents application scenarios of digital empowerment in home-based elderly care service models, community-based elderly care service models, and institutional elderly care service models. It is important to be alert to the negative aspects of digital "empowerment" in the elderly care field, including the predominance of one-way applications, issues related to digital privacy and security, consumption traps, problems with programmatic technologies, and the relatively low intelligence and ubiquity of digital technologies. To address these negative aspects, it is suggested that improvements are needed in four areas for digitizing elderly care services: firstly, strengthening legislation and improving the legal and regulatory system for digital empowerment of elderly care services; secondly, enhancing top-level design and improving the standardization system for digitizing elderly care services; thirdly, developing digital elderly care and creating a digital model for the "platform + industry + socialization" of the elderly care industry; and fourthly, enhancing supervision efficiency and improving the regulatory system for digitizing elderly care services.

Keywords: Digital Empowerment; Smart Elderly Care; The Negative Impact of Digitization; Elderly Care Service System

B.9 Report on High Quality Development of Nursery Education

Chen Fang / 254

Abstract: This report focuses on the high-quality development of nursery education. Based on a comparative analysis of the development of nursery education at home and abroad, it is found that the shortcomings of high-quality development of nursery education in China are concentrated in insufficient supply of spaces, high vacancy rates of spaces, and failure to consider disadvantaged families; The main reasons for the mismatch between supply and demand of nursery education are high prices, unsatisfied preferences, and unstable quality. Based on this, the path for the high-quality development of nursery education is proposed as integrated kindergarten with nursery education. It is recommended to strengthen top-level design, increase financial investment, support the establishment of daycare classes, and improve the quality of nursery education.

Keywords: Nursery Education; High Quality Development; Integrating Kindergarten with Nursery Education; Supply and Demand Matching

社会科学文献出版社

皮书

智库成果出版与传播平台

❖ 皮书定义 ❖

皮书是对中国与世界发展状况和热点问题进行年度监测，以专业的角度、专家的视野和实证研究方法，针对某一领域或区域现状与发展态势展开分析和预测，具备前沿性、原创性、实证性、连续性、时效性等特点的公开出版物，由一系列权威研究报告组成。

❖ 皮书作者 ❖

皮书系列报告作者以国内外一流研究机构、知名高校等重点智库的研究人员为主，多为相关领域一流专家学者，他们的观点代表了当下学界对中国与世界的现实和未来最高水平的解读与分析。

❖ 皮书荣誉 ❖

皮书作为中国社会科学院基础理论研究与应用对策研究融合发展的代表性成果，不仅是哲学社会科学工作者服务中国特色社会主义现代化建设的重要成果，更是助力中国特色新型智库建设、构建中国特色哲学社会科学"三大体系"的重要平台。皮书系列先后被列入"十二五""十三五""十四五"时期国家重点出版物出版专项规划项目；自2013年起，重点皮书被列入中国社会科学院国家哲学社会科学创新工程项目。

权威报告·连续出版·独家资源

皮书数据库
ANNUAL REPORT(YEARBOOK)
DATABASE

分析解读当下中国发展变迁的高端智库平台

所获荣誉

- 2022年，入选技术赋能"新闻+"推荐案例
- 2020年，入选全国新闻出版深度融合发展创新案例
- 2019年，入选国家新闻出版署数字出版精品遴选推荐计划
- 2016年，入选"十三五"国家重点电子出版物出版规划骨干工程
- 2013年，荣获"中国出版政府奖·网络出版物奖"提名奖

皮书数据库　　"社科数托邦"
　　　　　　　　微信公众号

成为用户

　　登录网址www.pishu.com.cn访问皮书数据库网站或下载皮书数据库APP，通过手机号码验证或邮箱验证即可成为皮书数据库用户。

用户福利

- 已注册用户购书后可免费获赠100元皮书数据库充值卡。刮开充值卡涂层获取充值密码，登录并进入"会员中心"—"在线充值"—"充值卡充值"，充值成功即可购买和查看数据库内容。
- 用户福利最终解释权归社会科学文献出版社所有。

社会科学文献出版社 皮书系列
SOCIAL SCIENCES ACADEMIC PRESS (CHINA)

卡号：59315681 7982
密码：

数据库服务热线：010-59367265
数据库服务QQ：2475522410
数据库服务邮箱：database@ssap.cn
图书销售热线：010-59367070/7028
图书服务QQ：1265056568
图书服务邮箱：duzhe@ssap.cn

S 基本子库
UB DATABASE

中国社会发展数据库（下设 12 个专题子库）

紧扣人口、政治、外交、法律、教育、医疗卫生、资源环境等 12 个社会发展领域的前沿和热点，全面整合专业著作、智库报告、学术资讯、调研数据等类型资源，帮助用户追踪中国社会发展动态、研究社会发展战略与政策、了解社会热点问题、分析社会发展趋势。

中国经济发展数据库（下设 12 专题子库）

内容涵盖宏观经济、产业经济、工业经济、农业经济、财政金融、房地产经济、城市经济、商业贸易等 12 个重点经济领域，为把握经济运行态势、洞察经济发展规律、研判经济发展趋势、进行经济调控决策提供参考和依据。

中国行业发展数据库（下设 17 个专题子库）

以中国国民经济行业分类为依据，覆盖金融业、旅游业、交通运输业、能源矿产业、制造业等 100 多个行业，跟踪分析国民经济相关行业市场运行状况和政策导向，汇集行业发展前沿资讯，为投资、从业及各种经济决策提供理论支撑和实践指导。

中国区域发展数据库（下设 4 个专题子库）

对中国特定区域内的经济、社会、文化等领域现状与发展情况进行深度分析和预测，涉及省级行政区、城市群、城市、农村等不同维度，研究层级至县及县以下行政区，为学者研究地方经济社会宏观态势、经验模式、发展案例提供支撑，为地方政府决策提供参考。

中国文化传媒数据库（下设 18 个专题子库）

内容覆盖文化产业、新闻传播、电影娱乐、文学艺术、群众文化、图书情报等 18 个重点研究领域，聚焦文化传媒领域发展前沿、热点话题、行业实践，服务用户的教学科研、文化投资、企业规划等需要。

世界经济与国际关系数据库（下设 6 个专题子库）

整合世界经济、国际政治、世界文化与科技、全球性问题、国际组织与国际法、区域研究 6 大领域研究成果，对世界经济形势、国际形势进行连续性深度分析，对年度热点问题进行专题解读，为研判全球发展趋势提供事实和数据支持。

法律声明

　　"皮书系列"（含蓝皮书、绿皮书、黄皮书）之品牌由社会科学文献出版社最早使用并持续至今，现已被中国图书行业所熟知。"皮书系列"的相关商标已在国家商标管理部门商标局注册，包括但不限于 LOGO（▧）、皮书、Pishu、经济蓝皮书、社会蓝皮书等。"皮书系列"图书的注册商标专用权及封面设计、版式设计的著作权均为社会科学文献出版社所有。未经社会科学文献出版社书面授权许可，任何使用与"皮书系列"图书注册商标、封面设计、版式设计相同或者近似的文字、图形或其组合的行为均系侵权行为。

　　经作者授权，本书的专有出版权及信息网络传播权等为社会科学文献出版社享有。未经社会科学文献出版社书面授权许可，任何就本书内容的复制、发行或以数字形式进行网络传播的行为均系侵权行为。

　　社会科学文献出版社将通过法律途径追究上述侵权行为的法律责任，维护自身合法权益。

　　欢迎社会各界人士对侵犯社会科学文献出版社上述权利的侵权行为进行举报。电话：010-59367121，电子邮箱：fawubu@ssap.cn。

社会科学文献出版社